航空运输类专业新形态一体化教

航空运输地理

中航协（上海）培训中心有限公司　组织编写

主编　石丽娜

中国教育出版传媒集团

高等教育出版社·北京

内容提要

　　航空运输地理是航空运输类专业的专业基础课。本教材围绕航空运输活动所应用的地理知识展开，涵盖了自然地理知识、航空运输布局、旅游地理知识三大内容。共分四章：第一章为航空运输中的自然地理，主要围绕地球的运动形式、时差，以及航空气象对飞行的影响展开；第二章为航空运输的基本要素与布局，主要围绕影响航空运输布局的机场、航空公司、航线三个要素展开，并分别介绍世界和我国的航空运输区域总体布局情况；第三章为国际航空运输地理，主要介绍国际航空运输协会（IATA）划分的三个业务分区，以及每个分区内航空运输布局的基本概况；第四章为中国航空运输地理，根据行政区域划分，分别介绍我国7个行政区划以及港澳台地区的航空运输布局的基本概况。

　　本教材适用于高等职业院校、职业本科院校、应用型本科院校及中等职业学校航空运输类相关专业师生学习使用，也适用于民航运输企业相关人士学习参考。

图书在版编目（CIP）数据

　　航空运输地理/中航协（上海）培训中心有限公司组织编写；石丽娜主编.--北京：高等教育出版社，2022.11（2024.3重印）
　　ISBN 978-7-04-059425-6

　　Ⅰ.①航… Ⅱ.①中… ②石… Ⅲ.①航空运输-运输地理-教材 Ⅳ.①F56

　　中国版本图书馆 CIP 数据核字（2022）第 173797 号

Hangkong Yunshu Dili

策划编辑　张　卫		责任编辑　张　卫		封面设计　王　洋		版式设计　杨　树
责任绘图　于　博		责任校对　马鑫蕊		责任印制　田　甜		

出版发行　高等教育出版社	网　　址	http://www.hep.edu.cn
社　　址　北京市西城区德外大街4号		http://www.hep.com.cn
邮政编码　100120	网上订购	http://www.hepmall.com.cn
印　　刷　涿州市京南印刷厂		http://www.hepmall.com
开　　本　787mm×1092mm　1/16		http://www.hepmall.cn
印　　张　14.25		
字　　数　350千字	版　　次	2022年11月第1版
购书热线　010-58581118	印　　次	2024年3月第2次印刷
咨询电话　400-810-0598	定　　价	38.00元

航空运输类新形态一体化系列教材
《航空运输地理》编审委员会

主　任：潘亿新

副主任：刘丽娟

主　审：黄晓玲

主　编：石丽娜

委　员：迟　壮　戴雅兰　蒋晓瑜　刘小娟　鲁春晓　彭　瑜

　　　　沈海滨　宋桂娟　王莉娟　夏洪山　杨晓青　孙建东

　　　　崔丽娟

前　言

党的二十大报告强调了"加快建设交通强国"战略，交通成为实现中国式现代化的开路先锋，交通强国的宏伟蓝图正在逐步变为现实。

航空运输作为交通运输的一种形式，是一种可以消除地理阻隔、缩小地域空间、促进人类交流、加快生活节奏、让地球村"变小"的重要交通工具。尽管近几年的国际政治形势、经济形势和社会形势在某种程度上限制了民航运输的高速发展，但商用飞机在远距离、高速度运输上依然具有显著的优势，依然是跨洋出行时的重要工具。

自"十三五"以来，在航空运输领域取得的成绩已经使我国民航实现了从航空运输大国向航空运输强国的"转段进阶"。2021 年开始，中国民航进入"十四五"规划期，中国民航开始迈入发展阶段转换期、发展质量提升期和发展格局拓展期。航空运输在综合交通体系中的地位和作用更加明显，航空业在国家经济社会发展中的战略作用也必将更加凸显。

从交通大国到交通强国，从民航大国成为民航强国，人才是重要的支撑。党的二十大报告上指出："教育、科技、人才是全面建设社会主义现代化国家的基础性、战略性支撑。必须坚持科技是第一生产力、人才是第一资源、创新是第一动力，深入实施科教兴国战略、人才强国战略、创新驱动发展战略，开辟发展新领域新赛道，不断塑造发展新动能新优势"。国家如此，行业亦然。建设好民航强国、服务好中国式现代化，要求我们务必重视民航专业教育、创新民航特色科技，务必要以中国式现代化作为民航产业人才培养的全新方向。

在这样一个大的历史背景下，民航十四五规划提出了民航人才队伍建设的目标，即以民航强国建设为导向，以质量提升为主线，坚持党的教育方针和开放包容的人才政策，发挥高水平院校示范引领作用，统筹利用内外部资源，构建多渠道、多层次的高水平民航教育和培训体系，打造民航创新型、技术技能型和国际化人才队伍，支撑行业高质量发展。其中，在提升民航人才培养培训质量方面，提出要构建高水平特色学科专业体系，深入推进民航专业新工科改革，打造一流民航特色课程，推动行业线上教学资源共享共用，深化产教融合、校企合作，促进人才培养培训与产业运行相融合。

教材作为传统教学资源的表现形式在提升民航人才培养培训质量方面承担着举足轻重的作用。"航空运输地理"作为民航运输类专业都要开设的一门专业基础课程，其教材的编写也正是在这样的背景下应运而生。

作为相关专业的专业基础课程用书，本书在编写过程中参考并吸取了目前各类民航院校使用的航空运输地理相关书籍内容和结构的优点，考虑到受众对象的教学目标和教学要求等因素，在内容和结构上均进行了优化，内容上难易适中，结构上符合相关专业学生或学员的实际需要。

本书的编写围绕民航运输活动所应用的地理知识展开，涵盖了自然地理、航空运输布局、旅游地理知识三大板块，共四个章节。其中，第一章，航空运输中的自然地理知识，主要介绍了地球运动的基本形式、时差对飞行的影响，以及相关的航空气象知识；第二章，航空运输布局，主要围绕着影响航空运输布局的三个要素——机场、航线、运力,详细介绍了国内和国外的航空运输生产布局情况;第三章,国际航空运输地理,根据 IATA 的区域划分分别介绍了三个业务分区主要国家目前的航空运输概况;第四章,中国航空运输地理,按照我国航空运输区域的区域划分介绍了七大区域及港澳台地区的航空运输概况。

本教材由中航协(上海)培训中心有限公司组织编写,上海工程技术大学航空运输学院的资深专业教师负责具体章节的编写任务,其中,第一章、第二章由石丽娜编写,第三章和第四章由周慧艳编写。

由于航空运输的发展容易受到国际、国内政治形势、经济和社会环境的影响,因此,本书的部分内容仅能代表截至编写时航空运输的发展情况。特别是考虑到 2020 年爆发的疫情对民航运输的非正常影响并不能如实反映当前民航运输的发展状态,因此,本书在部分内容上剔除了 2020 年和 2021 年的数据。

本书在编写的过程中,参考了很多业内外人士的观点、书籍和文章,在此谨向他们表示真诚的感谢。由于作者水平有限,书中难免存在不妥之处,肯定广大读者批评指正。

编　者
2023 年 6 月

目　录

第一章　航空运输中的自然地理

✈ 【知识目标】

1. 掌握地球自转、公转的基本概念,及其对航空飞行产生的影响
2. 掌握时差的相关概念
3. 掌握时差、飞行时间的计算方法
4. 了解大气结构及对飞行有影响的大气层
5. 了解各气象要素,并掌握其对飞行的影响
6. 学会通过案例分析影响飞机起降和巡航的天气现象

🎯 【素养目标】

1. 牢固树立保护地球、保护自然环境的观念。
2. 培养航空飞行的安全责任意识。

第一节　地球的运动形式及其对飞行的影响

地球上的许多自然现象均与地球运动密切相关。由于地球的运动才产生了昼夜更替、地方时的差异、运动物体的偏转、四季变化和昼夜长短的问题,而它们与航空运输的活动是紧密相关的,因此,深入了解地球运动的规律及其影响是必要的。

一、地球的自转

人类对地球的认识从"地平"到"地圆","地静"到"地动"经历了一个漫长的过程,随着自然科学的发展,哥白尼的"日心说"逐渐得到了证实。宇宙中的一切天体都在运动,地球也无时无刻不在进行着自转和公转,这两种运动在影响着地球上的自然环境和人类的日常生活的同时,也对航空飞行产生了至关重要的影响。

（一）地球自转的定义和方向

地球自转是指地球绕地轴自西向东的旋转运动。从北极点上空俯瞰，地球呈逆时针旋转，从南极点上空俯瞰，地球则呈顺时针旋转，地轴始终指向北极星，方向上始终是自西向东旋转，如图 1-1 所示。

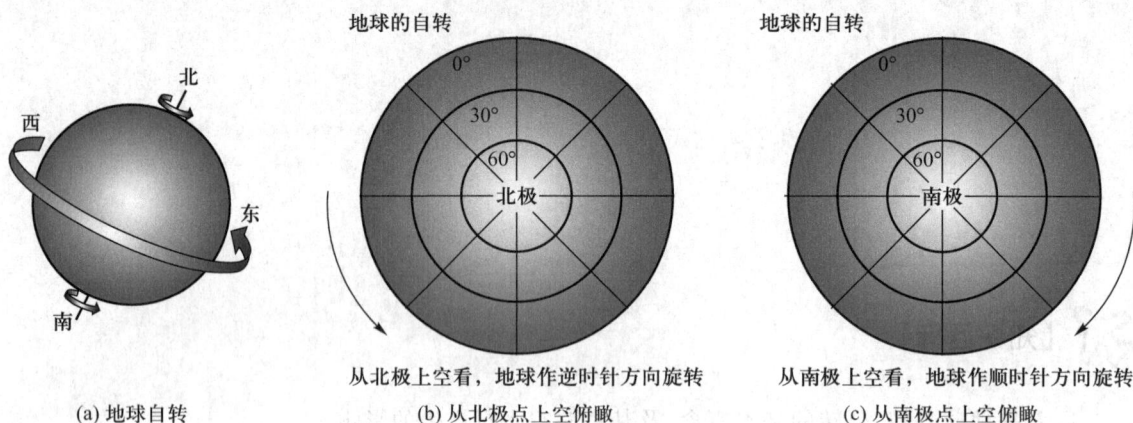

图 1-1　地球自转方向

（二）地球自转的周期

地球自转的周期即为地球自转一周的时间间隔，通常用日来表示，一个周期即为一日。地球分别选取太阳和恒星作为参照物，由于参照物不同，就产生了太阳日和恒星日两种地球自转周期。

（1）太阳日。它是指地球以太阳为参照物，地球上同一地点连续两次通过地心和太阳中心连线所用的时间。由于地球在一年当中距离太阳的远近不同，运动速度也不同，所以太阳日的长度并不等长，平均为 24 小时，是我们目前所使用的时间。

（2）恒星日。它是指地球以恒星（或春分点）为参照物，地球上同一地点连续两次通过地心和恒星连线所用的时间，长度约为 23 小时 56 分 4 秒，略短于太阳日。

由于恒星（或春分点）较太阳作为参照物更加稳定，所以将地球自转周期定为 23 小时 56 分 4 秒，即一个恒星日，这也是地球自转的真正周期。

（三）地球自转的速度

地球自转的速度分为角速度和线速度。

（1）角速度。它是指地球本体绕地轴自西向东旋转的单位时间内绕过的角度，一般用 ω 表示。除了南北两极极点的角速度为 0 外，地球上任意一点的平均角速度为 $15°$/小时或 4.167×10^{-3} °/秒。

（2）线速度。它是指地球上的物体在单位时间内运动的距离，即单位时间内转过的弧长。线速度受到两个因素影响：一是纬度高低，同一高度上，纬度越低，旋轴半径越大，周长越长，线速度值就越大，反之则线速度值越小，所以赤道线上的线速度值最大，南北极极点的线速度值最小，值为 0；二是海拔高度，在同一纬度上，海拔越低，旋轴半径越小，周长越小，线速度值就越小，反之则线速度值越大。

图 1-2 表示了地球自转角速度除极点外均为 $15°$/小时，线速度则随纬度增加而降低，大致

是赤道为 1 670 千米/小时,60°N 大约为赤道的一半,即 837 千米/小时,这是纬线圈的长度由赤道向两极递减的结果。南、北极点的角速度、线速度均为 0。

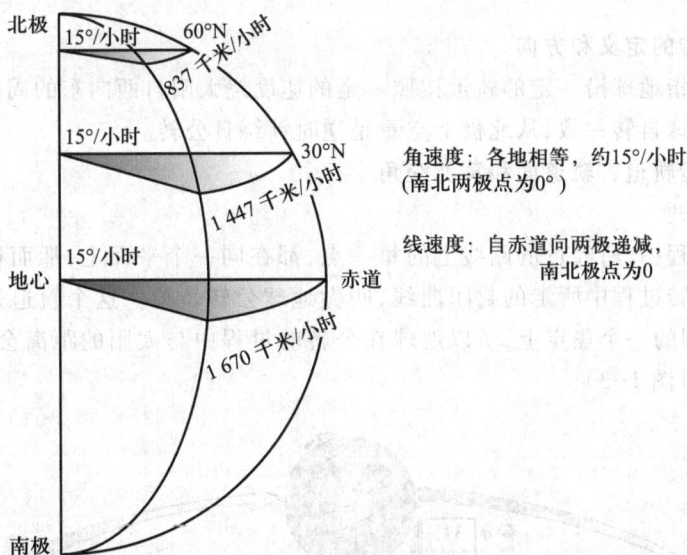

图 1-2 地球自转角速度和线速度

(四)地球自转的意义

1. 昼夜更替

地球是不透明且不发光的椭球体,太阳只能照射到地球的一半,另一半则处于黑夜状态。所以,向阳的一半即为昼半球,为白天,背阳的一半即为夜半球,为黑夜。由于地球在不停地自西向东旋转,使得地球上的任意一点都会出现昼夜更替,这导致整个地球表面增热和冷却不至于过分剧烈,出现极端自然现象,从而保证了地球上生命有机体的生存和发展。

2. 运动物体的偏转

由于地球的自转,地球表面的物体沿地表运动时,其运动方向会发生偏转,但这种偏转不是杂乱无章的,而是遵循一定的规律:在北半球,物体向右偏转;在南半球,物体向左偏转,且纬度越高偏转越明显;赤道上则不发生偏转。水平运动物体方向发生偏转的力称为地转偏向力,它只改变物体运动的方向,不改变物体运动的速度。地转偏向力的存在导致了大气运动方向的改变,从而对气流、洋流、河流等都产生一定的影响。在北半球,河流的右岸比左岸冲刷现象严重,就是对地转偏向力存在的有力证明。

3. 产生时差

地球自西向东自转,使得地球上同一纬度上不同经度的地区按照一定的规律先后见到日出,从而形成了不同的地方时,产生了时差。时差在航空飞行中也产生一定的影响,尤其是跨越多时区的长途旅行。时差与飞行时间的相关内容详见本章第二节。

二、地球的公转

地球在自转的同时,也在按照一定的轨道围绕太阳转动,形成公转。地球的公转像自转一样,具有一些规律性,主要表现在地球公转轨道、地球公转轨道面、黄赤交角、地球公转的周期和速度上。其产生的地理意义在于形成了四季更替和昼夜长短的变化,从而影响着航空企业对航班计划的制定。

（一）地球公转的定义和方向

地球的公转是指地球沿一定的轨道按照一定的速度绕太阳自西向东的周期性转动。地球公转的运动方向与地球自转一致,从北极上空看是逆时针绕日公转。

（二）地球公转轨道、轨道面和黄赤交角

1. 地球公转轨道

地球在公转过程中,所经过的路线上的每一点,都在同一个平面上,从而构成了一个封闭曲线。这种地球在公转过程中所走的封闭曲线,叫做地球公转轨道。这个轨道是一个接近正圆的椭圆,太阳位于椭圆的一个焦点上,所以地球在公转的过程中与太阳的距离会出现变化,形成了近日点和远日点(见图1-3)。

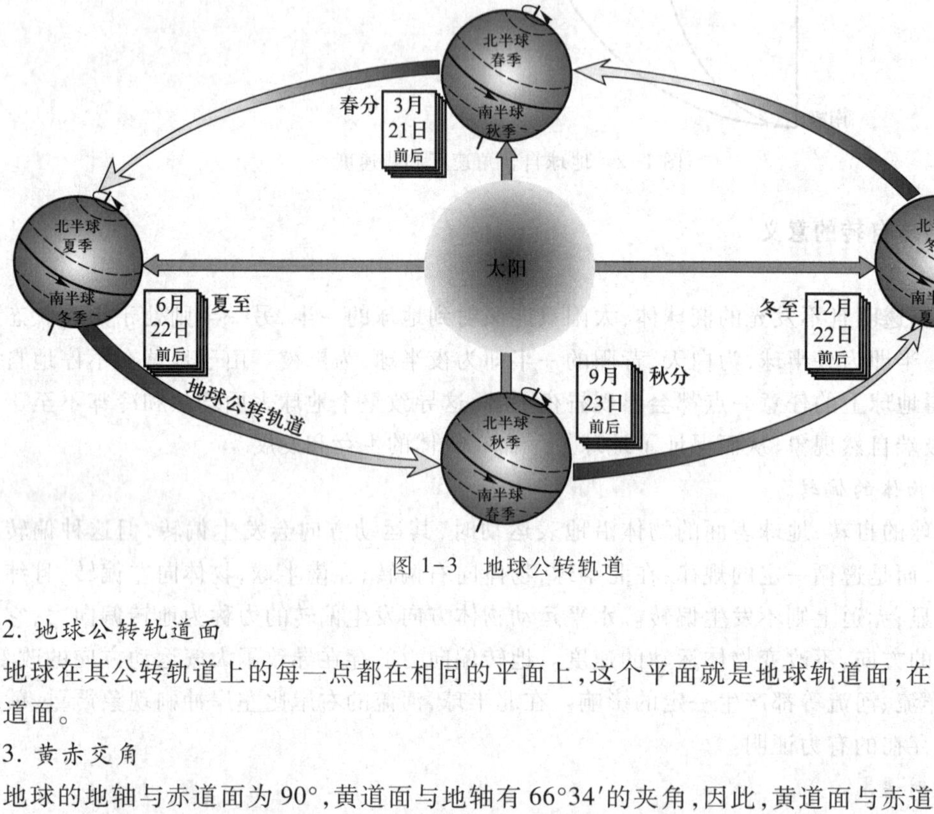

图1-3　地球公转轨道

2. 地球公转轨道面

地球在其公转轨道上的每一点都在相同的平面上,这个平面就是地球轨道面,在天球上表现为黄道面。

3. 黄赤交角

地球的地轴与赤道面为90°,黄道面与地轴有66°34′的夹角,因此,黄道面与赤道面的交角为23°26′,这个交角被称为黄赤交角。这意味着,地球在绕太阳公转过程中,自转轴对地球轨道面是倾斜的,且无论地球公转到什么位置,这个倾角都是保持不变的。我们所见到的地球仪,自转轴多数呈倾斜状态,它与桌面(代表地球轨道面)呈66°34′的倾斜角度,而地球仪的赤道面与桌面呈23°26′的交角,这就是黄赤交角的直观体现(见图1-4)。

（三）地球公转的周期

地球公转周期即为地球绕太阳公转一周的时间,通常用"年"表示。根据参照物的不同,地

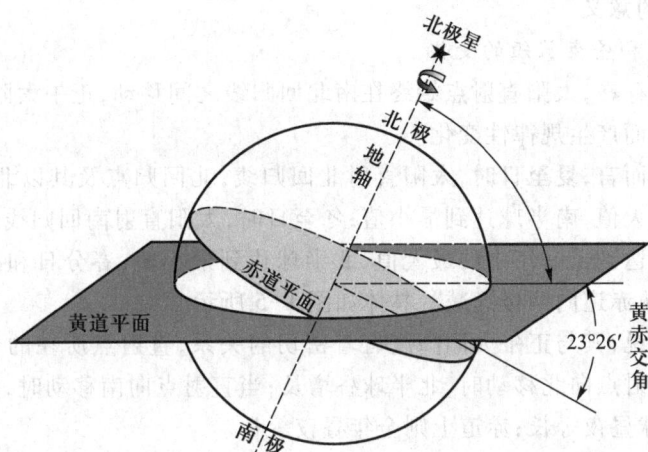

图 1-4　黄赤交角

球公转周期有恒星年、回归年和近点年。

1. 恒星年

地球连续两次通过太阳和另一个恒星的连线与地球轨道的交点所需的时间即为恒星年。由于以恒星作为参照物是恒定不动的,所以它是地球公转360°的时间,是地球公转的真正周期。一个恒星年等于365天6小时9分10秒,约365.25天。

2. 回归年

地球连续两次通过春分点和太阳连线与地球轨道交点所需的时间即为回归年。回归年是地球四季变化的周期,与人类的生活、生产关系极为密切,因此,我们所使用的历法以此为基准,即平年为365天,闰年为366天,每四年闰一次。回归年不是地球公转的真正周期,只表示地球公转了$359°59'9''.71$的角度所需要的时间,用日的单位表示,其长度为365.242 2日,即365日5小时48分46秒。

3. 近点年

地球公转的近日点周期就是近点年。这种周期单位是以地球轨道的近日点为参考点而得到的。在一个近点年期间,地球中心(或视太阳中心)连续两次过地球轨道的近日点。由于近日点是一个动点,它在黄道上的移动方向是自西向东的,即与地球公转方向(或太阳周年视运动的方向)相同,移动的量为每年$11''$,所以,近点年也不是地球公转的真正周期,一个近点年地球公转的角度为$360°+11''$,即$360°0'11''$,用日的单位来表示,其长度为365.259 6日,即365日6小时13分53秒。

(四) 地球公转的速度

地球公转是一种周期性的圆周运动,其运动速度遵循开普勒行星运动第二定律,即在相等时间内,太阳和运动中的行星的连线所扫过的面积都是相等的。由此可以看出,地球公转速度与日地距离有关。随着日地距离的变化,地球公转的角速度和线速度会随之改变。当地球处于近日点附近时,日地距离近,则公转速度快,反之则公转速度慢,但是这种速度上的差别,人们是难以察觉的。

地球平均公转线速度是29.783千米/秒(10.722万千米/小时),地球平均公转角速度是每日约0.986°,或每日约$59'8''$。

（五）地球公转的意义

1. 正午太阳高度和昼夜长短的变化

由于黄赤交角的存在,太阳直射点始终在南北回归线之间移动,正午太阳高度和昼夜长短随着季节和纬度的变化而产生规律性变化。

就正午太阳高度而言,夏至日时,太阳直射北回归线,北回归点及其以北地区的正午太阳高度达到了一年中的最大值,南半球达到最小值;冬至日时,太阳直射南回归线,南回归点及其以南地区的正午太阳高度达到了一年中的最大值,北半球达到最小值;春分日和秋分日时,太阳直射赤道,正午太阳高度从赤道向两极递减。具体如图1-5所示。

从昼夜长短上来说,其与正午太阳高度有着密切的关系,直射点所在的半球昼长夜短,且纬度越高昼越长。当直射点向北移动时,北半球昼增长;当直射点向南移动时,则南半球昼增长;春分日和秋分日时,全球昼夜等长;赤道上则全年昼夜等长。

2. 四季更替

地球的公转造成了四季更替,这也是航空公司制定航班计划时要考虑的重要因素之一。由于夏半年比冬半年白天长,为了充分利用白天,夏半年的航班时刻表(夏秋季航班时刻表)普遍比冬半年(冬春季航班时刻表)提前1~2小时,以避免造成浪费。中国民航系统每年都要进行两次航班计划调整,每年3月的最后一个星期日至10月的最后一个星期六执行夏秋季航班计划,10月的最后一个星期日开始到第二年3月的最后一个星期六执行冬春季航班计划,称为"航班换季"。具体的航班换季时间,则由各个航空公司根据自身的实际情况进行调整。

3. 气候带的形成

根据太阳高度和昼夜长短随纬度的变化将地球表面具有相同特征的地区按纬度分为5个气候带,即热带、北温带、南温带、北寒带和南寒带(见图1-6),飞机在飞越这些气候带时,要充分考虑到其气候特点,以便对飞行做出适航性调整。

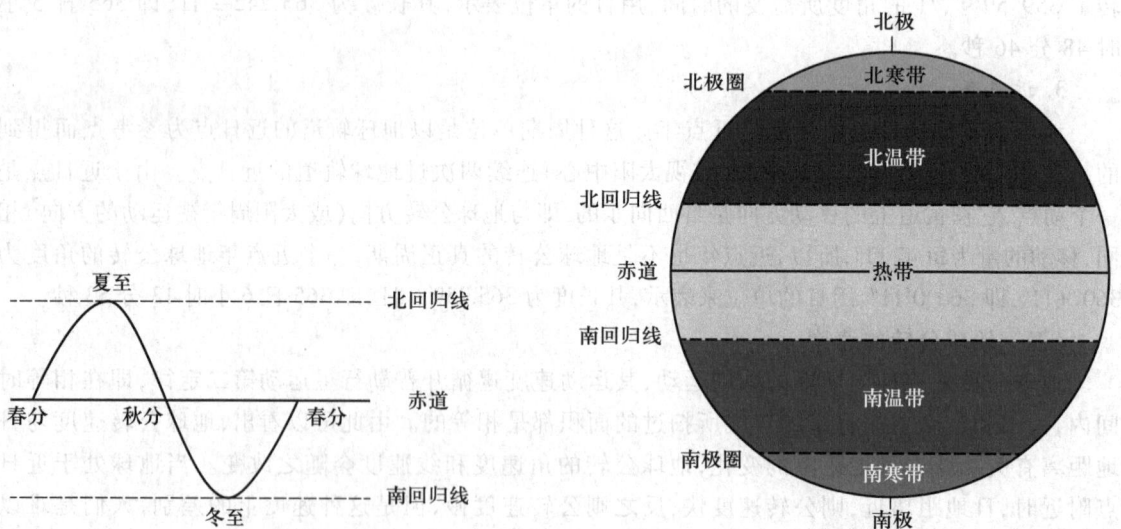

图 1-5　太阳直射点运动轨迹

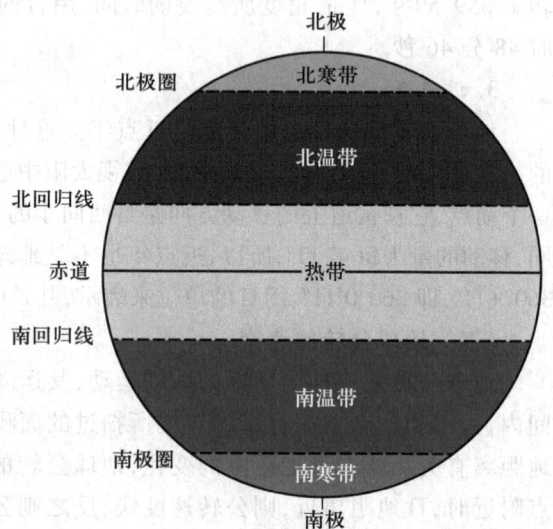

图 1-6　地球气候带划分

第二节　时差与飞行时间

一、时差的相关概念

在上一节中,我们提到了地球自转的地理意义之一,就是产生了时差。随着世界的快速发展,人们开始认识到时间上的不统一给生活和工作带来了极大的麻烦,因此逐渐形成了一些有关时差的概念,以便于确定世界标准时和计算时差。

(一) 经度和纬度

1. 经度

连接南北两极的线叫做经线,也叫子午线。地球表面上任何地点都有一条经线通过,它代表该地点的南北方向。为了区别每一条经线,人们给每一条经线都标上了不同的度数,称为经度。经线不像纬线有自然的起点。国际上规定,以通过英国伦敦近郊的格林尼治天文台旧址的经线定为0°经线,也叫本初子午线,其他经线则叫做地方经线,这些经线所在的平面分别叫做起始经线半面和地方经线平面。从0°经线以东的经度叫东经,用"E"表示,从0°经线以西的经度叫西经,用"W"表示。从0°经线向东、向西各分作180°,180°E 和 180W°为重合线。具体如图 1-7 所示。

2. 纬度

和经线相垂直的线叫做纬线,纬线指示东西方向,以赤道为0°纬线,分别向北、向南,各分为90°,赤道以北叫北纬,用"N"表示,赤道以南叫南纬,用"S"表示。具体如图 1-8 所示。

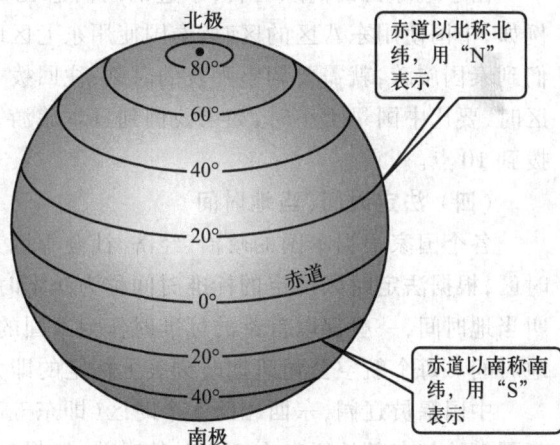

图 1-7　经线　　　　　　　　　　图 1-8　纬线

(二) 地方时

习惯上,人们将以一个地方太阳升到最高点,即当地经线正对太阳的时刻计为正午 12 点,正背太阳的时刻作为 0 时。将连续两个正午 12 点之间等分为 24 小时,所构成的时间系统称为地方时间,简称地方时。在经度相同的地方,太阳升起和落下的时间是一样的,所以地方时相同;在经度不同的地方,由于地球自西向东自转,在同纬度的地区,相对位置偏东的地点,要比位置偏西的地点先看到日出,时刻就要早。因此,就会产生因经度不同而出现不同的地方时,即每一条经线上的地方都有相对应的地方时。由于地球自转的角速度为15°/小时,所以经度相差15°的两地,地方时相差1小时;经度相差1°的两地,地方时相差4分钟。总结成如下规律:

（1）经度同,地方时同;经度不同,地方时不同。

（2）东边总比西边早。

（3）经度相差15°,地方时相差1小时。

（三）理论时区

只要是经度不同的地方,所用的地方时就不同,这样极易造成时间上的混乱,影响人们的生活秩序。为了避免这种混乱,人们制定了理论时间系统,将全球划分为24个理论时区,每个时区跨越经度15°,每个相邻时区地方时相差1小时。

1884年的一次国际经度会议上规定:

（1）以英国格林尼治天文台的0°经线为中央经线,东西向分别划7.5°,这个区域称为中央时区,简称中时区或零时区。

（2）以中时区为起点,分别向东、向西每隔15°划分一个时区,共分出东一区至东十一区和西一区至西十一区,最后的东十二区和西十二区为同一个时区,以东、西经为界,各跨7.5°,180°经线西侧为东十二区,东侧为西十二区。

（3）24个时区都以本时区内中央经线的地方时为这一时区的标准时间,称为区时。相邻区时,时区相差1小时,相差多少个时区,区时就相差多少小时。

（4）中时区的区时被称为世界标准时或格林尼治标准时(Greenwich mean time,GMT),各时区的标准时间都可以表示为格林尼治时间加上或减去时区中所标的小时和分钟数时差。

由于地球自西向东自转,东边的时间总比西边要早,始终遵循东早西晚、东加西减的原则。例如,中国使用东八区的区时,泰国使用东七区的区时,则中国的时间要比泰国早1小时,如果我们到泰国旅游,就需要调整手表的时刻,往回拨1小时,如9点拨回到8点;而日本使用东九区的区时,要比中国早1小时,如果我们到日本旅游,也需要调整手表的时刻,往后拨1小时,如9点拨到10点。

（四）法定时间(当地时间)

各个国家根据本国的政治、经济、社会等因素,自行确定的适用于本国的标准时区称为法定时区,根据法定时区确定的标准时间称为法定时。法定时是目前世界各国实际使用的标准时,也叫当地时间,一般都以首都的标准时作为本国的当地时间,如北京时间,对外而言,则为该国的当地时间。每个航空公司班期时刻表上标定的即为当地时间。

中国幅员辽阔,东西相跨5个时区(即东五区、东六区、东七区、东八区、东九区5个时区),在新疆等地与东部地区存在2小时的时差,新疆和黑龙江有4小时的时差。但中国全境(包括港、澳、台)统一使用北京所在的国际时区东八区的区时作为标准时间。北京时间并不是北京(东经116.4°)的地方时,而是东经120°(东八区)的地方时,故东经120°地方时比北京的地方时早约14分半。因为北京处于国际时区划分中的东八区,同格林尼治时间(世界时)整整相差8小时(即北京时间=世界时+8小时),故命名为"北京时间"。但在新疆、西藏等地,政府机关、企事业单位作息时间和邮政通信费用优惠分界点虽然用北京时间来表示,但比其他各省延晚2小时。

同样,英国、法国、荷兰和比利时等国,虽地处中时区,但为了和欧洲大多数国家时间保持一致,则采用东一区的区时。

(五) 格林尼治时间(GMT)

由于航空航天通信和社会的进步,使用区时也满足不了对时间的同步和准确的要求,因此需要一个统一的世界时间系统,首先建立的是世界标准时,也叫格林尼治时间,国际上统一规定以零时区的区时作为标准时,称为世界标准时。全世界在需要时间同步或统一时,共同使用世界标准时。

(六) 夏令时

夏令时制(daylight saving time,DST),又称"日光节约时制"和"夏令时间",是一种为节约能源而人为规定的地方时间制度,在这一制度实行期间所采用的统一时间称为"夏令时"。对于高纬度地区来说,夏、冬季白昼的时长变化较为明显,夏季天亮较早,人为将时间提前1小时,可以使人早起早睡,充分利用光照资源,从而节约照明用电。

中国曾于1986~1991年间,每年从4月的第二个星期日早上2点,到9月的第二个星期日早上2点的这段时期内,全国都将时间拨快1小时,实行夏令时。从9月的第二个星期日早上2点起,又将拨快的时间重新拨回来,直到第二年4月的第二个星期日早上2点。

目前,全世界有近110个国家每年要实行夏令时,但每个国家的具体规定不同。因此,在安排航班时刻表时,要注意到航班通达的地方,哪些正在施行夏令时,哪些没有,以避免影响航班衔接和旅客行程。

(七) 国际日期变更线

国际上规定,把东西十二区之间的180°经线作为国际日期变更线,简称日界线。考虑到行政管理上的便利,日界线与180°经线并不是完全吻合的,而是一条在太平洋上的折线,由北极沿东经180°经线,折向白令海峡,绕过阿留申群岛西边,经萨摩亚、斐济、汤加等群岛之间,由新西兰东边再沿180°经线直到南极,在一般的世界地图上,也都将此线标出来,避免造成不便。

需要注意的是,由东向西越过日界线,日期需要加一天;由西向东越过日界线,日期需要减一天,也就是说东西十二区的钟点相同,日期上却相差一天,东十二区总比西十二区早一天。例如,2020年12月8日15:45飞机自西向东航行跨过日界线,时间就变为了2020年12月7日15:45;如果飞机于2020年12月8日15:45自东向西航行跨过日界线,时间就变为了2020年12月9日15:45。

二、时差与飞行时间的计算

时差的变化会引起人体内生物钟的混乱,可能会出现头痛、耳鸣、心悸、恶心、腹痛、腹泻以及判断力和注意力下降等症状。当人们乘坐长途飞机国外旅行时,不可避免地会跨域多个时区,形成时差,这就需要我们的身体做出新的作息时间调整。当然,研究表明,时差在4小时之内,一般不会产生太大的影响,人们可以不调整作息,而且在目的地停留的时间不超过48小时,也不需要主动调整生物钟。

飞机自西向东飞行时,人体生理节律会落后于到达目的地的时间,睡觉及起床都要提前;飞机自东向西飞行时,人体生理节律会提前于到达目的地的时间,睡觉及起床都要延后。一般来说,向东飞行所带来的时差不适,要比向西飞行更难适应和调整,可以在出发前几日提前逐渐调整,到达目的地后多晒太阳,多补充水分。

航空公司的航班时刻表中,出发和到达的时间都是采用当地的标准时间,例如,CA981从北京出发的时间为北京时间 13:00,到达纽约的时间则为当地时间 14:20。只有掌握好时差和飞行时间的计算方法,才能帮助我们更好地适应时差所引起的不适。

（一）时差的计算

在计算飞行时间之前,要先掌握时差的计算方法,在此基础上进行飞行时间的计算。时差的计算方法有如下两种。

（1）数轴法。建立以零时区为原点,以东时区为正向,西时区为负向的数轴,东一区至东十二区为 1~12,西一区至西十一区(西十二区与东十二区重合,不重复标记)为 -1~-11。然后将已知地点和所求地点的时区标在数轴上,算出时间差,得出所求地点的时间(见图 1-9)。

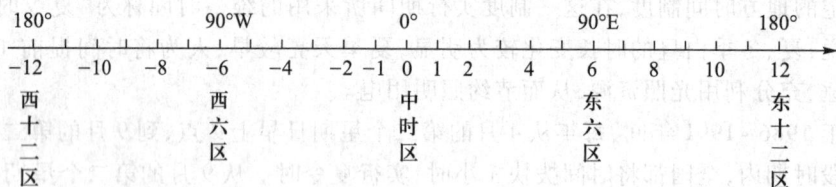

180°		90°W		0°		90°E		180°
-12	-10	-8	-6	-4	-2 -1 0 1 2	4	6	8	10	12
西十二区		西六区		中时区		东六区		东十二区

图 1-9 时差数轴法

该方法的口诀为:东加西减,同差异和。

（2）世界时换算法。以世界标准时(GMT)为基准,通过国际时差换算表(见附录 1)中确定的法定时区来进行当地时间的换算。

这里,我们通过方法（2）来进行时差计算,但实际上这两种方法是一致的,只是方法（2）省去了建立数轴的过程,变成了简单的公式,即:

公式一:所求地的标准时 = 世界时（GMT）± 所求地的区数(东西十二时区重合,按东时区计算)

例题一 已知 GMT 的时间为 9 月 9 日 15:00,求此时的北京时间。

解:这种题型为已知 GMT 时间,求某个地方的地方时,只要通过国际时差换算表确定北京时间所在的时区,根据"东加西减"的原则,就能得出所求地的时间。

经过查表,已知北京区为东八区（+8）,根据公式,北京时间=9 月 9 日 GMT15:00+8=9 月 9 日 23:00。

公式二:GMT=已知地的标准时-已知地的区数(东西十二时区重合,按东时区计算)

例题二 已知玻利维亚首都拉巴斯的时间为 6 月 25 日 7:00,求此时的 GMT 时间。

解:这种题型为已知某个地方的当地时,求 GMT 时间。只要通过国际时差换算表确定玻利维亚的时区,根据"东加西减"的原则,就能得出所求地的时间。

经过查表,玻利维亚处于西四区（-4）,根据公式,GMT=玻利维亚时间 6 月 25 日 7:00-（-4）=6 月 25 日 11:00。

公式三:所求地的标准时=已知地的标准时±ΔT（ΔT 为已知地和所求地的时区差,按照"同差异和"的原则计算）

例题三 已知北京时间为 3 月 18 日 12:00,求美国休斯敦时间。

解:这类题型为根据已知地的时间,求另一个地区的时间,计算过程中同样要遵守"东加西减"原则。

经过查表,北京位于东八区(+8),休斯敦标准时根据美国规定为西六区时间(-6),根据公式,休斯敦的标准时=北京时间 3 月 18 日 12:00-(8+6)=-2:00。因为时间没有负数,出现负数时说明表示的是前一天,所以休斯敦的标准时=3 月 17 日 12:00+24-14=3 月 17 日 22:00。

(二)飞行时间的计算

在学会计算时差的基础上,就能够轻松地计算两地的飞行时间了。

(1)从国际时差换算表中找出始发地和目的地所在时区。

(2)将起飞和到达的当地时间换算成世界标准时或者根据始发地和目的地所处的时区换算成其中某一个地区的标准时间。

(3)用到达时间减去起飞时间,即是飞行时间。

例题四 某人乘飞机从北京去华盛顿。1 月 28 日乘国航班机从北京启程,北京时间是9:44。到达华盛顿时,当地时间为 1 月 28 日 15:30。求该人在途中经历了多少时间。

解:

第一步:从国际时差换算表中找出始发地和目的地的时区。

北京时间=世界标准时+8

华盛顿时间=世界标准时-5

第二步:将起飞和到达的当地时间换算成世界标准时。

北京时间　09:44-8=世界标准时 1:44

华盛顿时间　15:30+5=世界标准时 20:30

第三步:用到达时间减去起飞时间,即是飞行时间。

飞行时间=20:30-1:44=18 小时 46 分

例题五 某旅客乘坐飞机从莫斯科往返北京,去程莫斯科—北京的起飞时间为当地时间20:45,到达时间为当地时间 9:20;回程北京—莫斯科的起飞时间为当地时间 15:35,到达时间为当地时间 19:00,计算往返各自的飞行时间。

解:

第一步:查国际时差换算表,莫斯科时间=世界标准时+3,北京时间=世界标准时+8。

第二步:把起飞当地时间和到达当地时间分别换算成世界标准时后计算飞行时间。

去程:

起飞时的世界标准时=20:45-3=17:45

到达时的世界标准时=9:20-8=1:20

飞行时间=7 小时 35 分

回程:

起飞时的世界标准时=15:35-8=7:35

到达时的世界标准时=19:00-3=16:00

飞行时间=8 小时 25 分

思考:为什么去程和回程的飞行时间不一样?

在本例中,同样的航班,同样的机型,同样的航线,但是飞行时间却不同,其原因是航班由西向东飞行经过了西风带,航班飞行受其影响,去程莫斯科—北京为顺风飞行,回程北京—莫斯科逆风飞行。

第三节　航空气象与飞行

随着航空事业的发展，飞机性能得到提高，大型飞机也在不断增多，而气象对飞行的影响不仅依然存在，还对航空气象保障提出了更高的要求。目前，飞行活动与气象条件之间的关系正在从气象条件决定能否飞行，变为在复杂气象条件下如何飞行的问题。气象条件是客观存在的，但它对飞行活动的影响，却往往因人们主观处置是否得当而有不同的结果。航空气象保障就是为航空活动提供需要的气象情报及提出安全合理的综合措施，因此，飞行人员、空中交通管制人员和民航其他工作人员都要具备相当的航空气象知识，才能做到充分利用有利天气，避开不利天气，预防和减少危险天气的危害，增加效益，顺利完成飞行任务。

一、大气环境

大气是围绕在地球表面上空，占有一定空间的空气。大气组成和大气结构对飞行来说是至关重要的，会对航空飞行产生一系列的影响。

（一）大气的组成

大气是由混合气体以及悬浮在其中的水分和杂质组成的。

混合气体中主要成分是氮、氧、氩和二氧化碳，这 4 种气体的总量占到了空气总容积的 99.98%，而氖、氦、氪、氙、氡、臭氧等稀有气体的总含量不到 0.02%。

水汽主要来源于海洋和江河、湖泊等水体表面的蒸发，是低层大气中的重要成分，尽管含量不多，但却是大气中含量变化最大的气体。

杂质是悬浮在大气中的固态、液态微小颗粒物质，也叫做大气气溶胶质粒。它主要集中在大气的底层，其中大的颗粒能够很快降回地表或被降水冲掉，小的微粒则因为大气垂直运动很难扩散，可以在大气中悬浮 1～3 年，甚至更长时间。杂质的来源主要是人类活动造成的污染物，如工业排放物等，还有一部分是火山灰、植物花粉、微生物等。其中，火山灰对飞行造成的威胁最大。

（二）大气的结构

大气受到地心引力的影响，其成分、温度以及其他物理属性都形成了特有的垂直结构和特性。以此为依据，在大气层垂直方向上划分了 5 个层次，从低到高依次是对流层、平流层、中间层、热层和散逸层（见图 1-10）。对航空运输来说，对飞行活动有影响的大气层主要是对流层和平流层，因此，本节主要讨论这两层的特点。

1. 对流层

对流层因为其中的空气有强烈的对流运动而得名，它的底界为地面，上界高度因纬度、季节、天气等因素的影响而变化。平均而言，低纬度地区（南北纬 30°之间）上界高度为 17 千米～18 千米，中纬度地区（纬度 30°～60°）为 10 千米～12 千米，高纬度地区（纬度在 60°以上）为 8 千米～9 千米。同一地区对流层上界高度在夏季大于冬季。此外，天气变化对对流层的厚度也有一定影响。对流层的厚度随纬度增高而减小，平均在 10 千米左右，相对于整个大气层来说，是大气各层中最薄的一层，但是由于大气是下密上疏的，因此，对流层集中了约 75% 的大气质量和 90% 的水汽，云、雾、降水等天气基本上都出现在这一层，飞机也主要在这一层中飞行。

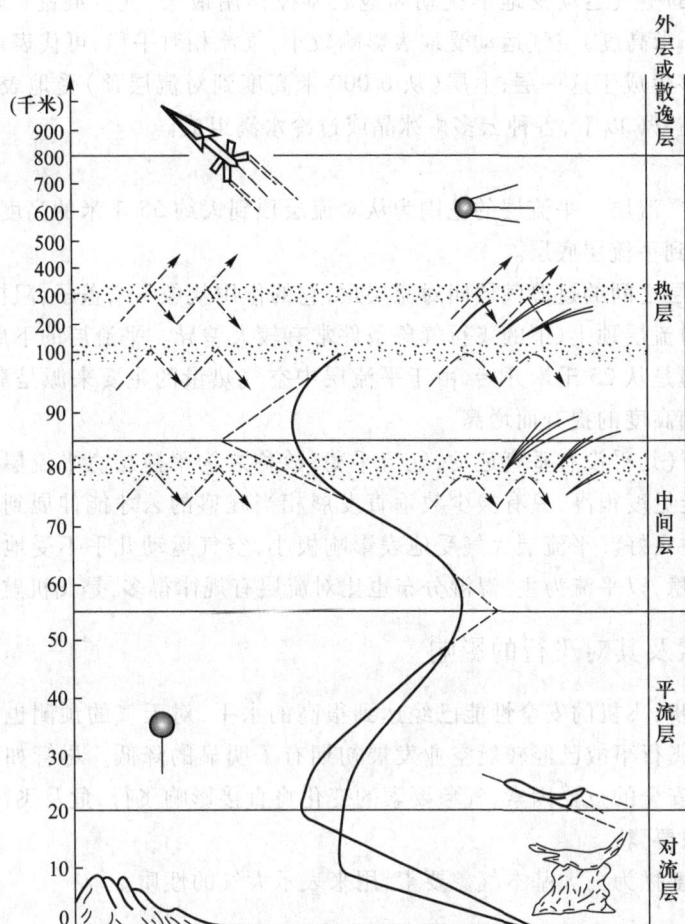

图 1-10　大气层垂直结构图

对流层有以下 3 个主要特征。

（1）气温随高度升高而降低。对流层大气热量的直接来源主要是空气吸收地面发出的长波辐射,而太阳辐射能的绝大部分集中于短波 0.17~4 微米,大气对于这种短波辐射几乎不能吸收,因此,大气的温度主要取决于地表的长波辐射,离地表越近,得到的热能越多。反之,远离地表则得到的热能越少。因此在对流层,气温普遍随高度升高而降低,高山常年积雪就是这个道理,气象学中称之为气温的垂直递减率。根据实际探测,对流层中的平均气温垂直递减率为 0.65 ℃/100 米。

（2）气温、湿度的水平分布很不均匀。对流层与地面相接,其温、湿特性主要受地表性质的影响,故在水平方向上分布很不均匀,如南北空气之间明显的温差,海陆之间空气的湿度差异等。

（3）空气具有强烈的垂直混合运动。由于对流层底层的暖空气总是具有上升的趋势,上层冷空气总是具有下沉的趋势,加之温度水平分布不均匀,因此,对流层中空气多垂直运动,具有强烈的垂直混合运动。

在对流层中,按气流和天气现象分布的特点,可分为下、中、上 3 个层次:对流层下层(离地

1 500米高度以下）的空气运动受地形扰动和地表摩擦作用最大，气流混乱（又称摩擦层）；中层（摩擦层顶到6 000米高度）空气运动受地表影响较小，气流相对平稳，可代表对流层气流的基本趋势，云和降水大多生成于这一层；上层（从6 000米高度到对流层顶）受地表影响更小，水汽含量很少，气温通常在0℃以下，各种云多由冰晶或过冷水滴组成。

2. 平流层

对流层之上是平流层。平流层的范围为从对流层顶到大约55千米的高度，现代大型喷气式运输机的高度可达到平流层底层。

对流层与平流层之间的过渡气层叫对流层顶，它的作用就像一个盖子，阻挡了下层水汽杂质的向上扩散，使得对流层顶上、下的飞行气象条件常有较大差异。平流层的下层温度随高度的提升几乎没有变化，但是从25千米开始，由于平流层中空气热量的主要来源是臭氧吸收的太阳紫外线辐射，气温便随高度的提升而增高。

平流层整层空气几乎没有垂直运动，气流平稳，故称之为平流层。平流层中空气稀薄，水汽和杂质含量极少，能见度很高，只有极少数垂直发展相当旺盛的云才能伸展到这一层来，故天气晴朗，飞行气象条件良好。平流层大气受地表影响极小，空气运动几乎不受地形阻碍及扰动，因此空气运动非常平稳，以平流为主，温湿分布也比对流层有规律得多，是飞机航行的良好大气层。

二、气象要素及其对飞行的影响

随着科技的进步，飞机的安全性能已经达到很高的水平，对天气的预测也已经日趋成熟，因为天气原因引起的飞行事故已经较航空业发展初期有了明显的降低。尽管如此，天气原因依然是现如今影响飞行安全的重要因素，气象要素的变化将直接影响飞行，危及飞行安全。

（一）基本气象要素

气温、气压、湿度称为三大基本气象要素，用来表示大气的性质。

1. 气温

表示空气冷热程度的物理量叫做空气温度，简称气温。气温通常用3种温标来量度，即摄氏温标（℃）、华氏温标（℉）和绝对温标（K）。

摄氏温标将标准状况下纯水的冰点定为0 ℃，沸点定为100 ℃，其间分为100等份，每一等份为1 ℃。华氏温标是将纯水的冰点定为32 ℉，沸点定为212 ℉，其间分为180等份，每一等份为1 ℉，可见1 ℃与1 ℉是不相等的。将摄氏度换算为华氏度的关系式为：华氏度 = 摄氏度 $\times \dfrac{9}{5}$ + 32。绝对温标多用于热力学理论研究。

在实际大气中，气温变化的基本方式有两种，即气温的非绝热变化和绝热变化。

非绝热变化是指空气块通过与外界的热量交换而产生的温度变化。气块与外界交换热量主要通过辐射、乱流、水相变化和传导4种方式。

（1）辐射。辐射是指物体以电磁波的形式向外放射能量的方式。所有温度高于绝对零度的物体，都要向周围放出辐射能，同时也吸收周围的辐射能。物体温度越高，辐射能力越强，辐射的波长越短。例如物体吸收的辐射能大于其放出的辐射能，温度就要升高，反之则温度降低。

地球-大气系统热量的主要来源是吸收辐射（短波）。当太阳辐射通过大气层时，有24%被大气直接吸收，31%被大气反射和散射到宇宙空间，余下的45%到达地表。地面吸收其大部分后,又以反射和辐射(长波)的形式回到大气中,大部分被大气吸收。同时,大气也在不断地放出长波辐射,有一部分又被地面吸收。这种辐射能的交换情况极为复杂,但对大气层而言,对流层的热量主要直接来自地面长波辐射,平流层的热量主要来自臭氧对太阳紫外线的吸收。因此这两层大气的气温分布有很大差异。总体来说,大气层白天由于太阳辐射而增温,夜间由于向外放出辐射而降温。

(2)乱流。乱流是空气无规则的小范围涡旋运动,乱流使空气微团产生混合,气块间热量也随之得到交换。摩擦层下层由于地表的摩擦阻碍而产生扰动,以及地表增热不均而引起空气乱流,是乱流活动最强烈的层次,乱流是这一层中热量交换的重要方式之一。

(3)水相变化。水相变化是指水的状态变化,水通过相变释放热量或吸收热量,引起气温变化。

(4)传导。传导是依靠分子的热运动,将热量从高温物体直接传递给低温物体的现象。由于空气分子间隙大,通过传导交换的热量很少,仅在近地面层中较为明显。

绝热变化是指空气气块与外界没有热量交换,仅由于其自身内能增减而引起的温度变化。例如,当空气块被压缩时,外界对它做的功能转化成内能,空气块温度会升高;反之,空气块在膨胀时温度会降低。飞机在飞行中,其机翼前缘的空气因被压缩而增温,机翼后缘的涡流区,空气因膨胀而降温,这种温度变化对现代高速飞机来说是非常明显的。在实际大气中,当气块作升降运动时,可近似地看作绝热过程。气块上升时,因外界气压降低而膨胀,对外做功耗去一部分内能,温度降低,气块下降时则相反,温度升高。

气块在升降过程中温度绝热变化的快慢用绝热直减率来表示。绝热直减率表示在绝热过程中,气块上升单位高度时其温度的降低值(或下降单位高度时其温度的升高值)。

2.气压

作用在单位面积上的大气压力叫做气压,也叫大气压强,即等于单位面积上向上延伸到大气上界的垂直空气柱的重量。常用的气压单位有百帕(hPa)和毫米汞柱(mmHg),1百帕=100牛/平方米=0.75毫米汞柱。

在大气处于静止状态时,某一高度上的气压值等于其单位水平面积上所承受的上部大气柱的重量。随着高度增加,其上部大气柱越来越短,且气柱中空气密度越来越小,气柱重量也就越来越小。因此,气压总是随高度的升高而降低的。高度越高,气压随高度降低得越慢。在同一高度上,气温高的地区气压降低得比气温低的地区慢。

航空上常用的气压为以下4种。

(1)本站气压。它是指气象台站所在高度处的气压,经过器差订正、温度差订正、纬度重力订正和高度重力订正后,其数值即可表示当时本站高度上的气压值,称为本站气压,也即气象台气压表直接测得的气压。由于各观测站所处地理位置及海拔高度不同,本站气压常有较大差异。

(2)场面气压。它是指机场跑道上空的气压,一般规定为离机场跑道3米高处的气压,它基本相当于飞机停在机场跑道上时,飞机气压高度表所在高度的气压。场面气压也是由本站气压推算出来的。飞机起降时为了准确掌握其相对于跑道的高度,就需要知道场面气压。场面气压也可由机场标高点处的气压代替。

(3)修正海平面气压。它是指由本站气压推算到同一地点海平面高度上的气压值,中国以黄海海面为基准。之所以要将本站气压修正到海平面高度气压,是因为各测站的海拔高度不同,不便于比较。海拔高度大于 1 500 米的测站不推算修正海平面气压,因为推算出的数值误差可能过大。

（4）标准海平面气压。它即为标准大气压,是指大气处于标准状态下的海平面气压。海平面气压是经常变化的,而标准海平面气压则是一个规定值,为 1 013.25 百帕或 760 毫米汞柱。

在飞机飞行过程中,测算高度的航行仪表是气压高度表,它测量的是气压,然后根据标准大气中气压与高度的关系,显示出高度数值。上面提到,飞行中有场面气压、修正海平面气压和标准海平面气压,由于气压高度基准面不同,对应着就有了场面气压高度、修正海平面气压高度和标准海平面气压高度。

3. 湿度

大气中含有水汽,其中的水汽含量是随时间、地点、海拔高度、天气条件的变化而不断变化的。空气湿度就是用来度量空气中水汽含量多少或空气干燥潮湿程度的物理量。常用的湿度表示方法有相对湿度、露点。

（1）相对湿度。它是指空气中的实际水汽与同温度下的饱和水汽压的百分比。水汽压是空气中的水汽所产生的那部分压力,是气压的一部分。在其他条件相同时,水汽含量越多,水汽压越大。在温度一定的情况下,单位体积空气所能容纳的水汽含量有一定的限度,如果水汽含量达到了这个限度,空气就呈饱和状态,称为饱和空气。饱和空气的水汽压叫饱和水汽压。理论和实践都证明,饱和水汽压的大小仅与气温有关,气温越高,饱和水汽压越大。因此,气温升高时,空气的饱和水汽压增大,容纳水汽的能力就增大。

相对湿度的大小直接反映了空气距离饱和状态的程度（空气的潮湿程度）。相对湿度越大,说明空气越接近饱和,饱和空气的相对湿度为 100%。相对湿度的大小取决于两个因素:一个因素是空气中的水汽含量,水汽含量越多,水汽压越大,相对湿度就越大;另一个因素是温度,在空气水汽含量不变的情况下,温度升高,饱和水汽压增大,相对湿度减小。通常情况下,气温变化大于水汽含量变化,一个地方的空气相对湿度的变化主要受温度的影响,晚上和清晨相对湿度大,中午、下午相对湿度小。

（2）露点。它是指当空气中水汽含量不变且气压一定时,气温降低到使空气达到饱和时的温度,也称为露点温度。当气压一定时,露点的高低只与空气中水汽含量的多少有关,水汽含量越多,露点越高,露点的高低反映了空气中水汽含量的多少。

当空气处于未饱和状态时,其露点低于气温,只有在空气达到饱和时,露点才和气温相等。所以可用气温露点差来判断空气的饱和程度,气温露点差越小,空气越湿润。

露点的高低还和气压大小有关。在水汽含量不变的情况下,气压降低时,露点也会随之降低。一般来说,未饱和空气每上升 100 米,温度下降约 1 ℃,而露点下降约 0.2 ℃,因此,气温露点差的减小速度约为 0.8 ℃/100 米。

空气湿度的变化从两方面来考虑,一是空气中水汽含量的变化,另一是空气饱和程度的变化。

空气中的水汽含量与地表有关,地面潮湿的地方空气中的水汽含量较高;在同一地区,水汽含量与气温的关系很大,温度升高时,饱和水汽压增大,空气中的含水量也相应增大。对一定地区来说,水汽含量与气温的变化规律基本相同,即白天大于晚上,最高值出现在午后。但在大陆上当乱流特别强时,由于水汽迅速扩散到高空,近地面空气水汽含量反而有迅速减少的现象。水汽含量的年变化则与气温相当吻合,最高在 7~8 月,最低在 1~2 月。

空气的饱和程度与气温高低和空气水汽含量的多少有关。但由于气温变化比露点的变化要快,空气饱和程度一般是早晨大、午后小,冬季大、夏季小。露珠一般出现在夏季的早晨,而冬季的夜间容易形成霜。夜间停放在地面的飞机冬季表面结霜、夏季油箱积水等现象,都和空气饱和程度的变化有关。

此外,由于大气运动及天气变化等因素的影响,空气湿度还有非周期性的变化。

4. 三大基本气象要素对飞行的影响

飞机性能和一些仪表示度是按照标准大气制定的,当实际大气状态与标准大气状态有差异时,飞机性能和仪表指示精确度可能就会出现偏差,对飞行产生一定的影响。

(1) 对高度表指示的影响。

实际大气状态与标准大气状态通常存在一定的差异,因此,实际飞行时高度表指示高度与当时气象条件有关。在飞行中,即使高度表数值相同,实际高度并不都一样,尤其在高空飞行时更是如此。航线飞行通常采用标准海平面气压高度,在标准大气中"零点"高度上的气压为 760 毫米汞柱,但实际上"零点"高度处的气压并不总是 760 毫米汞柱,因而高度表数值会出现误差。当实际大气气压低于标准大气气压时,高度表数值会大于实际高度;当实际大气气压高于标准大气气压时,高度表数值会小于实际高度。

实际大气温度与标准大气温度不同时,高度表数值也会有偏差。由于在较暖的空气中气压随高度降低得较慢,而在较冷的空气中气压随高度降低得较快,因而在比标准大气暖的空气中飞行时,也即实际大气温度高于标准大气温度时,高度表所示高度将低于实际飞行高度,在比标准大气冷的空气中飞行时,也即实际大气温度低于标准大气温度时,高度表所示高度将高于实际飞行高度。

仪表数值因温度产生的误差,还会随高度、纬度和季节的变化而变化,冬季在中国北方地区飞行时,仪表数值偏高约 10%,夏季在中国南方地区飞行时,仪表数值则偏低不到 10%。

在山区或强对流区飞行时,由于空气有较大的垂直运动,不满足静力平衡条件,高度表数值会出现较大误差,通常情况下,在下降气流区数值偏高,反之,在上升气流区数值偏低,误差可达几百米甚至上千米。因而在这些地区飞行时,要将气压式高度表和无线电高度表配合使用,以确保飞行安全。

(2) 对空速表指示的影响。

空速表是根据空气作用于空速表上的动压来指示空速的,简称表速。表速的数值不仅取决于飞行速度(真空速),还取决于空气密度。当实际大气密度大于标准大气密度时,表速数值会大于飞机的真空速;当实际大气密度小于标准大气密度时,表速数值会小于飞机的真空速。

由于空气密度受气温、气压和湿度的影响,所以在暖湿空气中,飞机的空速表显示会偏低,在干冷空气中,则会显示偏高。

(3) 对飞机飞行性能的影响。

飞机的飞行性能与大气密度有直接关系。当实际大气密度大于标准大气密度时,飞行性能会变好。一方面,空气作用于飞机上的力会增大,另一方面,发动机功率会增加,推力提升,从而使飞机的最大平飞速度、最大爬升率和起飞载重量增大,起飞、着陆的滑跑距离缩短。当实际大气密度小于标准大气密度时,情况则相反。

（二）风

风是指空气相对于地表面的水平运动。它是个矢量,用风速来表示大小,用风向表示方向。

1. 风速和风向

风速指的是在单位时间内空气移动的水平距离,常用的表示风速的单位是米/秒（m/s）、千米/小时（km/h）和海里/小时[nmile/h,也称为节（KT）]。它们之间的换算关系为:1 米/秒 = 3.6 千米/小时,1 节 = 1.852 千米/小时。此外,风速大小也可用风力等级来表示。

风向是指风的来向,因此,风来自北方叫做北风,风来自南方叫做南风。气象台站预报风向时,当风向在某个方位左右摆动不能肯定时,则加以"偏"字,如偏北风;当风力很小时,则采用"风向不定"来说明。

根据观测发现,中国华北、长江流域、华南及沿海地区的冬季多刮偏北风（北风、东北风、西北风）,夏季则多刮偏南风（南风、东南风、西南风）。

风向的测量单位,我们用方位来表示。如在陆地上,一般用 16 个方位表示,海上多用 36 个方位表示;在高空则用角度表示。用角度表示风向,是把圆周分成 360 度,北风（N）是 0 度（即 360 度）,东风（E）是 90 度,南风（S）是 180 度,西风（W）是 270 度,其余的风向都可以由此计算出来。

风的测量方法主要有仪器探测和目视估计两大类。常用的仪器有风向风速仪、测风气球、风袋、多普勒测风雷达等。风向风速仪是测量近地面风常用的仪器。为了便于飞行员观测跑道区的风向、风速,可在跑道旁设置风袋。风袋飘动的方向可指示风向,风袋飘起的角度可指示风速。高空风可用测风气球进行探测,现在一些大型机场装有多普勒测风雷达,用来探测机场区域内一定高度风的分布情况,对飞机起降有很大帮助。

2. 风的类型及其影响

风对飞机的起降、确定最佳航线、巡航高度和燃料装载量等都有一定影响,是航前准备阶段必须要考虑到的因素。根据飞机的航迹方向,分为逆风、顺风和侧风。

在逆风情况下,有利于飞机的起飞和着陆。因为逆风起飞时,会产生飞机的附加进气量,增大飞行运动开始时的方向稳定性和操纵性,增加升力;逆风着陆时,会增大飞机迎面阻力,加快飞机减速。从这两方面来看,逆风起降能够缩短飞机的起飞和着陆时的滑跑距离,所以飞机的起飞和着陆通常在逆风条件下进行。但是在飞机航行阶段,逆风在一定程度上会缩短飞机航程、增加飞行时间、消耗更多的飞机燃料。

在顺风情况下,飞机会与逆风情况下显示出的特性完全相反。顺风会使飞机起飞和着陆的滑跑距离增长,增加了起飞和着陆时的难度。在飞机平飞阶段,则会增大飞机航程、减少飞行时间、节省飞机燃料。

在侧风情况下,飞机起降和着陆都变得非常复杂。在侧风中滑跑、起飞,由于飞机两翼受到风的作用力不同,飞机容易倾斜,出现擦机翼的现象。着陆时,侧风容易导致飞机偏移,要及时修正偏航,以避免飞机场外接地。

（三）云

云是由悬浮在空气中的小水滴和（或）冰晶共同组成的可见聚合体,其底不接触地面。对于目前性能较好的大型喷气式运输机来说,除了低云会对飞机起飞和降落有一定限制外,一般的云通常对飞机不构成安全上的威胁。但是由于云中经常会伴随出现一些其他的天气现象,尤其像积状云会造成飞机结冰、颠簸、风切变、雷击和冰雹,所以云仍然存在影响飞行安全的风险。

1. 云的分类

依照云底的高度,云被分为三族:低云族、中云族和高云族(见表1-1)。

表1-1　云的类型、特征及其对飞行的影响

类别	云名	云高/米	云厚/米	云的组成	云的主要特征	云对飞行的影响
高云	卷云	7 000~10 000	500~2 500	冰晶	白色,可看出纤维状结构,呈丝状片状或钩状	冰晶耀眼,有时有轻微颠簸,个别情况有强烈颠簸
	卷层云	6 000~9 000	1 000~2 000	冰晶	乳白色的云幕,透过它看日月,轮廓分明,并经常有晕	冰晶耀眼,气流较平稳
	卷积云	6 000~8 000	几百米	冰晶	由白色鳞片状的小云块组成,像微风吹过水面所引起的小波纹	冰晶耀眼,偶有轻微颠簸
中云	高层云	2 000~5 000	1 000~3 500	水滴冰晶共同组成	浅灰色的云幕,透过它看日月,轮廓模糊,厚的则完全遮蔽日月,并可降连续性雨雪	有轻微或中度积冰,能见度较坏
	高积云	3 000~5 000	200~1 000	水滴冬季可由冰晶组成	由白色或灰白色的云块组成,像波浪或瓦房顶;厚的可降间断小雨	有积冰和轻微颠簸,能见度较坏
低云	层积云	500~2 000	几百米到两千米	水滴	由灰色或灰白色的云块或云条组成,像波浪,云块比高积云厚大;能下雨雪	有积冰和轻微颠簸,能见度较坏、恶劣
	雨层云	500~1 200	2 000~10 000	水滴冰晶共同组成	低而阴暗的云幕,云底模糊不清;能下连续性雨雪	有中度到严重积冰,能见度恶劣
	碎雨云	50~500	几十米到三百米	水滴	云块支离破碎,高度很低,云量变化大,生成在降水性的云层	影响着陆
	层云	50~500	几百米	水滴	低而较均匀的灰色云幕,云底模糊;有时可下毛毛雨	影响着陆
	碎层云	50~500	几十米到三百米	水滴	和碎雨云相似,常由层云分裂或雾抬升或海上平移而来	影响着陆
	淡积云	500~1 200	几百米到两千米	水滴	个体不大,底部平坦,顶部呈圆弧形,样子像馒头,孤立分散	有轻微颠簸

类别	云名	云高/米	云厚/米	云的组成	云的主要特征	云对飞行的影响
低云	浓积云	500~1 200	2 000~5 000	水滴	个体不大,底部平坦,顶部呈圆弧形重叠,边缘明亮,轮廓清晰,像华彩;向阳面呈白色,背阳面和底部阴暗呈黑色;有时可下阵雨	有强烈的颠簸和积冰,能见度恶劣,不能飞入其中
	积雨云	300~1 500	4 000 以上	水滴冰晶共同组成	云体十分庞大,顶部多呈白色,边缘轮廓模糊,呈砧状,底部阴暗;可下阵雨阵雪,常伴有雷暴和大风,有时能下冰雹	有很强烈的颠簸和积冰,能见度恶劣,不能飞入其中

（1）低云通常是指云底高度在 2 500 米以下的云,这类云种类最多,对飞行的影响也最大,是飞行人员需要了解的重点。这一族中有积云、积雨云、层积云、层云、雨层云,其中,积云中的浓积云和积雨云对飞行的影响最为严重。

（2）中云是指云底高度在 2 500~6 000 米的云,按照其外貌特征分为高层云和高积云。

（3）高云是指云底高度在 6 000 米以上的云,分为卷云、卷层云和卷积云。

2. 云对飞行的影响

对飞机起降和低空飞行影响最大的云主要是低云。在低云和有限的能见度条件下,飞机的起飞、着陆及低空、超低空飞行,都会变得相当困难。而云对飞机飞行造成的影响主要表现在不同程度的飞机结冰、飞机颠簸、能见度低等方面,使飞机起飞、着陆、低空飞行变得相对困难。尤其是浓积云和积雨云,云中的能见度极差,飞机积冰和颠簸严重,甚至伴有雷电、暴雨、冰雹和狂风,严重危及飞行安全,是飞行航线上禁止飞行的区域。

（四）降水

降水是指从云中降落至地面的水滴、冰晶、雪等现象。

1. 降水的分类

（1）按降水物形态,主要分为雨、毛毛雨、雪、霰、冰雹、冰粒、米雪等。

① 雨（rain）。滴状液态降水,下降时清晰可见,过冷却水滴降落至温度低于 0 ℃ 的地表面时,可在地面或地物上形成透明粗糙的冰层,称为雨凇（glaze）。

② 毛毛雨（drizzle）。细小粒液体降水（直径小于 0.5 毫米）纷密飘降,落速慢,常不可见,与人脸接触有潮湿感。

③ 雪（snow）。片状、针状、辅枝状或柱状的结晶形固态降水,具有六角晶体结构,由水汽凝华而成,白色不透明。

④ 霰（graupel）。云中冰晶下落时俘获大量过冷却水滴,碰冻成类球状或锥状的白色不透明固态降水物,也称为软雹（soft hail）,直径为 2~5 毫米,降雪前或与雪同降,具有阵性,着硬地反跳,易碎,常为冰雹的核心。

⑤ 冰雹（hail）。坚硬的球状、锥状或形状不规则的固态降水,常由透明、不透明交替分层组成,直径大于 5 毫米,降自积雨云中。

⑥ 冰粒(ice particle)。透明的丸状或不规则固态降水,直径为2~5毫米,由雨滴在空中冻结而成,坚硬着地反跳,常降自高层云或雨层云,可作为冰雹的核心,亦称小雹(small hail)、冰丸(ice pellet)。

⑦ 米雪(granular snow,snow grains)。白色不透明的比较扁或长的小颗粒固态降水,直径一般小于1毫米,着地不反跳,常降自含过冷却水滴的层云或雾中。

(2)按降水特点,分为连续性降水、间歇性降水和阵性降水。

① 连续性降水持续时间长,降水强度变化不大,通常由层状云产生,水平范围较大。卷层云一般不降水,在纬度较高地区有时可降小雪。雨层云、高层云可产生连续性降水。

② 间歇性降水强度变化也不大,但时降时停,多由波状云产生。其中,层云可降毛毛雨或米雪,层积云、高积云可降不大的雨或雪。

③ 阵性降水强度变化很大,持续时间短,影响范围小,多由积状云产生。其中,淡积云一般不产生降水;浓积云有时产生降水,低纬度地区可降大雨;积雨云可降暴雨,有时会产生冰雹和阵雪。

(3)按降水强度,分为小雨、中雨、大雨、暴雨、大暴雨、特大暴雨,如表1-2所示。

表1-2　降水强度

等级	小雨	中雨	大雨	暴雨	大暴雨	特大暴雨
降水强度(毫米/日或24小时)	<10	10~25	25~50	50~100	100~200	>200

2. 降水对飞行的影响

降水对飞行有多方面的影响,主要与降水种类和降水强度有关。

(1)降低能见度。

降水会使机舱风挡能见度减低,降水强度越大,能见度越低(见表1-3)。除了地面能见度会受到影响外,飞行员在降水中从空中观测的能见度,还受飞行速度的影响,飞行速度越大,能见度减小越多,原因是降水使座舱玻璃黏附水滴或雪花,折射光线使能见度变差,以及机场目标与背景亮度对比减小。当降水强度是小雨或中雨程度时,地面能见度一般大于4千米;当飞机速度不大时,空中能见度将降到2千米~4千米;当飞行速度很大时,空中能见度会降到1千米~2千米以下。当降水强度是大雨时,空中能见度只有几十米。

表1-3　降水中的地面能见度

降水种类和强度	大雨	中雨	小雨	大雪	中雪	小雪
地面能见度/千米	<4	4~10	>10	<0.5	0.5~1	>1

同时,降水还会在挡风玻璃上形成一层水膜折射光线,使飞行员很难准确目测判断飞机离跑道的高度,从而易接地不当,造成事故。

在降雪区中飞行,能见度要比降水区差得多。降雪还会降低地面物体的亮度和饱合色,使目视地标不明显,影响飞行员对地形和地物的判断。

(2)造成飞机结冰。

飞机在有过冷水滴的降水(如冻雨、雨夹雪)中飞行,雨滴打在飞机上会立即冻结,形成积冰。因为雨滴比云滴大得多,所以积冰强度也比较大,会在一定程度上降低飞机的性能,即将起飞的飞机一定要除去积冰才可执行任务。冬季在中国长江以南地区飞行最容易出现这种情况。

（3）大雨和暴雨可使发动机熄火。

喷气式飞机在雨中飞行时，在发动机转速不变的情况下，雨滴进入涡轮压缩机后因蒸发吸收热量而降低了燃烧室的温度，使增压比变大，增加了发动机的推力，相应使飞机速度有所增大。但当雨量过大时，发动机吸入雨水过多，若点火不及时，尤其是飞机处于着陆的低速飞行阶段，可能会造成发动机熄火。

（4）大雨、暴雨下方易出现强下沉气流。

飞机在降落阶段时，高度较低、速度较小，其着陆外形、加速性能和上升性能均处于变差的状态。如遇到降水引起的强下沉气流，飞机会很难操控，严重时会导致事故的发生。阵性降水或雨夹雪常伴有风切变，会降低飞机的动力性能，引起失速，导致飞机不能进入复飞状态。

（5）大雨恶化飞机的空气动力学性能。

大雨对飞机气动性能的影响主要来自于以下两方面：一方面，造成空气动力损失，雨滴打在飞机上使机体表面形成一层水膜，气流流过时，在水膜上引起波纹，同时雨滴打在水膜上，形成小水坑，这两种作用都使机体表面粗糙度增大，改变了机翼和机身周围气流的流型，使飞机阻力增大，升力减小；另一方面，使飞机动量消耗增加，雨滴撞击飞机时，将动量传给飞机引起飞机速度变化，雨滴的垂直分速度施予飞机向下的动量，使飞机下沉，雨滴对飞机的迎面撞击则使之减速，飞机在大雨中着陆时，其放下的起落架、襟翼和飞行姿态使得水平动量损失更为严重，可能使飞机失速。

（6）影响跑道使用性能。

降水会引起跑道上积水、积雪和结冰，影响跑道的正常使用。

跑道有积雪时，一般应将积雪清除后再起飞、降落。不同的飞机对跑道积雪时起飞、着陆的限制条件有差异，例如《图-154飞机手册》限定跑道上雪泥厚度不超过 12 毫米，干雪厚度不超过 50 毫米，飞机才可以起降。

跑道积冰有的是由冻雨或冻毛毛雨降落在道面上冻结而形成的，有的是由跑道上的雨水或融化的积雪再冻结而形成的。跑道上有积冰时，飞机轮胎与冰层摩擦力很小，滑跑的飞机不易保持方向，容易冲出跑道。

跑道积水是由于下大雨，雨水来不及排出道面，或由道面排水不良引起的。飞机在积水的跑道上滑行时，可能产生滑水现象，使飞机方向操纵和刹车作用减弱，容易冲出或偏离跑道。各类飞机都可产生滑水现象，但以喷气运输机发生的最多。

此外，跑道被雨水淋湿变暗，还可能使着陆时目测偏高，影响飞机正常着陆。

（五）视程障碍天气现象

视程障碍天气现象是指空气中因存在水汽凝结物、干质悬浮物等而使空气变得混浊，并造成能见度下降的一类天气现象，主要包括雾、霾、烟幕、沙尘、吹雪等。

1. 雾

雾是贴地大气中悬浮大量小水滴或冰晶，使能见度恶化的现象。

按能见度，雾可以分为轻雾和雾。轻雾的水平能见度在 1 千米 ~ 10 千米，雾的水平能见度小于 1 千米。影响雾中能见度的因子主要是雾滴的浓度和大小。雾滴越小，雾的浓度越大，雾中能见度越低。雾中看灯光时，光源波长越长，能见度越好。雾的厚度变化范围较大，一般在几十米到几百米,厚的可到 1 千米以上,厚度不到 2 米的雾,叫做浅雾。

按形成原因,雾可以分为辐射雾、平流雾、锋面雾、上坡雾、蒸汽雾和城市雾。本书将在本章第四节详细介绍辐射雾和平流雾对飞机起降的影响。

2. 霾

霾是指大量细微的干尘粒或盐粒等均匀地悬浮于空中,使水平能见度小于 10 千米的空气普遍混浊现象。由于霾层对阳光的散射,会使飞行员看不清地面物标。

3. 烟幕

烟幕是指燃烧或化学反应生成的大量极小固态微粒聚集于近地面层,使水平能见度小于 10 千米的空气浑浊现象。烟幕与雾共存时称为烟雾;烟幕与霾共存时称为烟霾。

4. 沙尘

沙尘泛指强风将地表面土壤颗粒大量卷入空中所造成的视程障碍现象,包括沙尘暴、扬沙和浮尘。沙尘暴会使水平能见度小于 1 千米;扬沙使水平能见度降到 1 千米~10 千米;浮尘也会使水平能见度降至 10 千米以下。

5. 吹雪

吹雪是指地面积雪被大风吹起,大量雪晶在空中飘扬,使水平能见度小于 10 千米的现象。吹雪有低吹雪(高度小于 2 米)和高吹雪(高度大于 2 米)之分。这种现象主要出现于中国北方积雪干燥松软的地区。

6. 视程障碍天气现象对飞行的影响

上述提到的 5 种视程障碍天气现象,全都会在不同程度上降低地面能见度、空中能见度、着陆能见度和跑道视程,使飞行员丧失对地面地标的目测,直接影响飞机的起飞和着陆。沙尘中的沙粒还可能会与飞机产生摩擦静电,干扰无线电通信和无线电罗盘,或有可能磨损飞机表皮和玻璃,进入飞机机体或发动机,造成机件磨损、油路堵窄和仪表失准。

第四节　影响航空飞行的重要天气

一、影响飞机起降的天气

飞机航行的过程分为起飞爬升、航路巡航、进近着陆 3 个阶段。起飞爬升和进近着陆两个阶段在航行全程中所占的比重较低,但在这两个阶段发生事故的概率却高达 95% 以上。可以说,在起降阶段发生的事故中,有很大一部分是由恶劣的天气条件引起的,主要包括地面大风、低空风切变、低能见度和雷暴等。恶劣的天气直接决定着航班是否可以飞行、是否需要延期,所以我们有必要对天气现象和它给飞行带来的影响有所了解。

(一)地面大风

气象上,一般把地面风速超过 12 米/秒的风称为地面大风。在本章第三节中已经提到,风会增加飞机的操控难度,影响飞机起飞和着陆的滑跑距离和时间,甚至使飞机偏离跑道。另外,地面大风可能会伴有浮沉、扬沙、沙尘暴、吹雪等天气现象,从而大大降低地面能见度,影响起降。

正是因为地面大风对飞机起降的严重影响，在航空上，对地面大风进行了严格的规定，不同机型的飞机应对了不同的最大侧风值，超过这个极值，就会威胁到飞行安全。

飞机起降时所能承受的最大风速，取决于机型和风与跑道的夹角（见表1-4）。逆风起降时所能承受的风速最大，正侧风起降时所能承受的风速最小。这是因为近地面风由于受地表环境的影响，变化复杂，具有明显的阵性，风速越大，阵性越强，使飞机受到无规律的影响，难以操纵。特别是在侧风条件下起降的飞机，要保持正常的下滑道或滑跑非常困难，为克服侧风的影响而采取大坡度接地可能使飞机打转或发生滚转，加上阵风的影响，就会使飞机更加难以操纵。

表1-4　不同机型起降的最大风速允许值

风向与跑道的夹角	Y-5	Y-7/AN24	B757/MD82
0°	15米/秒	25米/秒	25米/秒
45°	8米/秒	18米/秒	18米/秒
90°	6米/秒	12米/秒	15米/秒

总体来说，飞机越大，抗风能力越强。

（二）低空风切变

20世纪70年代以来，在对一些大型运输机在起降时发生的严重事故的分析后确认，低空风切变是引起这些飞机失事的主要原因。因此，低空风切变历来被称为"机场瘟神"。

航空气象学上，低空风切变是指600米以下空气层中风向、风速突然变化的现象，主要由雷暴、锋面、超低空急流或低层逆温引起。

1.根据风场结构划分

风切变根据风场的结构，可以分为风的垂直切变、风的水平切变、垂直风（垂直气流）切变。

（1）风的垂直切变是指在垂直方向上，一定距离内两点之间的水平风速和（或）风向的改变。

（2）风的水平切变是指在水平方向上，两点之间的水平风速和（或）风向的改变。

（3）垂直风切变是指上升或下降气流（垂直风）在水平方向上两点之间的改变（见图1-11）。

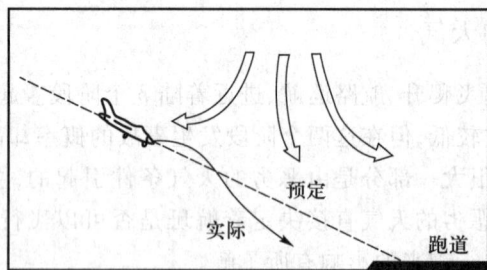

图1-11　垂直风切变

2.根据航迹划分

根据航迹，可以分为顺风切变、逆风切变、侧风切变和垂直气流切变。

（1）顺风切变是指沿航迹（顺飞机飞行方向）顺风增大或逆风减小，以及飞机从逆风进入无风或顺风区,如图 1-12 所示。

(a) 逆风减小   (b) 逆风进入顺风

图 1-12 顺风切变

(2) 逆风切变是指沿航迹逆风增大或顺风减小,以及飞机从顺风进入无风或逆风区,如图 1-13 所示。

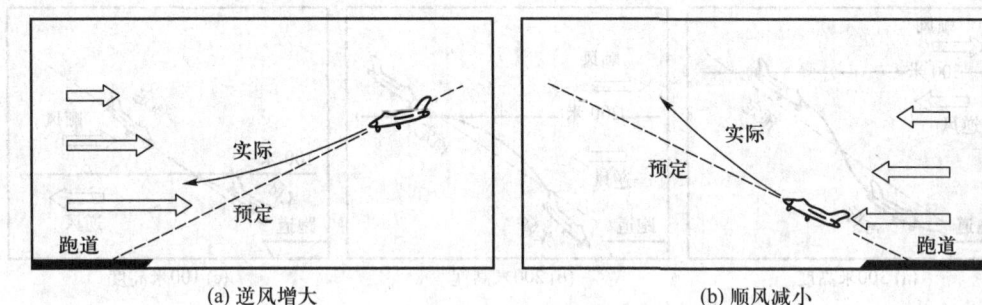

(a) 逆风增大   (b) 顺风减小

图 1-13 逆风切变

(3) 侧风切变是指飞机从一种侧风或无侧风状态进入另一种明显不同的侧风状态,如图 1-14 所示。

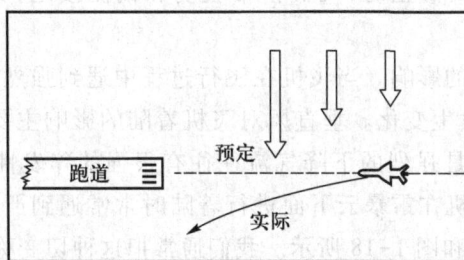

图 1-14 侧风切变(俯视图)

3. 低空风切变对着陆的影响

(1) 顺风切变对着陆的影响。飞机着陆进入顺风切变区,使飞机空速迅速减小,升力明显下降,从而使飞机不能保持高度而下沉,危险较大,如图 1-15 所示。

(2) 逆风切变对着陆的影响。飞机着陆进入逆风切变区,使飞机的空速突然增大,升力也明显增大,飞机抬升,脱离正常下滑线,飞行员面临的问题是怎样消耗掉飞机过剩的能量或过大的

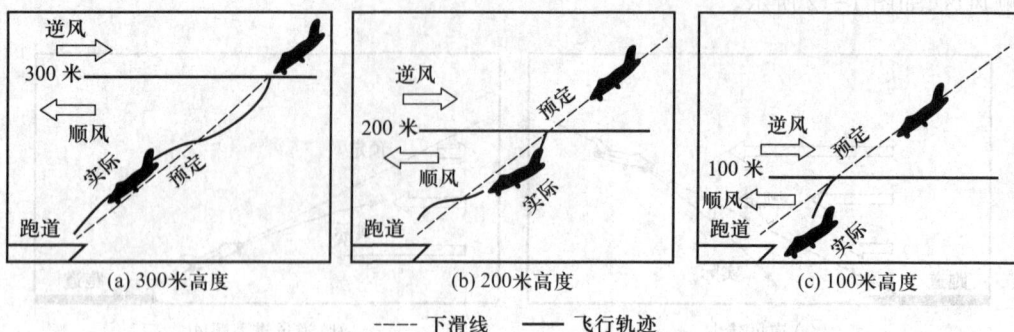

图 1-15   不同高度的顺风切变着陆

空速,如图 1-16 所示。但如果逆风切变的高度低、强度大或飞行员未及时修正,也会使飞机冲出跑道或过早接地。

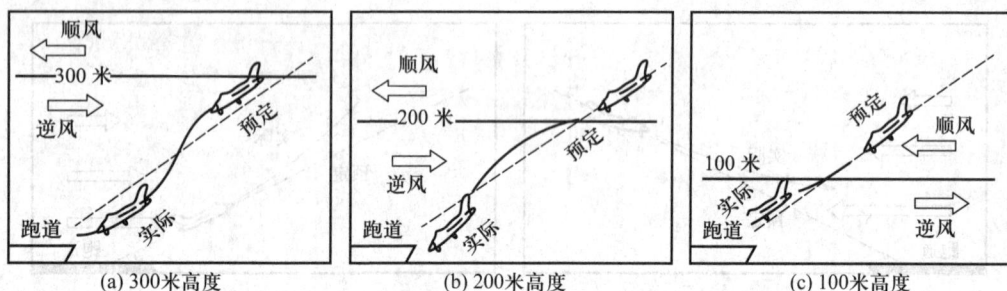

图 1-16   不同高度的逆风切变着陆

（3）侧风切变对着陆的影响。侧风有左侧风和右侧风之分,飞机在着陆下滑时遇到侧风切变,会产生侧滑、滚转或偏转,使飞机偏离预定下滑着陆方向,飞行员要及时修正。如果侧风切变层的高度较低,飞行员来不及修正时,飞机会带坡度和偏流接地,影响着陆滑跑方向,如前文图 1-14 所示。

（4）垂直风切变对着陆的影响。当飞机在飞行过程中遇到强烈的升降气流,飞机的升力会发生变化,从而使飞行高度发生变化。垂直风对飞机着陆的影响主要是对飞机的高度、空速、俯仰姿态和杆力的影响。特别是强烈的下降气流往往有很强的猝发性,强度很大,使飞机突然下沉,对飞机着陆危害极大,飞机在雷暴云下面进行着陆时常常遇到严重的下降气流,并可能造成严重的飞行事故,如图 1-17 和图 1-18 所示。我们通常把这种切变称为"微下击暴流"。

低空风切变是飞机起飞、着陆阶段威胁飞行安全的主要危险因素,但是不同形式的风切变产生的影响是不同的。总体来说,低空风切变一方面会导致飞机升力改变,从而改变飞机的高度和速度;另一方面会引发飞机偏移跑道、带坡度、产生侧滑,严重时发生事故。

1982 年 7 月 9 日 16:06,美国泛美航空一架往返于迈阿密和圣地亚哥之间的 759 次航班(机型为波音-727)在经停新奥尔良起飞过程中遇到微下击暴流,飞行员无法控制客机的俯仰而坠毁在距离机场 1.4 千米的地方,造成 145 名机上人员和 8 名地面人员死亡。

2018 年 8 月 1 日,墨西哥航空 AM-2431 次航班在墨西哥杜兰戈州机场起飞后 5 分钟坠毁

图 1-17　垂直风切变对起飞的影响

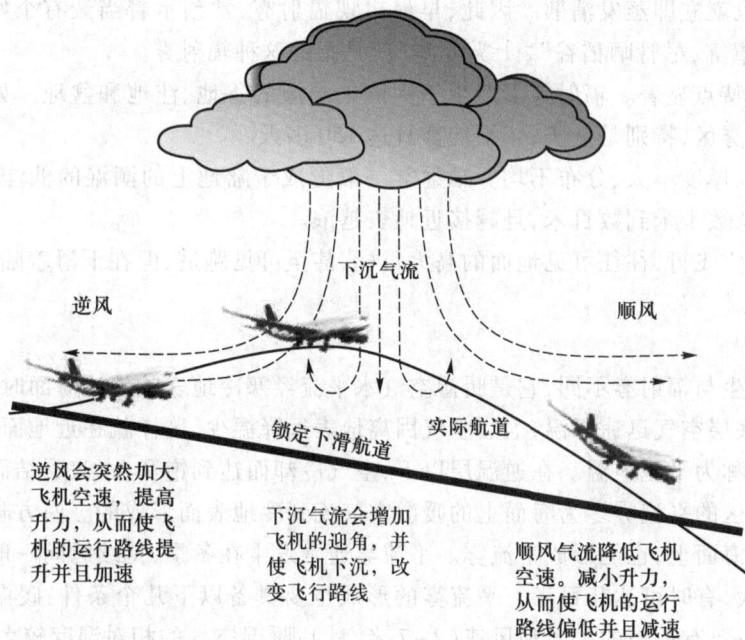

图 1-18　垂直风切变对着陆的影响

(机型为 ERJ-190), 幸运的是, 机上 6 名机组成员与 99 名乘客共 105 人全部生还。事后调查显示这架飞机在起飞时遇到了微下击暴流, 导致飞机无法控制而坠毁。只不过跟泛美航空 759 航班相比, 墨西哥的 AM-2431 次航班真的是太幸运了!

（三）雾引起的低能见度

能见度是反映大气透明度的一个指标, 其好坏会直接影响飞机的起降。低能见度通常指能见度在 1 千米以下的天气,主要由低云、降水、雾、沙尘暴、雷暴等天气现象产生。

前文已经讲述过雾的类型,这里主要讲述对飞行影响较大的辐射雾和平流雾。

1. 辐射雾

由地表辐射冷却,使空气中的水汽达到饱和而形成的雾叫辐射雾。辐射雾主要发生在晴朗、微风、近地面、水汽比较充沛的夜间或早晨,因地面辐射降温,形成贴地逆温,此时水汽不易向上空扩散。随着贴地空气的进一步冷却,存积的水汽凝结形成雾。一般夜间形成,日出前后雾最浓,随着地面气温升高,雾逐渐消散。多出现在秋冬,山谷、洼地、盆地更易产生。

在中国,辐射雾是引起低能见度的一种重要天气现象,常常严重影响飞机的起降。

辐射雾的形成一般有 4 个条件:晴朗的天空(无云或少云);微风(一般 1~3 米/秒);近地面空气湿度大;大气层结构稳定。

辐射雾形成时,天空无云阻挡,地面热量迅速向外辐射出去,近地面层的空气温度迅速下降。如果空气中水汽较多,就会很快达到过饱和而凝结成雾。

辐射雾的特点主要有如下 3 个。

(1)季节性和日变化明显。辐射雾多发生在夜最长、气温最低的冬季或比较寒冷的冬半年。辐射雾一般出现在晴朗无云的夜间或早晨,太阳一升高,随着地面温度的上升,空气又恢复到未饱和状态,雾滴也就立即蒸发消散。因此,早晨出现辐射雾,常预示着当天有个好天气。中国谚语中的"早晨地罩雾,尽管晒稻谷""十雾九晴"就是指的这种辐射雾。

(2)地方性特点显著。辐射雾多产生于大陆上潮湿的谷地、洼地和盆地。如中国四川盆地就是有名的辐射雾区,特别是重庆,年平均雾日达 150 多天。

(3)范围小、厚度不大、分布不均。辐射雾一般形成于陆地上的潮湿的低洼地区,所以范围较小;其厚度可从数十米到数百米,且越接近地表越浓。

在辐射雾上空飞行,往往可见地面的高大目标,甚至可见跑道,但在下滑着陆时,就可能什么也看不见了。

2. 平流雾

平流雾的产生与辐射雾不同,它是暖湿空气水平流经寒冷地表陆地或海面时,因暖湿空气受冷的地表影响,底层空气迅速降温,上层空气因离地表远降温少,这样就在近地面层形成逆温,这种逆温气象学上称为平流逆温。在逆温层以下,空气冷却而达到饱和,水汽凝结而形成平流雾。

中国沿海地区的平流雾多为海面上的暖湿空气流到冷地表而形成的。南方暖海面上的暖湿空气流到北方冷海面上,也能形成平流雾。平流雾通常发生在冬季,持续时间一般较长,范围大,雾较浓,厚度较大,有时可达几百米。平流雾的形成也要具备以下几个条件:暖湿空气与地表之间有较大的温差;要有适当的风向和风速(2~7 米/秒);暖湿空气的相对湿度较大。

当暖湿空气与冷地表之间有较大温差时,近地表气层的温度才能迅速降低,相对湿度不断增大而形成平流雾。同时,在近地表气层中形成平流逆温,就更有利于平流雾的形成。适宜的风向和风速不但使暖湿空气源源不断地流向冷的地面或海面,而且能产生一定强度的湍流,使雾达到一定的厚度。

平流雾的特点主要有如下几个。

(1)日变化不明显。呈现出春夏多、秋冬少的特点。日变化不明显,只要条件适合,一天之中任何时候都可出现,条件变化后,也会迅速消散。总体而言,以下半夜至日出前出现最多。

（2）来去突然、生成迅速。在沿海地区，如果风向由暖海面吹向冷陆地，平流雾即可很快形成，短时间内迅速覆盖整个机场。一旦风向发生变化，雾就会迅速消散。因此，春夏季节在沿海地区飞行时，要注意海上天气的变化，特别是风向的变化。

（3）范围大，厚度也大。水平范围可以从几百米到几千米；从地面向上的厚度可达几百米到上千米。

总体而言，平流雾对飞行的影响比辐射雾大。平流雾来去突然，不好预测，在平流雾上空飞行，很难看见地标，平流雾遮盖机场时，着陆极为困难。

二、航空气象对航行阶段飞机飞行的影响

航行是指飞机在高空的巡航阶段。尽管这一阶段中飞机发生事故的概率很低，但也有一些天气会对飞行安全造成严重威胁。这些天气主要包括雷暴、高空急流和晴空乱流等，会引起飞机颠簸、结冰等。

（一）雷暴

夏季飞行常会遭遇雷暴天气，雷暴是指由对流旺盛的积雨云组成的，伴有闪电、雷鸣、阵雨、大风，有时还会出现冰雹、龙卷风等现象的中小尺寸对流天气系统。雷暴可以发生在世界任何地方，在低纬度，尤其是热带雨林地区会变得更加频繁，是飞机在航行中遇到的最恶劣、最危险的天气，对航空安全带来隐患。所以在一般情况下，应避免在雷暴区中飞行。

根据美国民用航空 1962~1988 年气象原因飞行事故统计分析，48 起飞行事故中有 23 起与雷暴有关，占总数的 47.9%；另据美国空军气象原因事故统计，雷暴原因占事故总数的 55% ~ 60%。这些数据充分说明，雷暴是目前航空活动中严重威胁飞行安全的重要因素。因此对飞行员来说，了解雷暴的形成和结构以及可能遇到的危险天气，有助于掌握有关气象信息，采取有效的飞行操纵措施，以便避开或飞越雷暴天气区，确保飞行安全。自从 20 世纪 80 年代后期，飞机安装了气象雷达后，飞机因遭遇雷暴天气而导致坠毁或迫降的情况非常少。

雷暴分为两种，一种叫一般雷暴，仅伴有阵雨；另一种叫强雷暴，又称强风暴，伴有暴雨、大风、冰雹、龙卷风等严重灾害性天气。

飞机在雷暴中飞行，会引起飞机的强烈颠簸，使飞机偏离航线，无法保持高度，飞行员难以操作。在云内温度低于 0 ℃时，会导致飞机结冰。会在伴有下曳气流的情况下，使飞机失速、倾斜、偏离下滑道而造成飞行事故。雷暴中伴有的雷电，会使飞机易遭雷击，从而干扰无线电通信。冰雹和龙卷风则会对飞行中或停场未入库的飞机以及机场设备造成不同程度的毁坏。所以雷暴是飞机严格禁止进入的云体。

1999 年 6 月 1 日，美国航空 1420 号航班在准备降落时遭遇了雷暴天气，雷暴带来的大雨也让能见度变得很差，低能见度和强风切变使其降落充满了变数。最后 1420 号航班重重地砸在跑道上，而且冲出了跑道，撞上了一座钢制天桥后断裂成三截并起火，机长当场遇难，事故总共造成 11 人丧生。

（二）飞机颠簸

飞机颠簸是指由高空不稳定的湍流引起的，飞机在穿云或遇到强大气流时，进入扰动空气层后发生的左右摇晃、前后冲击、上下抛掷及机身震颤等现象。在飞行全程几乎都会出现飞机颠簸的现象，但一般不会太危险。

飞机产生严重的颠簸时,对于飞机结构、操纵飞机、仪表指示、乘客安全都有很大的影响。

1.对飞机结构的影响

飞行中产生颠簸,飞机的各部分都经受着忽大忽小的负荷,颠簸越强,载荷变化就越大,如果飞机长时间受到强烈载荷变化的作用,或受到超过飞机所能承受的最大载荷,会使飞机部件受到损害,酿成事故,飞机的某些部分(如机翼)就可能变形甚至折毁。

2.对飞机操纵的影响

飞机发生颠簸时,飞行高度、速度以及飞行的姿态都会不断发生不规则的变化,从而失去稳定性。颠簸强烈时,飞机忽上忽下的高度变化通常可达几十米至几百米,使飞机操纵困难,甚至失去操纵,难以保持正确的飞行状态。

由于飞行状态时时变动,飞行员不得不花费更多的精力来使飞机保持在正常状态,因而体力消耗较大,易于疲劳。

3.对仪表指示的影响

飞机颠簸时,仪表受到不规则的震动,指示常会发生一些误差,特别是在颠簸幅度比较大、飞机忽上忽下变动频繁的时候,升降速度表、高度表、空速表和罗盘等飞行仪表就会产生比较明显的误差,不能十分准确地反映出瞬间的飞行状态;如果完全据之以修正飞行状态,就可能带来一些不良后果。此外,颠簸还使进入发动机的空气量显著减少而自动停车,这种情况在高空飞行时最有可能遇到。

4.对机组人员和乘客的影响

严重的颠簸会使飞行员操纵飞机困难,甚至使飞机失去操纵,让乘客感到不适,增加疲劳感甚至会引起呕吐,强颠簸时,还可能给乘客造成人体伤害。例如,1982年,中国台湾的一架波音747飞机在飞行中遇到强烈颠簸,致使未系安全带的乘客中,19人受伤、2人死亡。

因此,飞机发生颠簸时,应尽快脱离颠簸区,采取的方法是改变高度或暂时偏离航线。

(三)飞机结冰

飞机结冰是指飞机机身表面某些部位聚集冰层的现象。它是由于云中过冷水滴或降水中的过冷雨滴碰到机体后冻结而形成的,也可由水汽直接在机体表面凝华而成。结冰多发生在飞机凸出的迎风部位,可能会导致机翼和尾翼、螺旋桨、天线、空速管和静压孔、发动机积冰。飞机积冰会使飞机空气动力性能、稳定性、操纵性变差,飞行性能下降,发动机工作不正常,同时出现飞行仪表指示误差、风挡玻璃模糊不清等现象,从而给飞行带来一定的困难,危及飞行安全甚至导致飞行事故。但是在现代大型客机上都装有防冰设备,一般不会发生很大的危险。

1.破坏飞机的空气动力性能

飞机积冰增加了飞机的重量,改变了飞机的重心和气动外形,从而破坏了原有的气动性能,影响了飞机的稳定性。机翼和尾翼积冰,使升力系数下降,阻力系数增加,并可引起飞机抖动,使操纵发生困难。如果部分冰层脱落,表面也会变得凹凸不平,不仅造成气流紊乱,而且会使积冰进一步加剧。高速飞行时机翼积冰的机会虽然不多,但一旦积了槽状冰,这种影响就很大,所以一定要注意。

2.降低动力装置效率,甚至产生故障

螺旋桨飞机的桨叶积冰,会减少拉力,使飞机推力减小。同时,脱落的冰块还可打坏发动机和机身。

对长途飞行的喷气式飞机来说,燃油积冰是一个重要的问题。长途高空飞行,机翼油箱里燃油的温度可能降至与外界大气温度一致——约为-30 ℃。油箱里的水在燃油系统里传输的过程中很可能变成冰粒,这样就会阻塞滤油器、油泵和油路控制部件,引起发动机内燃油系统的故障。

3. 影响仪表和通信,甚至使之失灵

空气压力受感部位积冰,可影响空速表、高度表等的正常工作,若进气口被冰堵塞,可使这些仪表失效。天线积冰,影响无线电的接收与发射,甚至会中断通信。另外,风挡积冰可影响目视,特别在进场着陆时,对飞行安全威胁很大。

1982 年 1 月 13 日,一架佛罗里达航空公司(90 航班)的波音 737 客机由于遭遇大雪,飞机积冰和积雪没有清除干净,使飞机起飞时没有产生足够的推力,导致飞机起飞后失速坠毁,造成 70 名乘客和 5 名机组人员遇难。

(四) 高空急流

高空急流是指高空中风速超过 30 米/秒的强、窄气流。它的特点是风速大、风切变强。当遇到顺急流时,可以缩短飞行时间、增加飞行航程、节省飞机燃料。但是当遇到逆急流或侧急流时,要尽量避开,尤其是侧急流容易使飞行航程出现偏差,必须要注意修正。高空急流还可能会产生飞机颠簸,对飞行产生影响。

复习与思考

1. 地球公转、自转所产生的现象中,对航空飞行影响最大的是什么?

2. 地方时、区时、标准时间、格林尼治时间、夏令时的定义各是什么?

3. 已知北京时间为 5 月 3 日 21:00,求英国伦敦时间。

4. 为什么分为 24 个时区? 为什么有零点时区?

5. 东十二时区和西十二时区为什么只有其他时区一半大小?

6. 某飞机于 9 月 1 日 8:10 从北京起飞,向东飞行 10 小时 10 分后到达洛杉矶,到达时,洛杉矶的区时是多少? 如要求 9 月 1 日 18 时到达洛杉矶,那么,北京的起飞时刻是多少? (洛杉矶在西八区)

7. 飞机在空中主要活动于大气垂直结构的哪几层中?

8. 三大基本气象要素是什么? 对航空飞行有哪些影响?

9. 航空上常用的几种气压是什么?

10. 对流层的主要特征是什么? 为什么平流层有利于高空飞行? 为什么平流层没有被充分利用?

11. 什么是高云、中云和低云? 它们各分别有几种云?

12. 风对航空飞行有什么影响?

13. 低空风切变的类型有几种?

14. 顺风切变、逆风切变和侧风切变对飞机着陆有什么影响?

15. 雨对航空飞行有什么影响?

16. 哪些天气现象会引起低能见度?

17. 辐射雾和平流雾的形成条件及特点是什么?

18. 飞机在巡航阶段会出现哪些影响飞行安全的天气现象？
19. 雷暴常伴有哪些恶劣天气现象？对飞行有何影响？
20. 什么叫飞机积冰？积冰对飞行有什么影响？
21. 颠簸对飞行有什么影响？
22. 什么是高空急流？对飞行有什么影响？

第二章 航空运输的基本要素与布局

✈ 【知识目标】

1. 熟练掌握机场的定义、分类、组成、三字代码。
2. 熟练掌握航空公司的定义、分类、运力、代码。
3. 了解三大航空联盟的由来及其成员。
4. 掌握航线的定义、分类、网络结构。
5. 了解世界航空区域划分及分布特点。
6. 了解世界主要国际航线。
7. 熟悉中国航空区域划分。
8. 了解中国国际、国内航线的分布及特点。

◎ 【素养目标】

1. 养成全面和辩证思考问题的思维方式。
2. 树立"航空报国"的远大志向。

第一节 航空运输布局三要素

民航运输的三大要素是机场、航线和航空公司运力。航空运输布局基本上取决于航空网络的结构形式和机场布局的状况。机场的布点往往决定了航线的构成和航路的设置,机场的规模也决定了进出航线上的航班密度以及所采用的机型。

一、机场

机场是提供飞机起降的场所,是地面交通方式和空中交通方式的衔接点,是航空系统中的一个重要组成部分。机场是一个内部联系紧密的三维空间系统,是航空运输的重要设施,是飞机起降、停驻、维护的场所。机场内各个子系统之间有着紧密的联系,形成一个不可分割的整体。因此,一般机场的占地面积多在 500 公顷以上,大型机场在 1 000~4 000 公顷。

根据机场的用途,可以分为民用机场、军用机场和军民合用机场。本书所提到的机场指提供公共运输的民用机场。

国际民航组织将机场定义为:机场是供航空器起飞、降落和地面活动而划定的地域或水域,包括域内的各种建筑物和设备装置。机场也称为"航空港",但这是指狭义上的航空港,广义上的航空港是指它所在的城市。

(一)机场的分类

1. 按照航线业务,可将机场分为国际机场、国内机场和地区机场

(1)国际机场,是指供国际航班出入境的机场,其内设有海关、边防检查(移民检查)、卫生检疫、动植物检疫和商品检验等联检机构。

(2)国内机场,是指供国内航班使用的机场。

(3)地区机场,是指中国香港、澳门和台湾地区的机场。

2. 按照机场在民航运输系统中所起的作用,可将其分为枢纽机场、区域干线机场和支线机场

(1)枢纽机场,是指国际、国内航线密集的机场,在全国民航运输网络和国际航线中占据核心地位,旅客接送人数和货物吞吐量非常大,如北京首都国际机场、上海浦东国际机场、广州白云国际机场等。

(2)区域干线机场,是指以国内航线为主的机场,航线连接枢纽机场、直辖市和各省会或自治区首府,旅客的接送人数和货物吞吐量相对较大。

(3)支线机场,是指省、自治区内经济比较发达的中小城市和旅游城市,或经济欠发达但地面交通不便的城市地方机场,这些机场的航线多为本省区航线或邻近省区支线。

(二)机场的组成

民用机场主要由飞行区、候机楼区和地面运输区 3 个部分组成。飞行区是航空器活动的区域;候机楼区是机场对旅客服务的中心区域,是飞行区和地面运输区的连接部分;地面运输区是车辆和旅客活动的区域。

为实现地面交通和空中交通的转接,可将机场分为空侧和陆侧两部分。空侧包括飞行区、站坪及相邻地区、建筑物,进入该区域是受控制的。陆侧是为航空运输提供各种服务的区域,是公众能自由进出的场所和建筑物,包括候机楼区和地面运输区,如图 2-1 所示。

1. 飞行区

飞行区是机场内供航空器起飞、着陆、滑行和停放的区域,分为空中部分和地面部分。空中部分指机场的空域,包括进场和离场的航路;地面部分包括跑道、升降带、跑道端安全区、停止带、净空道、滑行道、停机坪以及机场净空,还包括机库、塔台、救援中心等为维修服务和空中交通管制服务的设施和场地。

各机场的飞行区都有技术等级之分(见表 2-1),以此来判断该机场所能承受的航空器规格(见表 2-2)。这个技术等级的划分是按照跑道参数,即跑道的长度和宽度来划分的。技术等级的代号由一个数字和一个字母组成,数字代表跑道长度,字母代表跑道宽度,不同参数和技术等级的机场对应起降的飞机机型也不同。

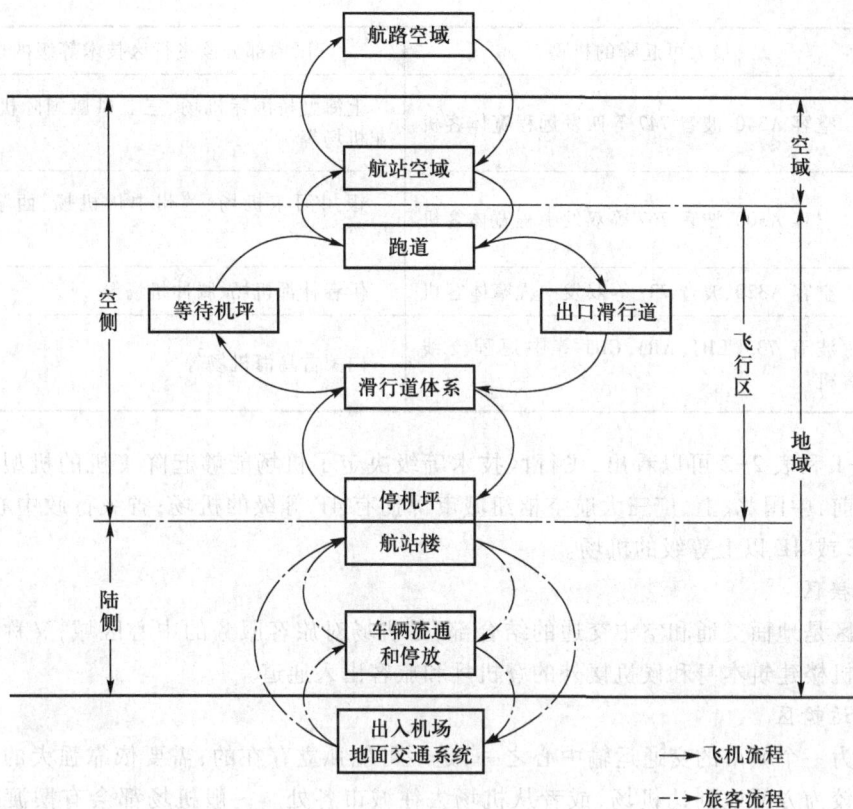

图 2-1 机场系统的组成

表 2-1 飞行区技术等级划分

飞行区代码	跑道长度(L)/米	飞行区代号	翼展(WS)/米	主起落架外轮间距(T)/米
1	$L<800$	A	$WS<15$	$T<4.5$
2	$800 \leqslant L<1\,200$	B	$15 \leqslant WS<24$	$4.5 \leqslant T<6$
3	$1\,200 \leqslant L<1\,800$	C	$24 \leqslant WS<36$	$6 \leqslant T<9$
4	$L \geqslant 1\,800$	D	$36 \leqslant WS<52$	$9 \leqslant T<14$
		E	$52 \leqslant WS<65$	$9 \leqslant T<14$
		F	$65 \leqslant WS<80$	$14 \leqslant T<16$

表 2-2 飞行区技术等级对应起降的机型

等级	最大可起降的机型	国内部分该飞行区技术等级的机场
F	空客 A380 等四发远程宽体超大客机	北京首都国际机场、北京大兴国际机场、广州白云国际机场、成都双流国际机场、天津滨海国际机场等

续表

等级	最大可起降的机型	国内部分该飞行区技术等级的机场
E	空客 A340、波音 747 等四发远程宽体客机	上海虹桥国际机场、三亚凤凰国际机场、长沙黄花机场等
D	空客 A300、波音 767 等双发中程宽体客机	银川河东机场、兰州中川机场、西宁曹家堡机场等
C	空客 A320、波音 737 等双发中程窄体客机	伊春林都机场、腾冲机场等
C	波音 733、ERJ、ARJ、CRJ 等中短程支线客机	内蒙古乌海机场等

从表 2-1 和表 2-2 可以看出，飞行区技术等级决定了机场能够起降飞机的机型，影响机场的规模。目前，中国北、上、广三大航空枢纽城市都拥有 4F 等级的机场；省级行政中心城市基本都已拥有 4E 或 4E 以上等级的机场。

2. 候机楼区

候机楼区是地面交通和空中交通的结合部，是机场对旅客服务的中心区域，又称为航站楼，主要包括候机楼建筑本身和候机楼外的登机坪和旅客出入通道。

3. 地面运输区

机场作为一个城市的交通运输中心之一，是不可能孤立存在的，需要依靠强大的运输系统，使旅客能够较为方便地到达机场，或者从机场去往城市各处。一般机场都会有摆渡车、机场大巴、地铁、轻轨等方便旅客出行的交通工具以及大面积的停车场。

（三）机场（城市）的三字代码

三字代码是民航运输中用来表示机场或城市的 3 个字母。国际航空运输协会对世界上所有国家地区和民用商业机场的城市和机场三字代码进行了统一的编码，一般按照城市的英文名来制定，例如，中国上海（Shanghai）的三字代码为 SHA、新加坡（Singapore）的三字代码为 SIN。

大部分机场的三字代码与所在城市的三字代码相同，例如，广州的城市代码和广州白云国际机场的三字代码均为 CAN。但是城市改英文名称或者一城两场的情况，会使机场和所在城市的代码不一致，例如，北京原来的英文名为 Peking，后改为 Beijing，但是北京首都国际机场的三字代码一致沿用原来的 PEK，而北京城市的三字代码改为了 BJS；再如，上海有两个机场，其中，虹桥国际机场的三字代码与上海的城市代码相同，为 SHA，浦东国际机场的代码则为 PVG。

在民航运输中，大部分情况下使用的都是机场代码，像旅客的客票、登机牌上的始发地和目的地等涉及的代码都是机场的三字代码。

本书的附录 2 详细列出了世界主要的机场（城市）三字代码。

二、航空公司

航空公司是以各种航空器为运输工具，为乘客和货物提供民用航空服务的企业，一般也称为航空运输承运人或航空运输企业。

（一）航空公司的分类

按公司规模，可分为大型航空公司和小型航空公司；按飞行范围，可分为国际航空公司和国内航空公司；按运输种类，可分为客运航空公司和货运航空公司；按工作时间，可分为定期航空公司、不定期航空公司和包机航空公司；按为旅客提供服务的模式，可分为全服务航空公司、低成本航空公司和高端服务航空公司。

还有其他分类，如国家航空公司，指的是由国家出资设立或经营的航空公司，一般会在该公司飞机的机体明显处漆上该国的国旗，如中国国际航空股份有限公司、新加坡航空公司、泰国国际航空公司。

（二）航空公司的运力

运力是航空公司运输生产能力的简称，是航空公司规模的直接体现，通常是指航空公司所拥有的飞机数量或可供座位数。航空公司的运力并不能简单地以飞机数量来衡量，因为不同机型的飞机性能及运输能力有很大差异，座位数从 500 余座到 10 座以下都有存在。

航空公司分布主要指运力分布。运力分布是指运输飞机及其维护设施在地域上的配置。为了充分发挥资源优势，提高飞机和地面设施的利用率，航空公司的运力多配置在经济发达、人口众多、航空业发达的城市，这样可以因地制宜地开展航空运输，充分利用城市资源优势，提高飞机和地面资源的利用率，这些城市的机场也被称为主基地机场。航空公司运力的地域分布，对航空运输的生产布局起到极为重要的作用。

决定航空运力的主要载体是航空公司的机队。机队是指飞机的数量和不同型号飞机构成的比例关系，是形成航空运输能力的关键。运力过高，则可以很好地满足市场需求，但载运率必然较低，对行业的健康发展不利。若运力过低，则会出现买票难、乘机难的现象，不能满足市场需求和社会需要，而且对行业的长远发展不利。

（三）航空公司的代码

1. IATA 二字代码

国际航空运输协会（International Air Transport Association，IATA）为每个航空公司编制了一个被国际民航界认可的唯一的二字代码，是航空公司的英文缩写。例如，中国国际航空的二字代码是 CA，新加坡航空的二字代码是 SQ。二字代码在航空运输业中被广泛使用于航班预约、时刻表、票务、日常表，以及航空公司之间的无线电通信等方面。

2. IATA 数字代码

国际航空运输协会除了为每个航空公司制定了二字代码外，还编制了由 3 个数字组成的数字代码，用于航空票证的结算，是组成客票票号、货物单号的一部分，如国航 999、南航 784、东航 781。

3. ICAO 三字代码（航空器呼号）

国际民用航空组织（International Civil Aviation Organization，ICAO）为航空公司制定了由 3 个字母构成的三字代码，是航空公司的正式代码，也称为航空器呼号，如东航 CES、全日空 ANA。

本书的附录 3 详细列出了国内外各大航空公司的 IATA 二字代码和 ICAO 三字代码。

（四）三大航空联盟

航空联盟是两个或两个以上的航空公司之间组成的跨国、跨地区一种伙伴关系，联盟中各个成员都是独立的航空公司，它们之间签订合作协议明确双方或多方的权利和义务，联合经营航空运输业务,其成员航空公司在航班、票务、代码共享、转机、飞行常旅客计划、机场贵宾室及降低支出等多个方面进行合作。

现阶段,国际上有三大航空联盟,分别是星空联盟(Star Alliance)、天合联盟(Sky Team)和寰宇一家(One World)。这三大联盟内部的合作深度已经实现了大范围的商业联盟,即衔接各公司的网络和往对方枢纽机场输送旅客。目前,正在向更深一层次的联盟合作深化,即产权联盟,涉及飞机机组互换、联合开发系统软件、联合采购飞机和航油等方式,共同开发运营规划系统、定价和收益管理系统等。

1. 星空联盟

星空联盟(其标识见图 2-2)是一个正式成立于 1997 年 5 月 14 日的国际性航空联盟,其总部位于德国的法兰克福,是世界上第一家全球性航空公司联盟。星空联盟英语名称和标志代表了最初成立时,分属于不同国家的 5 个大型国际航空公司成员:美国联合航空公司(United Airlines)、德国汉莎航空公司(Lufthansa)、加拿大航空公司(Air Canada)、北欧航空公司(SAS)以及泰国国际航空公司(Thai Airways International)。这 5 个成员借助共用软硬件资源与航线网等方式,强化联盟各成员的竞争力。星空联盟的标语为"星空联盟,地球连结的方式(Star Alliance,the way the Earth connects)"。

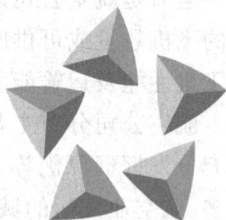

STAR ALLIANCE

图 2-2 星空联盟标识

发展到今天,星空联盟已经拥有 26 个正式成员,包括爱琴海航空公司(A3,希腊)、加拿大航空公司(AC,加拿大)、中国国际航空公司(CA,中国大陆)、印度航空公司(AI,印度)、新西兰航空公司(NZ,新西兰)、全日本航空公司(NH,日本)、韩亚航空公司(OZ,韩国)、奥地利航空公司(OS,奥地利)、哥伦比亚国家航空公司(AV,哥伦比亚)、布鲁塞尔航空公司(SN,比利时)、巴拿马航空公司(CM,巴拿马)、克罗地亚航空公司(OU,克罗地亚)、埃及航空公司(MS,埃及)、埃塞俄比亚航空公司(ET,埃塞俄比亚)、长荣航空公司(BR,中国台湾)、波兰航空公司(LO,波兰)、汉莎航空公司(LH,德国)、北欧航空公司(SK,挪威、丹麦、瑞典)、深圳航空公司(ZH,中国大陆)、新加坡航空公司(SQ,新加坡)、南非航空公司(SA,南非)、瑞士国际航空公司(LX,瑞士)、葡萄牙航空公司(TP,葡萄牙)、泰国国际航空公司(TG,泰国)、土耳其航空公司(TK,土耳其)、美国联合航空公司(UA,美国)。

星空联盟是迄今为止历史最悠久、全球规模最大的航空策略联盟。联盟成员航空公司涵盖全球五大洲的航线,将使星空联盟的全球航空网络更为广泛及完整。星空联盟的庞大飞行航线网涵盖 180 多个国家和地区、1 172 个目的地以及超过 990 个贵宾候机室。

星空联盟主要的合作方式包括了扩大代码共享规模、常旅客计划(frequent flyer program,FFP)的点数分享、航线分布网的串连与飞行时间表的协调、在各地机场的服务柜台与贵宾室共享,与共同执行形象提升活动。相对于航空公司之间的复杂合作方式,对于一般的搭机旅客来说,要使用星空联盟的服务则比较简单,只需申办成员航空公司提供的独立常旅客计划中的任何一个(重复申办不同公司的 FFP 并没有累加作用),就可以将搭乘不同航空公司班机的里程累积在同一个 FFP 里。除此之外,原本是跨公司的转机延远航段也被视为是同一家公司内部航线的衔接,因此在票价上较有机会享有更多优惠。

2. 天合联盟

天合联盟(其标识见图 2-3)成立于 2000 年 6 月,是由墨西哥国际航空公司、法国航空公司、达美航空公司和大韩航空公司联合成立的航空联盟。2004 年 9 月与航翼联盟合并后,荷兰皇家航空公司以及美国西北航空公司也成为其会员,使得天合联盟成为全球第二大航空联盟,其总部设在荷兰阿姆斯特丹的史基浦机场。

图 2-3　天合联盟标识

天合联盟成员之间通过联盟内共享的所有航空公司的航班信息、座位信息和价格信息,帮旅客预订机票和座位,并把中转旅客通过联盟航空公司的国内航线送到对方国家的各个城市。联盟成员之间通过常旅客计划合作,可共享机场贵宾室,并提供更多的目的点,更便捷的航班安排、联程订座和登记手续,更顺利的中转连接,使其实现了全球旅客服务支援和"无缝隙"服务。

目前,天合联盟成员共有 19 个,包括俄罗斯国际航空公司(SU,俄罗斯)、阿根廷航空公司(AR,阿根廷)、墨西哥航空公司(AM,墨西哥)、西班牙欧洲航空公司(UX,西班牙)、法国航空公司(AF,法国)、意大利航空公司(AZ,意大利)、中华航空公司(CI,中国台湾)、中国东方航空公司(MU,中国大陆)、捷克航空公司(OK,捷克)、达美航空公司(DL,美国)、印度尼西亚鹰航空公司(GA,印度尼西亚)、肯尼亚航空公司(KQ,肯尼亚)、荷兰皇家航空公司(KL,荷兰)、大韩航空公司(KE,韩国)、中东航空公司(ME,黎巴嫩)、沙特阿拉伯航空公司(SV,沙特阿拉伯)、罗马尼亚航空公司(RO,罗马尼亚)、越南航空公司(VN,越南)、厦门航空公司(MF,中国大陆)。

中国南方航空公司(CZ,中国大陆)于 2019 年 1 月退出天合联盟。

天合联盟每年服务的旅客达到 5.16 亿人次,每天为旅客提供飞往 177 个国家和地区的 1 052 个目的地的超过 16 000 个航班。

3. 寰宇一家

寰宇一家(其标识见图 2-4)是全球第三大航空联盟,成立于 1999 年,初期总部位于加拿大的温哥华,后于 2011 年 5 月 26 日正式宣布迁往美国的纽约。寰宇一家最初由美国航空公司、英国航空公司、原加拿大航空公司(后被加拿大枫叶航空公司收购)、国泰航空公司和澳洲航空公司五家分属于五个国家的大型航空公司组成。其成员航空公司及其附属航空公司在航班时间、票务、代码共享、乘客转机、飞行常旅客计划、机场贵宾室及降低支出等多方面进行合作。

图 2-4　寰宇一家

目前,寰宇一家有 14 个正式成员,包括美国航空公司(AA,美国)、英国航空公司(BA,英国)、国泰航空公司(CX,中国香港)、芬兰航空公司(AY,芬兰)、西班牙国家航空公司(IB,西班牙)、日本航空公司(JL,日本)、澳洲航空公司(QF,澳大利亚)、约旦皇家航空公司(RJ,约旦)、西伯利亚航空公司(S7,俄罗斯)、卡塔尔航空公司(QR,卡塔尔)、马来西亚航空公司(MH,马来西亚)、斯里兰卡航空公司(UL,斯里兰卡)、摩洛哥皇家航空(AT,摩洛哥)、阿拉斯加航空公司(AS,美国)。

寰宇一家航空联盟的航空网络已经遍布超过 170 个地区的 1 000 个目的地的成百上千个机场贵宾室。

三、航线

飞机飞行的路线称为航空交通线,简称航线,由飞机的起飞点、经停点、终点和航路等要素组成。航线确定了飞机飞行的具体方向、起讫和经停地点,而且还根据空中交通管制的需要,规定了航线的宽度和飞行高度,以维护空中交通秩序,确保飞行安全。对航空公司来说,航线是航空公司的宝贵财富和立命之本,也是航空公司的"必争之地"。航空运输布局能否达到资源的优化配置,其中航线网络采取何种结构形式是一个非常关键的因素。航空港布局也取决于航线需要,而航空公司的运力配置同样是随基地机场和运营航线的状况而定的。航线之间互相促进、配合而形成统一的航线网络。

(一)航线的分类

按照飞机飞行的起讫点,航线可分为国际航线、国内航线和地区航线。

1. 国际航线

国际航线是指飞行路线连接两个或两个以上国家的航线,也可以说航线的起讫点、经停点、终点之中有任意一点在另一个国家领土上的都叫国际航线。

2. 国内航线

国内航线是指在一个国家内部的航线,航线的全程都在一国国境内。它又可分为干线、支线和地方航线三类。

(1)干线。它是指航线的起止点都是重要的交通中心城市的航线。此种航线航班数量大、密度高、客流量大,如北京—上海航线、北京—广州航线等。

(2)支线。它是指把各中小城市和干线上的交通中心连接起来的航线。支线的客流密度远小于干线;支线上的起止点中有一方是较小的机场,因而支线上使用的飞机都是150座以下的中小型飞机。

(3)地方航线。它是指把中小城市连接起来的航线。此种航线客流量很小,和支线界线很明确,也可称为省内航线或地方航线。

3. 地区航线

地区航线是指在一国之内,连接普通地区和特殊地区的航线,如中国内地与中国港、澳、台地区之间的航线。

(二)航线网络

航线网络是指一定地域内若干条航线按某种方式连接而成的网络结构。航线网络由机场、航线和飞机等要素构成,其中,机场是网络上的节点,与航线构成了航空运输的空间分布,决定了航空运输的地面和空中保障能力。而飞机则通过航线由一个机场飞到另一个机场以实现旅客、货物、行李和邮件的空中位移。合理的网络布局和航线的衔接对提高航空公司的旅客满意度和运行效率具有重要意义。

根据航线资源的组织方式,航线网络结构可以分为城市对式航线网络、枢纽航线网络和蛛网式航线网络。

1. 城市对式航线网络

城市对式航线是在两个通航点之间的客流和货流的需求出发,建立城市与城市之间直接通航的航线和航班,如图2-5所示。其特点是两地间都为直飞航线,旅客不必中转。由城市对式航线组成的网线结构叫做城市对式航线网络,如图 2-6 所示。

图 2-5　城市对式航线

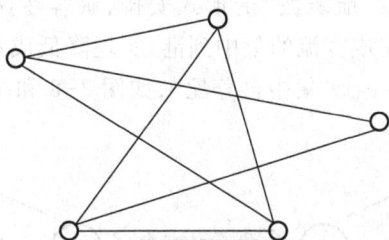

图 2-6　城市对式航线网络

城市对式航线还会衍生出城市串式航线(又称甩辫子航线),即在两个直达通航点间增加经停站,或在城市对式航线延长线上增加经停点的航线,航班在途中经停获得补充的客货源,以弥补起止机场间的客货源不足,如图 2-7 所示。

图 2-7　城市串式航线

城市对式航线在不考虑运输成本的前提下,是最理想的航空运输方式。对于旅客来说,不必进行中转,可以用最短的时间到达目的地;对于航空公司而言,其形式简单,便于进行运力调配,因此,城市对式航线成为航线网络中最基本的单元结构,也是目前中国航线结构中采用的主要形式。

但是,由于城市对式航线结构只考虑两点间的运输量,只能实现两个城市之间的衔接,而不考虑或无法顾及同城市航线间衔接的问题,无法做到航线网络 1+1>2 的整体效果,因而也就无法形成区域资源的有效配置。例如,一个城市不可能直接通航任意多个城市。对于流量较小的机场之间,采用城市对式航线会使航班密度降低,从而使地面等待时间过长,航空运输的快速优势无法充分发挥。城市与城市之间的距离有远近,航线有长短,所用机型有大小,于是机场建设规模要扩大,机场跑道、设施必须满足大型飞机起降的要求,而利用率却不高,造成资源的浪费。城市对式航线结构中,航空公司倾向于互相进攻对方的市场,容易形成重叠性航班,造成价格的恶性竞争。

尽管城市对式航线的衍生产品——城市串式航线在一定程度上可以提高飞机的利用率、载运率和客座率,节省运力,但又容易造成航班延误和影响正常的运力调配。一旦延误,由于经停站较多,会影响整个航程乃至整个网络中的运力调配。

2. 枢纽航线网络

枢纽结构在大交通系统中的定义为:网络中的大部分节点通过和网络中的一个或少量几个枢纽节点相互作用,实现货物、人员及服务的传递的一种网络结构。在航空运输领域,枢纽航线网络(又称中枢辐射式航线网络、轴辐式航线网络)是指由一个或者几个枢纽机场作为中枢,先将各个非枢纽机场的客流汇集到枢纽机场,再通过枢纽间的中转连接而将客流输送到目的地的一种航线结构。

在枢纽航线网络中,各非枢纽机场之间不通航,没有直接衔接,只能以枢纽机场为轴心向其他机场辐射,这样可以用有限的航空资源实现较多城市的对式连接,这是与点对点航线结构的最大区别。枢纽机场中的航班多以"航班波"的形式安排,旅客在这些机场集中,促进多种航班的对接。当航班高峰到来的时候完成客流的集中到港,实现降低成本的目的,然后再安排另一时间段统一出港,相当于对旅客进行一次"集中再分配",如图2-8和图2-9所示。

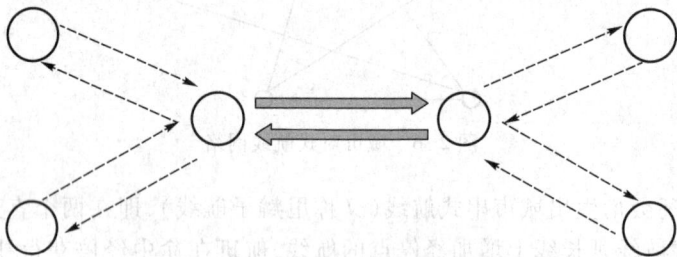

图 2-8   典型的枢纽航线结构

枢纽航线网络主要通过规模经济性来降低单位客千米成本,航空公司先使用满足支线需求的小型飞机将支线机场的旅客输送到枢纽机场,然后航空公司安排单位客千米成本较低的大型飞机将聚集的大量旅客运到目的地或者下一个枢纽再进行中转。尽管支线机场至枢纽机场的成本较高,但它可以被枢纽机场间运输的低成本所弥补,枢纽机场间的低成本就是规模经济的表现。

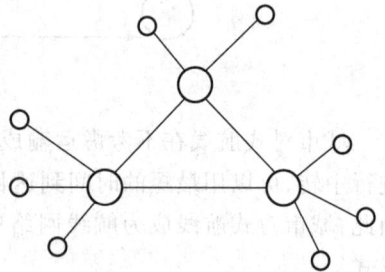

图 2-9   枢纽航线网络

这类航线网络,对于旅客来说,出行的选择性增多了,但是会带来旅行时间增加和中转不便的问题;对于航空公司来说,可以增加明显的规模经济效益和范围经济效益,但是不利于航班时刻的安排和运力、人力的调配,从而增加运营成本;对于枢纽机场来说,会大幅增加机场的收入,但是由于航班时间的集中性,也会加大机场的运营压力,一旦面临突发情况,如天气原因或交通管制等,会对后面的航班造成很大的影响。

根据枢纽节点数量的多少,枢纽航线网络可以分成单枢纽航线网络和多枢纽航线网络。

(1)单枢纽航线网络中只有一个枢纽,网络中所有其他节点都通过唯一的枢纽节点发生联系,单枢纽航线网络一般在网络规模不大、服务范围较小的情况下采用。

(2)枢纽节点数量超过一个的枢纽航线网络称为多枢纽航线网络。多枢纽航线网络可以较好地平衡服务集中与枢纽拥挤的矛盾,多见于网络服务范围广、网络节点规模大的服务网络。现实中的大部分枢纽航线网络都是多枢纽航线网络。目前,许多大型航空公司都采用多枢纽航线网络(见表2-3)。

表 2-3　多枢纽航线网络的航空公司及各自的枢纽机场

序号	航空公司	枢纽数量/个	枢纽机场
1	美国航空公司	3	巴尔的摩 费城 匹兹堡
2	阿拉斯加航空公司	2	波特兰 西雅图
3	大陆航空公司	2	克利夫兰霍普金斯 纽约纽瓦克
4	达美航空公司	2	亚特兰大 辛辛那提
5	法国航空公司	2	巴黎戴高乐 巴黎 ORLY
6	德国汉莎航空公司	2	法兰克福 慕尼黑
7	英国航空公司	2	伦敦希斯罗 伦敦盖特威克

枢纽航线结构是目前较为成熟的航线网络结构,也是目前空运发达国家的航线网络中所常见的形式。相对于城市对式航线结构来说,枢纽航线结构可以更好地适应市场需求,并能刺激需求,促进航空运输量的增长;利于航空公司提高飞机的利用率、客座率、载运率;有利于机场提高经营效率,降低飞机的使用成本。但枢纽航线结构也有其缺点:如果机场容量过小或者效率不高时,机场和航路容易发生拥挤、堵塞,从而造成航班的延误,并可能影响整个网络。因此,提高机场旅客的中转效率和服务质量、扩大枢纽机场的规模能在一定程度上缓解因拥挤造成的航班延误情况。

3. 蛛网式航线网络

蛛网式航线网络中通常包含一个或多个中心节点机场,包含若干个由机场和航线组成的外环,外环上的机场节点通过纵轴航线与中心节点机场相连,最终形成一种具有蛛网形态的航线网络结构,如图 2-10 所示。

蛛网式航线网络结合了城市对式航线网络和枢纽航线网络的结构特点而形成。美国西南航空公司的航线网络结构形式就是典型的蛛网式航线网络。

与枢纽式航线网络固定的中转模式相比,蛛网式航线网络的优势在于拥有更大的灵活性和自主性,旅客可以根据自己的

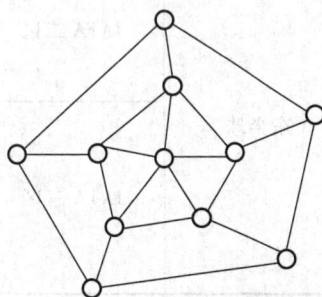

图 2-10　蛛网式航线网络

需求和偏好在蛛网提供的多条候选航线连接组合中进行选择。而在枢纽式航线网络的中转过程中,旅客只能被动地按照联程票所固定的线路飞行。枢纽的中转因其路线的固定性,往往会不可

避免地出现较高的旅客额外中转延误,而在蛛网内部进行中转,旅客可以通过自行选择,避开途经常常延误的繁忙机场的路线,降低了延误的可能性,从而更有效地保障了旅行活动。

蛛网式航线网络的另一个优势是航班频率比较均衡,可以大大减缓峰值时段对机场的压力,使资源的使用较为平均,从而运行的安全系数也相对较高。而枢纽式航线网络结构顺利运行的必要条件是在枢纽机场的航班波。航班波时段是整个机场负荷的峰值时段,资源被高度使用,而在航班波间隙时段,机场又处于一个相对空闲的状态,大量资源被闲置。

第二节　航空运输的布局

一、世界航空区域划分与主要的国际航线

(一)世界航空区划

为了便于协调和制定国际运价及其规则,国际航空运输协会将世界划分成 3 个运输会议区域(Traffic Conference Area,TC),这样分出的区域分别叫做 IATA 一区(TC1 或 Area1)、IATA 二区(TC2 或 Area2)、IATA 三区(TC3 或 Area3)。

国际航空运输协会除了将全球分为三大区域外,还将全球分为两个半球:东半球(Eastern Hemisphere,EH),包括 TC2 和 TC3;西半球(Western Hemisphere,WH),包括 TC1,如表 2-4 所示。

表 2-4　IATA 业务分区

半球	分区	次区
西半球	IATA 一区	北美次区
		中美次区
		南美次区
		加勒比次区
东半球	IATA 二区	欧洲次区
		非洲次区
		中东次区
	IATA 三区	东南亚次区
		日朝韩次区
		南亚次大陆次区
		西南太平洋次区

1. IATA 一区

IATA 一区又叫做美洲区,范围是北起格陵兰岛,南至南极洲,包括南北美洲及其附近岛屿,格陵兰、百慕大、西印度群岛、加勒比海群岛、夏威夷群岛(包括中途岛和棕榈岛)。IATA 一区中有 4 个次区,分别是北美次区、中美次区、南美次区、加勒比次区。

北美次区是世界上航空业最为发达的地区之一,机场和航空公司众多,且很多航空公司在世界航空公司中都占有重要地位,如美国航空公司、美国联合航空公司、加拿大航空公司等。中美洲、南美洲的一些国家,虽然经济上不够发达,但由于其特殊的地理位置,航空运输依然是重要的交通方式。

2. IATA 二区

IATA 二区又叫做欧、非、中东区,是指欧洲大陆及其附近岛屿,冰岛,亚速尔群岛,非洲大陆及其附近岛屿,阿森松岛,亚洲西部(伊朗以西,包括伊朗)。IATA 二区中有 3 个次区,分别是欧洲次区、非洲次区、中东次区。

欧洲、非洲、中东在政治、经济、文化等方面存在较大差异,导致其航空业发展极为不均衡。欧洲是该区内航空业最为发达的地区,受到航空资源有限的影响,发展速度有所减缓,但在世界航空运输中依然处于非常重要的位置。非洲各国整体发展较为落后,航空业在该区内较为落后。中东因其连接欧亚大陆的特殊地理位置以及丰富的石油资源,航空业发展较为发达,是世界上重要的中转站。

3. IATA 三区

IATA 三区又叫做亚太区,是指伊朗以东的亚洲部分及其附近岛屿,东印度群岛,澳大利亚、新西兰及其附近岛屿,太平洋岛屿中除去属于 IATA 一区的部分。IATA 三区中有 4 个次区,分别是东南亚次区、南亚次大陆次区、日朝韩次区、西南太平洋次区。

该区中绝大多数国家属于发展中国家,从长远来看是未来经济发展的重要地区,航空业具有很大的发展潜力。

(二)世界航线的分布特点

世界航线的分布根据各地区航空业发展情况,具有如下特点。

(1)世界上航线最密集的地区是北美、西欧、北欧、东亚等;航线最密集的国家有美国、中国、英国、德国等;航线最繁忙的海域是连接北美和欧洲航线的北大西洋以及连接北美和亚太地区航线的北太平洋;最繁忙的陆地航线则为欧亚(也称为亚欧)航线。

(2)北半球的航线密度远大于南半球的航线密度,北半球的国际航线以东西走向为主,南半球的国际航线以南北走向为主。

(3)世界航线走向的整体趋势是东西向的,主要集中在北半球的中纬地区,形成了一个环绕中纬的航空带。在中纬航空带的基础上,向南辐射,又形成了一定的经向航线分布。

(三)世界主要的国际航线

根据世界航线分布的特点,以及结合了 IATA 制定运价时考虑的因素,本书重点介绍一些世界主要国际航线。

1. 西半球航线

西半球航线指航程中的始发地、经停地和目的地都在西半球,或者航程中的点都在 IATA 一区内。西半球航线主要连接北美洲和南美洲,所以也称为拉丁航线,经常作为太平洋航线或大西洋航线的延程航段。西半球航线在国际航空运输协会客运运价计算中的代号为 WH 航线。

西半球航线上的主要空港城市有美国东西岸的门户城市,墨西哥的墨西哥城、太子港,哥伦比亚的波哥大,巴西的里约热内卢、巴西利亚、圣保罗,智利的圣地亚哥,阿根廷的布宜诺斯艾利斯等。例如:

里约热内卢(RIO)—迈阿密(MIA)

洛杉矶(LAX)—墨西哥城(MEX)—圣地亚哥(SCL)

蒙特利尔(YMQ)—里约热内卢(RIO)—布宜诺斯艾利斯(BUE)

2. 东半球航线

东半球航线指航程中的始发地、经停地和目的地都在东半球,或者航程中的点都在 IATA 二区和三区内。由于东半球的国家和人口数量远远大于西半球,所以航线数量也明显多于西半球,是目前世界上航线最多的区域。国际航空运输协会客运运价计算中的代号为 EH 航线。东半球航线主要经过欧洲、亚洲、大洋洲、非洲以及太平洋、印度洋等大洲与大洋。例如:

上海(SHA)—香港(HKG)—奥克兰(AKL)

法兰克福(FRA)—阿布扎比(AUH)—约翰内斯堡(JNB)

东京(TYO)—哥本哈根(CPH)—阿姆斯特丹(AMS)

日内瓦(GVA)—约翰内斯堡(NB)

香港(HKG)—科伦坡(KUL)—卡拉奇(KHI)—伊斯兰堡(ISB)—迪拜(DXB)—布加勒斯特(BUH)

广州(CAN)—新加坡(SIN)/科伦坡(KUL)—曼谷(BKK)—广州(CAN)(典型的新马泰游航线)

广州(CAN)—新加坡(SIN)—奥克兰(AKL)—克赖斯特彻奇(CHC)—布宜诺斯艾利斯(BNE)—悉尼(SYD)—墨尔本(MEL)—广州(CAN)(典型大洋洲游路线)

3. 北大西洋航线

北大西洋航线是跨域北大西洋上空,连接北美洲和欧洲的重要航线,其航线始发地、经停地和目的地都在 IATA 一区和 IATA 二区。由于北美洲和欧洲是世界上航空业最发达的地区,欧洲西岸的伦敦、巴黎、法兰克福、马德里、里斯本等和北美洲东部的纽约、费城、波士顿、蒙特利尔等主要城市相连,使北大西洋航线成为世界上最繁忙的国际航线,同时也是目前世界上历史最悠久的国际航线。国际航空运输协会客运运价计算中的代号为 AT 航线。例如:

伦敦(LON)—纽约(NYC)

巴黎(PAR)—华盛顿(WAS)

苏黎世(ZRH)—纽约(NYC)—里约热内卢(RIO)

纽约(NYC)—伦敦(LON)—巴黎(PAR)—迪拜(DXB)

需要注意的是:第 3 个航程中的目的地点虽然是南美洲的城市,但是也符合北大西洋航线方向的范围。最后一个航程中,巴黎和迪拜之间虽然飞行的是欧亚大陆,但由于迪拜也是 IATA 二区中的城市,所以整个航程仍符合 IATA 一区和 IATA 二区间旅行的航程,它在国际运价计算中,航程方向代号也为 AT。

4. 南大西洋航线

南大西洋航线是南大西洋地区和东南亚间,飞越南大西洋上空,连接南美洲和东南亚,经过大西洋和中非、南非、印度洋岛屿,或直飞的航线。其航线始发地、经停地和目的会跨越 IATA 三个区域。相对北大西洋航线而言,南大西洋航线开辟时间较晚。在国际航空运输协会的定义中属于 SA 航线。例如:

北京(BJS)—布宜诺斯艾利斯(BUE)

新加坡(SIN)—约翰内斯堡(JNB)—圣保罗(SAO)

里约热内卢(RIO)—香港(HKG)(航线直飞,但飞越约翰内斯堡)

5. 北太平洋航线

北太平洋航线是飞越北太平洋上空,连接北美洲和亚洲之间的重要航线,其航程中的始发地、经停地和目的地都在 IATA 一区和 IATA 三区内,是世界上最长的跨洋航线,也在逐渐成为世界上最繁忙的航线之一。国际航空运输协会客运运价计算中的代号为 PA 航线。

北太平洋航线经常来往于亚洲的北京、上海、广州、香港、东京、首尔、新加坡和北美洲的温哥华、洛杉矶、旧金山、芝加哥等城市。如果从东南亚出发,经北太平洋航线通常直飞美国西岸门户城市。如果到达美国东海岸一般会选择安克雷奇、奥兰多、迈阿密等城市中转。如果目的地为南美洲的城市,通常选择奥兰多、坦帕、劳德代尔堡、迈阿密和圣胡安等城市中转。例如:

北京(PEK)—旧金山(SFO)

上海(SHA)—东京(TYO)—纽约(NYC)

广州(CAN)—东京(TYO)—休斯顿(HOU)

6. 南太平洋航线

按照国际航空运输协会的规则,南太平洋航线是连接南美洲和西南太平洋地区,且经过北美洲的航线,但航线不经过北部和中部太平洋。国际航空运输协会客运运价计算中的代号为 PN 航线。例如:

悉尼(SYD)—洛杉矶(LAX)—墨西哥城(MEX)—圣地亚哥(SCL)

圣地亚哥(SCL)—洛杉矶(LAX)—奥克兰(AKL)

悉尼(SYD)—迈阿密(MIA)—布宜诺斯艾利斯(BUE)

7. 欧亚航线

欧亚航线是横穿欧亚大陆,连接欧亚大陆东西两岸的重要航线,又叫西欧—中东—远东航线,对加强东亚、南亚、中东和欧洲各国之间的政治、经济等联系起到了重要作用。这条航线可以直飞,也可以选择在一些东欧或中东城市中转,其航程中的始发地、经停地和目的地都在 IATA 二区和三区内。例如:

北京(BJS)—法兰克福(FRA)

上海(SHA)—迪拜(DXB)

法兰克福(FRA)—哥本哈根(CPH)—东京(TYO)

伦敦(LON)—德里(DEL)—新加坡(SIN)

8. 极地航线

极地航线也叫做北极航线,指穿越北极上空,连接北美洲和欧洲、亚洲的航线。欧洲与北美洲之间的跨极地飞行早在 20 世纪 20 年代就已拉开序幕,商业飞行历史已超过 40 年。极地航路飞行条件比较复杂,需要考虑多方面的因素,如航路备降机场的选定、备降救援计划、防止燃油结冰的措施和燃油温度监控、导航、通信的特点、太阳耀斑的影响、机载设备的考虑、航空公司机组签派、机务等人员的培训、区域运行批准对验证飞行的要求等。例如:

北京(BJS)—纽约(NYC)

东京(TYO)—安克雷奇(ANC)—伦敦(LON)

除上述介绍的世界主要国际航线外,从国际航空运输协会运价计算的角度上来看,还有俄罗斯航线、远东航线、跨西伯利亚航线等。

二、中国航空区域划分与航空运输总体布局

（一）中国的航空区划

中国国内航空运输具有广阔的发展空间。为了因地制宜地安排运力、合理建设机场、协调国内与国际航空发展,以获得最佳的经济和社会效益,有必要对全国航空运输区域进行划分。由于航空运输受多种因素影响,其中经济因素的影响最为显著,所以中国的航空区划是以经济区域为基础进行的。

20世纪60年代中期,中国形成了北京、沈阳、上海、广州、成都、兰州六大管理局;1982年,兰州管理局迁至西安;1985年,形成了七大航空区划格局,分别为东北管理局、华北管理局、华东管理局、中南管理局、西南管理局、西北管理局和新疆管理局。自此,中国七大航空区域基本形成。这一划分除了将西北经济区一分为二外,其他的都与经济区划基本吻合。

目前,中国七大航空区划分别为华北区、华东区、中南区、西北区、西南区、东北区、新疆区,这7个区域分别应对7个管理区及不同的管辖区域,如表2-5所示。

表 2-5　中国航空区划表

航空区域	管理机构	总部	管辖区域
华北区	华北地区管理局	北京	北京市、天津市、河北省、山西省、内蒙古自治区
华东区	华东地区管理局	上海	上海市、江苏省、浙江省、山东省、安徽省、江西省、福建省
中南区	中南地区管理局	广州	广东省、广西壮族自治区、湖北省、湖南省、河南省、海南省
西北区	西北地区管理局	西安	陕西省、甘肃省、青海省、宁夏回族自治区
西南区	西南地区管理局	成都	重庆市、四川省、贵州省、云南省、西藏自治区
东北区	东北地区管理局	沈阳	辽宁省、吉林省、黑龙江省
新疆区	新疆管理局	乌鲁木齐	新疆维吾尔自治区

另外,中国香港、澳门的航空运输由特区政府管理;中国台湾省的航空运输由台湾当局管理。

（二）中国的国际航线

截至2020年,中国共有定期航班航线5 581条,国内航线4 686条,其中,中国港、澳、台航线94条,国际航线895条。按重复距离计算的航线里程为1 357.72万千米,按不重复距离计算的航线里程为942.63万千米。定期航班国内通航城市(或地区)237个(不含中国香港、中国澳门和中国台湾地区)。中国航空公司国际定期航班通航62个国家的153个城市,中国内地航空公司定期航班从25个内地城市通航中国香港,从17个内地城市通航中国澳门,中国大陆航空公司从43个大陆城市通航中国台湾地区。

1. 中国国际航线的分布特点

根据目前的分布状况,中国的国际航线呈现如下特征。

(1)中国的国际航线向东连接日本、韩国、北美洲地区,形成最为密集的中日、中韩、中美航线,向西连接欧洲,形成中欧航线,而这些国际地区都属于北半球的中纬度地区,因此呈现东西走向趋势,是北半球航空圈中重要的一部分。

（2）中国是亚太地区航空运输网的重要组成部分，与东南亚、澳大利亚等地的航线密度较大。

（3）航线以北京首都国际机场、北京大兴国际机场、上海浦东国际机场、广州新白云国际机场四大机场作为国际门户枢纽机场，集中了中国大多数国际航线。

（4）以大连、青岛、厦门、深圳等沿海城市，以成都、西安、沈阳、南京、武汉、长沙等内陆重要城市，以哈尔滨、乌鲁木齐、昆明等沿边城市为门户的国际航线分别向东、西、南邻近国家辐射，形成东线、西线和南线。

2. 中国主要的国际航线

根据《2020年民航行业发展统计公报》，截至2020年，中国共有国际航线895条。根据其分布的特点，分别为东线、西线、南线。

（1）东线主要由近程的中日、中韩航线和远程的北美航线组成。其中，日本是中国第一大空运市场，中日航线是目前通航城市最多、航班密度最大、运营航空公司最多的重要国际航线；中韩航线是中国第二大国际航线；北美航线主要是中美航线，它是目前中国重要的远程航线，也是竞争最激烈的航线之一。

（2）西线主要是从中国东部城市向西飞越欧亚大陆，经过中东，连接欧洲及其他国家的航线。可以分为中国—欧洲航线和中国—中东航线。这里的中国—中东航线泛指从中国东部城市到南亚、西亚、中亚、海湾地区等地的中程国际航线。

近年还开通了北京经西班牙的马德里延伸到巴西的圣保罗的国际航线。

（3）南线主要是指从中国东部城市到地理上的东南亚各国、大洋洲和太平洋岛屿的航线，是中国重要的中近程国际航线。除此以外，还有沿边地区的短程国际航线。

（三）中国国内航线

1. 国内航线的分布特点

（1）中国国内航线集中分布于哈尔滨—北京—西安—成都—昆明一线以东的地区，其中又以北京、上海、广州的三角地带最为密集。从整体上看，航线密度由西向东逐渐增加。

（2）国内航线多以大、中城市为中心向外辐射，由若干个放射状的系统相互联通，共同形成全国的航空网络。

（3）国内主要航线多呈南北向分布。在此基础上，又有部分航线从沿海向内陆延伸，呈东西向分布。

（4）航线结构以城市对应为主，并开始向轮辐式航线结构优化。航线客货运量以干线为主，支线网络已经初具规模，但运量较低。

2. 国内的主要航线

根据《2020年民航行业发展统计公报》，中国国内航线已有4 686条（含港、澳、台航线94条），形成了一个复杂的航线网络。根据国内航线的分布特点，可将其分成若干个放射性系统。每一个系统内都以某一个机场为中心，与辐射航线共同构成国内航线的骨架。

（1）以北京为中心的辐射航线。北京是中国的政治、文化中心和北方地区最大的交通枢纽，人口众多、经济发达、消费需求高，与全国重要的旅游城市、行政中心、贸易中心、交通枢纽均有连通。

北京的主要直飞航线有：PEK—CAN、SHA、PVG、SHE、SIA、NKG、CTU、KMG、XMN、HGH、

SZX、KWL、HRB、DLC、CGQ、HET、HFE、URC、CKG、HAK、TSN、HKG 等。

（2）以上海为中心的辐射航线。上海处于中国经济最发达的东南沿海长江三角洲地区，是中国海岸的南北等分处，以"T"字形辐射连接全国各城市。

上海的主要直飞航线有：SHA/PVG—PEK、CAN、CTU、KWL、HGH、NKG、SIA、SHE、DLC、CGQ、HRB、WUH、FOC、XMN、CKG、KMG、URC、HAK、SZX、LXA、HKG 等。

（3）以广州为中心的辐射航线。广州处于中国珠江三角洲的中心，是华南地区政治、经济、文化的中心城市。其航线向北辐射至广西、湖南、贵州、四川、江西、福建等省，与全国各主要机场相连，在南部沿海形成了地区性的航线网。

广州的主要直飞航线有：CAN—PEK、SHA、PVG、CTU、KWL、HGH、KMG、KHN、NKG、NNG、WNZ、SHE、DLC、CGQ、WUH、XMN、SIA、SWA、HAK、CKG、HKG 等。

（4）以成都、西安、昆明等大中型机场为中心的辐射航线。国内其他大中型机场，如成都、西安、昆明、重庆、深圳、杭州、沈阳、大连、青岛、乌鲁木齐等，这些机场的辐射航线主要是由通往四大枢纽机场或这些大中型机场之间的航线组成。

（5）以香港为中心的辐射航线。地区航线是指中国香港、澳门等地区与内地的航线。港澳地区的航线以香港为中心向内地十几个城市辐射，是国内航线的组成部分，也是联系国际航线的重要桥梁，形成了国内、国际的双向辐射。

香港航线目前主要由内地和香港航空公司承担，航线遍布世界各地，旅客不断增多，各种往来频繁，对于国内人民和海外侨胞之间的政治、经济、文化联系起着特殊的重要作用。

香港在国内的主要直飞航线有：HKG—PEK、DLC、TSN、SHE、SHA、PVG、NGB、TAO、HGH、FOC、KMG、CKG、SIA、CTU、XMN、SWA 等。

（四）中国航空运输企业和机场布局

1. 中国航空运输企业总体布局

截至 2020 年底，中国共有运输航空公司 64 家，比 2019 年底净增 2 家。按不同所有制类别划分：国有控股公司 49 家，民营和民营控股公司 15 家。在全部运输航空公司中，全货运航空公司 11 家，中外合资航空公司 9 家，上市公司 8 家，详见本书附录 4。

2020 年，民航全行业运输飞机期末在册数量为 3 903 架，比 2019 年底增加 85 架，如表 2-6 所示。

表 2-6　2020 年运输飞机数量　　　　　　　　　　　　　　　　　　单位：架

飞机分类	飞机数量	比 2019 年增加	占比
客运飞机	3 717	72	95.2%
其中：宽体飞机	458	1	11.7%
窄体飞机	3 058	61	78.3%
支线飞机	201	10	5.1%
货运飞机	186	13	4.8%
合计	3 903	85	100%

（资料来源：中国民用航空总局.2020 年民航行业发展统计公报.2021-06-10.）

2. 中国机场总体布局

根据 2007 年底发布的《全国民用机场布局规划》,至 2020 年,布局规划民用机场总数达244 个。

实际上,截至 2020 年底,中国境内运输机场(不含香港、澳门和台湾地区)241 个。颁证运输机场按飞行区指标分类:4F 级机场 13 个,4E 级机场 38 个,4D 级机场 38 个,4C 级机场 147 个,3C 级机场 4 个,3C 级以下机场 1 个。跑道 265 条,停机位 6 621 个,航站楼面积 1 799.8 万平方米。

如表 2-7 所示,东部地区是指北京、上海、山东、江苏、天津、浙江、海南、河北、福建和广东十省市;中部地区是指江西、湖北、湖南、河南、安徽和山西六省;西部地区是指宁夏、陕西、云南、内蒙古、广西、甘肃、贵州、西藏、新疆、重庆、青海和四川十二省(区、市);东北地区是指黑龙江、辽宁和吉林三省。

表 2-7　2020 年各地区颁证运输机场数量

地区	颁证运输机场数量/个	占比/%
全国	241	100
其中:东部地区	54	22.4
中部地区	36	14.9
西部地区	124	51.5
东北地区	27	11.2

(资料来源:中国民用航空总局.2020 年民航行业发展统计公报.2021-06-10.)

复习与思考

1. 民航运输布局的三要素是什么?
2. 按照在民航运输系统中所起到的作用,机场可分为哪几类?
3. 如何划分飞行区等级?
4. 航线有几种类型? 其各自的优缺点是什么?
5. 世界航空区划如何划分?
6. 世界主要国际航线的分布特点是什么?
7. 世界主要国际航线有哪些?
8. 中国有几大航空区域? 分别是什么?
9. 中国国际航线和国内航线的分布特点是什么?

第三章　国际航空运输地理

✈ **【知识目标】**

1. 掌握 IATA 一区、IATA 二区、IATA 三区的各个分区(子区)的国家分布情况。

2. 分别了解 IATA 一区、IATA 二区、IATA 三区中与中国通航航线较多国家的概况、自然地理情况、经济状况、主要城市、机场和航空公司的介绍。

3. 掌握 IATA 一区、IATA 二区、IATA 三区中主要国家的二字代码、重要城市的三字代码、主要机场的三字代码和航空公司的二字代码。

🎯 **【素养目标】**

1. 培养胸怀天下的国际视野。
2. 树立正确的世界观和科学探索精神。

第一节　IATA 一区

IATA 一区包括北美次区、中美次区、南美次区和加勒比次区,其中,北美是世界航空运输最发达的地区之一,中美洲和南美洲虽然经济上不是十分发达,但由于其地理位置具有特殊性,飞机是其主要的交通工具。

一、北美次区

北美次区包括美国、加拿大、墨西哥、圣皮埃尔和密克隆群岛。北美洲是世界航空运输最发达的地区之一,其中,仅美国就有近 700 个民用机场,每年运输接近全世界运输量一半的旅客。北美洲的许多航空公司在世界航空公司中占有重要的地位。多年来,在人员、机群、业务量、营运收入等方面名列世界前茅的航空公司中,北美约占了一半以上。

在北美次区,与中国有国际航线往来的国家主要是美国和加拿大。

(一)美国

1.国家概况

美国概况如表 3-1 所示。

表 3-1 美国概况

中文全称	美利坚合众国		
英文全称	United States America		
国鸟	白头海雕(秃鹰)		
IATA 分区	IATA 一区,北美次区		
国家二字代码	US	首都	华盛顿
货币	美元	货币代码	USD
官方语言	英语	国花	玫瑰花
最大城市	纽约	人口	约 3.33 亿(截至 2020 年)
主要城市	纽约、洛杉矶、芝加哥、休斯敦、费城、旧金山、波士顿、匹兹堡		
主要航空公司	美国联合航空公司、达美航空公司、美国航空公司		
主要旅游景点	黄石公园、夏威夷群岛等		

2.自然地理

美国是北美洲第二大的国家,国土面积约为 937 万平方千米,包括美国本土、北美洲西北部的阿拉斯加和太平洋中部的夏威夷群岛。美国由 50 个州和华盛顿哥伦比亚特区组成,除阿拉斯加州和夏威夷州之外,其余 48 个州都位于美国本土。美国本土位于北美洲中部,东临大西洋,西临太平洋,北面与加拿大接壤,南部与墨西哥接壤。阿拉斯加州位于北美洲大陆的西北方,东部为加拿大,西面与俄罗斯隔白令海峡相望。夏威夷州则是太平洋中部的群岛。

美国地形变化多端,尤其是在西部。东海岸有着开阔的海岸平原,南部较为宽广,北部较为狭窄。海岸平原的后方是地形起伏的山麓地带,阿巴拉契亚山脉以西是美国中西部地带的内部平原,相对较为平坦。自密西西比河以西,内部平原地形开始上升,形成了面积广阔的大平原。大平原西部高耸的落基山脉,从南向北将美国大陆一分为二。落基山脉以西是一个高原内陆盆地,该地带有大量的高山、盐带平原和山谷,其间的沙漠称为大盆地沙漠,是北美洲最大的沙漠。

美国的气候复杂多变,几乎有世界上所有的气候类型。东北部沿海及五大湖地区属于温带大陆性湿润气候,受拉布拉多寒流和南下冷空气的影响,冬季较冷,夏季较温和,多雨雪,年平均降雨量在 1 000 毫米左右;东南部和墨西哥湾沿岸属于副热带湿润气候,受墨西哥湾暖流的影响,温暖湿润,年降雨量 2 000 毫米以上;中部平原由于寒暖气流均可长驱直入,所以夏季炎热,冬季寒冷多雪;西部内陆高原冬季干燥寒冷,夏季干燥炎热,年降雨量在 500 毫米以下;西部太平洋沿岸南段属于亚热带地中海型气候,冬季温和多雨,夏季干燥炎热,北段属于温带海洋性气候,冬暖夏凉,全年有雨。

3.经济地理

美国是世界上最大、最重要的经济体,有高度发达的现代市场经济,其国内生产总值居世界首位。美国的服务业,特别是金融业、航运业、保险业以及商业服务业占 GDP 比重最大,全国有四分之三的劳动力在从事服务业。在工业上,主要有汽车、飞机和电子产品等,飞机、钢铁、军火和电子器材是其主要的输出产品。在农业上,美国是全球最大的农业出口国之一,主要农产品有玉米、小麦、糖和烟草。美国还拥有丰富的矿产资源,包括黄金、石油和铀等,但许多能源的供应依然依赖于进口。美国最大的贸易伙伴是加拿大、中国、墨西哥和日本。

4. 旅游景点

(1)美国黄石国家公园(见图 3-1)简称黄石公园,由美国国家公园管理局负责管理,1872年 3 月 1 日,它被正式命名为保护野生动物和自然资源的国家公园,于 1978 年被列入《世界遗产名录》。黄石公园占地面积约为 8 983 平方千米,是世界上第一个国家公园,它拥有世界上面积最大的森林之一,以丰富的野生动物种类和地热资源闻名,被美国人自豪地称为"地球上最独一无二的神奇乐园"。

黄石公园大部分位于美国怀俄明州,部分位于蒙大拿州和爱达荷州。黄石公园分 5 个区:西北的猛犸象温泉区以石灰石台阶为主,故也称热台阶区;东北为罗斯福区,仍保留着老西部景观;中间为峡谷区,可观赏黄石大峡谷和瀑布;东南为黄石湖区,主要是湖光山色;西及西南为间歇喷泉区,遍布间歇泉、温泉、蒸气池、热水潭、泥地和喷气孔。公园内设有历史古迹博物馆。公园内最大的湖泊是位于黄石火山中心的黄石湖,也是北美洲最大的高海拔湖泊之一。黄石火山是北美洲最大且仍处于活跃状态的超级火山,得益于火山持续的活跃状态,这一地区拥有世界上一半以上的地热资源。公园内有数百种哺乳动物、鸟类、鱼类和爬行动物,其中包括多种濒危或受威胁物种,广袤的森林和草原中存有多种独特的植物。

图 3-1　黄石国家公园

(2)美国科罗拉多大峡谷(见图 3-2)位于美国亚利桑那州西北部,科罗拉多高原西南部,是世界上的著名大峡谷之一,也是地球上自然界七大奇景之一。科罗拉多大峡谷全长 446 千米,宽度从 0.5 千米至 24 千米不等,平均宽度为 16 千米,最深处为 1 800 米,平均深度超过 1 500 米,总面积达 2 724 平方千米。科罗拉多在西班牙语中意为"红河",这是由于河中夹带大量泥沙,河水常显红色,故有此名。在大峡谷中,有 75 种哺乳动物、50 种两栖和爬行动物、25 种鱼类和超过300 种鸟类生存。大峡谷岩石是一幅地质画卷,山石多为红色,从谷底到顶部分布着从寒武纪到新生代各个时期的岩层,层次清晰,色调各异,并且含有各个地质年代的代表性生物化石,反映了不同的地质时期,被誉为"活的地质史教科书"。1979 年,科罗拉多大峡谷被列入《世界遗产名录》。

（3）夏威夷群岛位于太平洋几乎正中部,是波利尼西亚群岛中面积最大的一个群岛,呈弧状横贯北回归线,有考爱岛、尼豪岛、欧胡岛、莫洛凯岛、拉奈岛、茂宜岛、卡胡拉威岛和夏威夷岛 8 个主要岛屿。美国于 1959 年在此处设夏威夷州,州府在欧胡岛上的火奴鲁鲁。著名的旅游景点有威基基海滩、钻头山、哈纳乌马湾、珍珠港。

威基基海滩(见图 3-3)是世界上最著名的海滩之一,海滩区东起钻石山下的卡皮欧尼拉公园,西至阿拉威游艇码头,长达 1 英里(1 英里 ≈1.61 千米),精华部分是从丽晶饭店到亚斯顿威基基海滨饭店之间的一段,这里有细腻洁白的沙滩、摇曳多姿的椰子树以及林立的高楼大厦,总长度三四百米。海水宁静开阔,是假日休闲的理想地点。喜来登阿那冲浪者饭店和威基基饭店之间的沙滩区则是水上运动的最佳地段,可以划船、冲浪,夕阳西下之时,还可以沿着沙滩散步,慢慢欣赏落日的壮观景象。

图 3-2　科罗拉多大峡谷

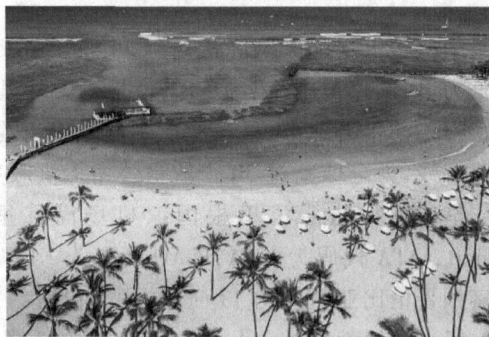

图 3-3　夏威夷群岛之威基基海滩

钻头山(见图 3-4)是威基基海滩上最明显的一个标志,是一座死火山。名字据说是 19 世纪初英国水手把这里的方解石结晶误认为钻石,因此得名。哈纳乌马湾(Hanauma Bay)在欧胡岛上,"Hanauma"是弯曲的意思,由于整个海湾形状如同被一条巨龙围着,所以中文名叫恐龙湾。这里有着许多的珊瑚礁和热带鱼,是潜水赏鱼的上好去处。

（4）美国独立纪念馆(见图 3-5),又称独立厅,位于宾夕法尼亚州的费城,建立于 1732 年,原为州政府,后于 1776 年 7 月,在该处发表《独立宣言》,其后,1787 年又在该处起草《合众国宪法》,从而诞生了美利坚合众国。1790～1800 年费城作为美国首都期间,是美国国会所在地;目前,是美国独立国家历史公园的一部分。1979 年,美国独立纪念馆被列入《世界遗产名录》。

5. 主要空港城市及机场

（1）华盛顿。

华盛顿,即华盛顿哥伦比亚特区(Washington D.C.,三字代码为 WAS),为美国的首都,得名于美国首任总统乔治·华盛顿,它位于美国的东北部、中大西洋地区,靠近弗吉尼亚州和马里兰州,是 1790 年作为首都而设置、由美国国会直接管辖的特别行政区,因此不属于美国的任何一州。其所辖的市县包括原属马里兰州的 2 个县、原属弗吉尼亚州的 4 个县及费尔法克斯、福尔斯彻奇、亚历山德里亚 3 个城镇。

一般所指的华盛顿都会区机场有 3 个,即华盛顿巴尔的摩国际机场、华盛顿罗纳德·里根国家机场和华盛顿杜勒斯国际机场,但它们均不在华盛顿哥伦比亚特区内。

图 3-4　夏威夷群岛之钻头山

图 3-5　美国独立纪念馆

华盛顿巴尔的摩国际机场（Baltimore Washington International Thurgood Marshall Airport，IATA 代码为 BWI，ICAO 代码为 KBWI）是美国马里兰州巴尔的摩—华盛顿大都市区的商业机场，位于安妮阿伦德尔县北部，机场在巴尔的摩以南约 16 千米和华盛顿东北约 48 千米处，主营国内外客货运航线，为全球超过 30 个航空公司提供服务，是美国西南航空的中心。

华盛顿罗纳德·里根国家机场简称里根国家机场（Ronald Reagan Washington National Airport，IATA 代码为 DCA，ICAO 代码为 KDCA），位于波托马克河南岸、弗吉尼亚州的阿灵顿，离华盛顿哥伦比亚特区约 11 千米，距离白宫约 5 千米，距国会大厦 0.8 千米，这是一个国内航线专用机场。占地面积约 3.4 平方千米，拥有 3 条跑道、44 个登机口，允许起降 200 座以下的中小型民航飞机，以起降全美航空公司和达美航空公司的接驳班机为主。

华盛顿杜勒斯国际机场（Washington Dulles International Airport，IATA 代码为 IAD，ICAO 代码为 KIAD）得名于 1953～1959 年美国的国务卿约翰·福斯特·杜勒斯。该机场在弗吉尼亚州，位于华盛顿市区以西约 43 千米处，是美国联合航空公司的主要枢纽机场。

（2）纽约。

纽约市（New York City，三字代码为 NYC）位于美国纽约州东南部大西洋沿岸，是美国乃至北美洲的第一大城市及第一大港口，与英国伦敦、日本东京合称为三大国际大都会。纽约由布朗克斯区、布鲁克林区、曼哈顿、皇后区、斯塔滕岛五部分组成。纽约也是美国政治、经济、文化及交通等领域的枢纽中心，包括联合国总部在内的世界上很多国际机构和跨国公司及银行的总部都设在纽约。

纽约有三大机场，即肯尼迪国际机场、拉瓜迪亚机场和纽瓦克自由国际机场。一般从中国起飞前往纽约的国际航班大部分会在肯尼迪国际机场降落，少部分会在纽瓦克自由国际机场降落。而拉瓜迪亚机场更多的是接待美国国内航线。

约翰·菲茨杰拉德·肯尼迪国际机场（John F. Kennedy International Airport，IATA 代码为 JFK，ICAO 代码为 KJFK）也称爱德怀德机场（Idlewild Airport），为 4F 级国际机场、美国门户级国际航空枢纽，也是全世界最大的机场之一。它位于纽约市皇后区牙买加湾之滨，截至 2021 年 3 月，肯尼迪国际机场共有 6 座航站楼、4 条跑道、128 个登机口。肯尼迪国际机场是美国航空公司、达美航空公司的枢纽机场，也是捷蓝航空公司、挪威航空公司的基地机场。据 2020 年 12 月机场官网显示,肯尼迪国际机场共有 71 家航空公司在此开通 180 条航线,共通航 77 个国家和地区的 169 座城市,涉及 176 座机场。

纽瓦克自由国际机场(Newark Liberty International Airport,IATA 代码为 EWR,ICAO 代码为 KEWR)位于美国新泽西州纽瓦克市与伊丽莎白市境内,为 4E 级国际机场、大型国际枢纽机场,纽约的第二大机场。据 2020 年 6 月机场官网显示,纽瓦克自由国际机场共有 3 座航站楼、6 座卫星厅、106 个登机口、3 条跑道。它是美国联合航空公司的第二转运枢纽,美国联合航空公司是本机场最大的航空业者。

拉瓜迪亚机场(LaGuardia Airport,IATA 代码为 LGA,ICAO 代码为 KLGA)位于皇后区,面向法拉盛湾,是纽约 3 个主要机场中最小的一个,但因为它最接近曼哈顿,故使用率不低。该机场拥有 2 条跑道、4 座航站楼,主要提供美国国内航线服务或部分来往加拿大的航线,只有少数季节性的国际航班会从此机场飞往阿鲁巴、巴哈马及百慕大。

(3)洛杉矶。

洛杉矶(Los Angeles)位于美国加利福尼亚州西南部,是仅次于纽约的美国第二大城市,也是美国西部最大的城市,常被称为“天使之城”(City of Angels)。它是美国石油化工、海洋、航天工业和电子业的最大基地,是美国主要的科技中心之一,又有“科技之城”的美称。另外,洛杉矶也是文化、科学、技术、国际贸易和高等教育中心之一,尤其在大众娱乐方面,如电影、电视、音乐等,享有巨大的国际声誉和全球地位。闻名世界的好莱坞就位于洛杉矶市。

洛杉矶国际机场(Los Angeles International Airport,IATA 代码为 LAX,ICAO 代码为 KLAX)是美国第三大机场,为 4F 级国际机场、美国门户型国际航空枢纽。据 2020 年 4 月机场官网显示,洛杉矶国际机场共有 9 座航站楼和 9 座卫星厅,共设 132 个登机廊桥机位和 113 个远机位,有 4 条跑道。洛杉矶国际机场是阿拉斯加航空、美国航空、达美航空、美国联合航空和亚特拉斯航空的枢纽机场,也是新西兰航空、忠实航空、挪威航空、澳洲航空、西南航空和 Volaris 航空的基地机场。

此外,洛杉矶还有橙县机场、安大略机场、伯班克机场和长滩机场。

(4)亚特兰大。

亚特兰大(Atlanta,三字代码为 ATL)位于美国东部,坐落在海拔 350 米的阿巴拉契亚山麓的台地上,是美国三大高地城市之一,是美国第九大都市区,亦是美国佐治亚州首府和最大的工商业城市。亚特兰大是美国东南部陆空交通要地、金融中心,主要发展飞机、汽车、纤维、机械、钢铁、食品等工业。亚特兰大旅游业发达,2007 年 9 月 6 日与中国成都市结为友好城市。

亚特兰大哈兹菲尔德-杰克逊国际机场(Hartsfield-Jackson Atlanta International Airport,IATA 代码为 ATL,ICAO 代码为 KATL)简称亚特兰大国际机场、哈兹菲尔德-杰克逊机场或杰克逊机场,位于美国富尔顿县亚特兰大市南区与克莱顿县佐治亚大学城交界处,为 4F 级国际机场、国际航空枢纽。该机场是全球首个客运量过亿的机场,已连续 20 年蝉联全球机场客运量第一,也是旅客中转量最大的机场。亚特兰大国际机场共有 7 座航站楼,总面积 63 万平方米,共设 247 个登机廊桥、4 个机坪塔台。

亚特兰大国际机场是达美航空公司的主运营基地机场(总部),达美干线航班占据亚特兰大机场所有航空公司班次的 30% 以上,加上达美支线公司的航班,挂达美代码的航班占亚特兰大机场航班总量的 80% 以上。亚特兰大国际机场也是边疆航空公司和西南航空公司的基地机场。目前该机场共有20家航空公司在此开通244条航线,通航42个国家和地区的219座城市,共227座机场。

2018年7月,上海机场(集团)有限公司与亚特兰大国际机场签署姐妹机场友好协议,开展合作。

（5）芝加哥。

芝加哥(Chicago,三字代码为CHI)位于美国伊利诺伊州的库克县、美国五大湖之一的密歇根湖西南岸,是美国第三大城市,也是国际金融中心之一。芝加哥市内有3个重要机场,即中央国际机场(米德韦机场)、奥黑尔国际机场和中途国际机场。其中,城西北的奥黑尔国际机场是美国面积最大、客运最繁忙的机场。

奥黑尔国际机场(O'Hare International Airport,IATA代码为ORD,ICAO代码为KORD)距芝加哥市中心27千米,为4F级国际机场。奥黑尔国际机场占地面积约31平方千米,共有8条跑道、4座航站楼,是美国第四大国际航空枢纽,排在纽约肯尼迪国际机场、洛杉矶国际机场和迈阿密国际机场之后,是美国联合航空公司的最大基地和中转枢纽,也是美国航空公司的第二大枢纽。

中途国际机场(Midway International Airport,IATA代码为MDW,ICAO代码为KMDW)距芝加哥市中心13千米,为4E级国际机场,有4条跑道。

中央国际机场(IATA代码为MDW,ICAO代码为KMDW)距离芝加哥市中心16千米,是芝加哥地区的重要机场,主要负责美国国内航线。目前,除了为全美最大的6家网络型航空公司提供服务外,还为低成本、低票价的西南航空公司,American Trans Air等17家航空公司提供服务,其中低成本航空公司在中央国际机场占有相当的市场份额。

（6）旧金山。

旧金山(San Francisco,三字代码为SFO)又称三藩市、圣弗朗西斯科,位于美国加利福尼亚州西海岸圣弗朗西斯科半岛,面积约121.73平方千米,三面环水,环境优美,是一座山城,是美国加利福尼亚州太平洋沿岸的港口城市,世界著名旅游胜地、加利福尼亚州人口第四大城市。

旧金山临近世界著名技术产业区硅谷,是世界重要的技术研发基地之一和美国西海岸重要的金融中心,也是联合国的诞生地。旧金山工业发达,也有众多著名的旅游景点。市区东北角的"中国城"为美国华人最大的聚集地。

圣弗朗西斯科国际机场(San Francisco International Airport,IATA代码为SFO,ICAO代码为KSFO,中国常称为旧金山国际机场)位于美国加利福尼亚州圣马特奥县机场大道,北距圣弗朗西斯科市中心约13千米,为4F级国际机场、大型航空枢纽。机场共有4座航站楼、4条60米宽的跑道,主要为旧金山及周边城市服务,是加利福尼亚州第二大机场,仅次于洛杉矶国际机场,是美国联合航空公司和维珍美国航空公司的一个主要的枢纽机场。

奥克兰国际机场(Oakland International Airport,IATA代码为OAK,ICAO代码为KOAK)位于加利福尼亚州第四大城市奥克兰市南部,是一家民用国际机场,距离市中心约15千米,是旧金山湾区3个国际机场之一、旧金山地区第二热门的机场。该机场拥有4条跑道、2座航站楼。近年来,奥克兰国际机场受到廉价航空公司的青睐,如捷蓝航空,将其设为主要航点,使得奥克兰国际机场成为美国快速成长的机场之一。

圣何塞国际机场(Norman Y.Mineta SanJosé International Airport,IATA代码为SJC,ICAO代码

为 KSJC)位于美国加利福尼亚州圣何塞市北部,是一座中型商用机场,加利福尼亚州五大最繁忙的机场之一,拥有 2 条跑道,共有 16 家航空公司在该机场运作。它主要吸引离旧金山国际机场太遥远的郊区旅客及低成本航空公司(如西南航空和捷蓝航空)。它也是圣弗朗西斯科国际机场和奥克兰国际机场的后备机场。

6. 主要航空企业

美国十大航空公司分别是:美国航空公司、达美航空公司、美国西南航空公司、美国联合航空公司、边疆航空公司、捷蓝航空公司、阿拉斯加航空公司、夏威夷航空公司、精神航空公司和维珍美国航空公司。本书主要介绍前四家航空公司。

(1)美国航空公司。

美国航空公司(IATA 代码为 AA,ICAO 代码为 AAL)为寰宇一家的创始成员之一,是世界最大的航空公司(其标志见图 3-6)。美国航空公司遍布 260 余个通航城市——包括美国本土150 个城市及 40 个国家的城市。总部位于得克萨斯州的沃斯堡,紧邻达拉斯-沃斯堡国际机场。美国航空公司的机队由近 900 架飞机组成,每日从芝加哥、达拉斯、沃斯堡、洛杉矶、迈阿密和纽约六大枢纽起飞的航班数量超过 3 500 个班次,可到达 50 多个国家和地区的 260 多个城市。

图 3-6　美国航空公司的标志

(2)达美航空公司。

达美航空公司(IATA 代码为 DL,ICAO 代码为 DAL)是一家总部位于美国佐治亚州亚特兰大的航空公司(其标志见图 3-7)。

达美航空公司成立于 1928 年,2008 年,与西北航空公司合并,组建成为新的达美航空公司。达美航空公司是美国第三大航空公司,拥有近 700 架飞机,全球员工人数超过 75 000 人。作为天合联盟的创始会员,在全球多个机场均设有达美航空公司的航空枢纽。达美航空公司凭借业界领先的全球网络,服务范围覆盖了世界六大洲的 64 个国家、351 个目的地。达美航空公司的枢纽机场有阿姆斯特丹史基浦机场、亚特兰大国际机场、底特律都会韦恩县机场、明尼阿波利斯-圣保罗国际机场、盐湖城国际机场、辛辛那提/北肯塔基国际机场、巴黎戴高乐机场、东京成田国际机场、纽约肯尼迪国际机场、纽约拉瓜迪亚机场、布拉德利国际机场。达美航空公司是目前全世界航线里程与客运机队规模最大的航空公司。

(3)美国联合航空公司。

美国联合航空公司(IATA 代码为 UA,ICAO 代码为 UAL)是星空联盟成员之一,总部位于美国伊利诺伊州的芝加哥(其标志见图 3-8)。美国联合航空公司成立于 1926 年,2010 年与美国大陆航空公司合并,沿用了美国联合航空公司的名称。美国联合航空公司主要经营美国中西部、西岸国内航线网络,以及跨越大西洋及太平洋等洲际航线,是前往夏威夷及亚洲航线的最大的美国航空公司。

图 3-7　达美航空公司的标志

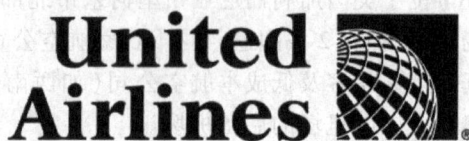

图 3-8　美国联合航空公司的标志

（4）美国西南航空公司。

美国西南航空公司（IATA 代码为 WN，ICAO 代码为 SWA）是美国一家总部设在得克萨斯州达拉斯的航空公司（其标志见图 3-9），以"廉价航空公司"而闻名，是民航业廉价航空公司经营模式的鼻祖。在美国，美国西南航空公司的通航城市最多，是美国第二大航空公司、世界第三大航空公司。美国西南航空公司的机型单一，仅使用波音 737 飞机，好处是降低了运营维护的成本，目前拥有 387 架 B737-700、204 架 B737-800、44 架 B737-MAX8，总计 635 架。

图 3-9　美国西南航空公司的标志

（二）加拿大

1. 国家概况

加拿大概况如表 3-2 所示。

表 3-2　加拿大概况

中文全称	加拿大		
英文全称	Canada		
IATA 分区	IATA 一区，北美次区		
国家二字代码	CA	首都	渥太华
货币	加拿大元	货币代码	CAD
官方语言	英语\法语	国花	枫叶
主要城市	温哥华、多伦多、蒙特利尔		
主要航空公司	加拿大航空公司		
主要旅游景点	尼亚加拉大瀑布、班夫国家公园等		

2. 自然地理

加拿大占据着北美洲北部的大部分地区，东临大西洋，西濒太平洋，南接美国本土，北靠北冰洋达北极圈，西北部与美国阿拉斯加州接壤，东北部与格陵兰隔着戴维斯海峡遥遥相望。加拿大的国土面积约为 998 万平方千米，仅次于俄罗斯，位居世界第二，其中淡水覆盖面积约 89 万平方千米，淡水资源总量占全世界的 7%，森林覆盖率达 44%。加拿大的海岸线约长 24 万多千米，是世界上海岸线最长的国家。

加拿大地形多样，东部是阿巴拉契亚山脉的延伸；东南部是五大湖及圣劳伦斯低地，土地肥沃、人口稠密、经济发达；西部是科迪勒拉山区，是加拿大地势最高的地区；北部是寒冷的地盾，气候恶劣、人迹罕至；中部是大平原地区，气候寒冷，农业发达，是主要的小麦产区。加拿大还是世界上湖泊最多的国家之一,境内有大量的淡水资源。

加拿大由于幅员辽阔且地形多样,在气候上呈现出了明显的差异,大部分为副极地大陆性气候和温带大陆性湿润气候,北部极地区域为极地长寒气候。东部临海地区有显著的海洋性气候特征;五大湖地区气候闷湿,冬季寒冷、夏季较热,全年雨量充足;内陆地区冬季漫长寒冷,夏季短暂温暖;西部常年西风,冬季温暖潮湿,夏季凉爽干燥;北部地区冬季漫长凛冽;北极地区终年严寒。

3. 经济地理

加拿大是世界工业大国,制造业和高科技产业较发达,资源工业、初级制造业和农业为国民经济的主要支柱。加拿大能源产业发达,原油储量居世界第二位,仅次于沙特阿拉伯;矿产资源丰富,有 60 余种,如钾、铀、钨、镉、镍、铅等。加拿大也是小麦出口国和最大的渔产品出口国。主要旅游城市有温哥华、渥太华、多伦多、蒙特利尔和魁北克等。

4. 旅游景点

班夫国家公园(见图 3-10)是加拿大历史最悠久的国家公园、避暑胜地,坐落于位于落基山脉北段的阿尔伯塔省。公园共占地 6 641 平方千米,遍布冰川、冰原、松林和高山。加拿大横贯公路穿过班夫国家公园,从东面的边界坎莫尔开始,穿越班夫和路易斯湖,抵达不列颠哥伦比亚省的幽鹤国家公园。公园内有一系列冰峰、冰河、冰原、冰川湖和高山草原、温泉等景观,还有美洲黑熊、山地狮、美洲豹等珍稀动物。公园中建有现代化旅馆、汽车旅馆和林中野营地,高山架设有悬空索道,从山下一直通向山顶。班夫国家公园深受户外探险爱好者的喜爱,在公园内可以体验高山滑雪、滑冰、狗拉雪橇、山地高尔夫、登山远足、垂钓、划船、洞穴探险等。班夫国家公园作为“落基山脉国家公园群”的一部分,于 1984 年被联合国教科文组织列入《世界遗产名录》。

尼亚加拉瀑布(见图 3-11)又称拉格科瀑布,位于加拿大安大略省和美国纽约州的交界处,是世界第一大跨国瀑布,与南美洲的伊瓜苏瀑布、非洲的维多利亚瀑布并称为世界三大跨国瀑布。尼亚加拉瀑布实际由三部分组成,从大到小,依次为:马蹄形瀑布,位于加拿大境内,其形如马蹄,是瀑布的最佳观赏地;美利坚瀑布,在美国境内,由山羊岛隔开;新娘面纱瀑布,也在美国境内,由月亮岛隔开了其他两个瀑布。事实上,在美国境内看到的只是尼亚加拉瀑布的侧面,而在加拿大可以一览其全貌。

图 3-10　班夫国家公园

图 3-11　尼亚加拉大瀑布

尼亚加拉河的水流冲下悬崖至下游重新汇合,在不足 2 千米长的河段里以每小时 35.4 千米的速度跌宕而下 15.8 米的落差,演绎出世界上最狂野的漩涡急流,经过左岸加拿大的昆斯顿、右岸美国的利维斯顿,冲过"魔鬼洞急流",沿着最后的"利维斯顿支流峡谷"由西向东进入安大略湖。

安大略皇家博物馆(见图3-12)是加拿大最大、拥有最多收藏品的博物馆,包含的项目有自然科学、动物生态、艺术及人类学等。这里典藏着中国艺术品,馆内设有4个中国展厅,分别为古代艺术、佛教艺术、建筑艺术和雕塑造像。除中国展品外,还陈列有希腊、埃及等国家的珍贵收藏品。

图 3-12　安大略皇家博物馆

5. 主要空港城市及机场

(1) 渥太华。

渥太华(Ottawa,三字代码为YOW)为加拿大首都,是加拿大第四大城市(约132万人口),面积约4 715平方千米,位于加拿大安大略省东南部圣·劳伦斯河支流渥太华河下游河畔,多伦多以东400千米,蒙特利尔以西190千米。年平均最高气温15~26 ℃(7月),最低气温-16~-6 ℃(1月)。

渥太华麦克唐纳-卡蒂埃国际机场(英文:Ottawa Macdonald-Cartier International Airport,法文:Aéroport international Macdonald-Cartier d'Ottawa,IATA代码为YOW,ICAO代码为CYOW)简称渥太华国际机场,是加拿大第六繁忙的机场,位于渥太华市中心南10千米处,有连通加拿大各地和国外的频繁往返的各趟航线,也是拥有美国境外入境审查设施的8个加拿大机场之一,机场共有3条跑道。

(2) 多伦多。

多伦多(Toronto,三字代码为YTO)是加拿大第一大城市,是安大略省的省会,位于安大略湖西北岸的南安大略地区。多伦多市面积约630平方千米,人口约295.6万。多伦多也是加拿大的经济中心,临近美国东部工业发达地区,如芝加哥等城市,汽车工业、电子工业、金融业及旅游业在其经济中占有非常重要的地位,多伦多证券交易所是世界第七大证券交易所。多伦多曾多次被评为全球最适宜居住的城市,多伦多移民众多,约一半的居民是从世界各地移居而来,来自约200多个族裔,讲140多种不同的语言及方言。其多元文化特质决定了多伦多是一个"微缩的世界城"。

多伦多皮尔逊国际机场(英语:Toronto Pearson International Airport,法语:Aéroport International Pearson de Toronto,IATA代码为YYZ,ICAO代码为CYYZ)位于加拿大安大略省大多伦多地区,西北距多伦多市中心22.5千米,为4F级国际机场,也是国家门户级枢纽机场。机场总面积1 900万平方米,有5条跑道、2座客运航站楼、3个货站区,主要服务于整个大多伦多地区,也是加拿大航空的主要枢纽、加拿大最繁忙的机场。机场内共有5家加拿大国内航空公司开通国内定期客运航线,即加拿大航空公司、加拿大胭脂航空公司、加拿大爵士航空公司、西捷航空公司、弗莱尔航空公司。

(3) 蒙特利尔。

蒙特利尔(Montreal,三字代码为YMQ)又称满地可,位于加拿大魁北克省西南部圣劳伦斯河中的蒙特利尔岛及周边小岛上,是加拿大魁北克省的经济中心和主要港口,也是该省面积最大的城市。蒙特利尔人口约410万(2016年),面积约4 259平方千米,是加拿大面积第二大城市。蒙特利尔是一个繁荣的国际大都市,也是加拿大历史最悠久的城市,其独特的文化个性、优美的城市风光、闲适的生活情调多次被评为全球最适宜人类居住的城市之一。蒙特利尔也是典型的英、法双语城市,因为城市内有大量的哥特式教堂和法语居民,体现出了独特的法国文化底蕴,被认为是北美的"浪漫之都"。蒙特利尔市是加拿大重要的金融、商业、工业中心和第二大港口,加拿大皇家银行等众多金融机构总部设立在此。

蒙特利尔皮埃尔·埃利奥特·特鲁多国际机场(法语:Aéroport international Pierre-Elliott-Trudeau de Montréal,IATA 代码为 YUL,ICAO 代码为 CYUL)简称蒙特利尔特鲁多机场或特鲁多机场,位于魁北克省蒙特利尔市以西、多佛尔市境内,是魁北克省最繁忙、加拿大第三繁忙的机场(按旅客量计算),仅次于多伦多皮尔逊国际机场和温哥华国际机场。该机场提供直飞非洲、北美洲、南美洲、欧洲的直飞航班,是加拿大唯一一座拥有直飞非洲航班的机场,也是加拿大航空公司和加拿大越洋航空公司的总部所在地,同时也拥有北美洲最大的免税商店。

(4)温哥华。

温哥华(Vancouver,三字代码为 YVR)位于加拿大不列颠哥伦比亚省的西南端,西临太平洋,距美国华盛顿州约 40 千米,面积约 115 平方千米,是加拿大的主要港口城市和重要的经济中心、加拿大第三大都会、西部第一大城市,也是加拿大西部的政治、文化、旅游和交通中心。这里气候温和湿润、环境宜人,有东北部纵贯北美大陆的落基山脉作屏障,终年气候温和、湿润。温哥华已连续多年被评为全球最宜居城市之一,是加拿大著名的旅游胜地。温哥华也是北美洲继洛杉矶和纽约之后的第三大制片中心,有"北方好莱坞"之称。

温哥华国际机场(Vancouver International Airport,IATA 代码为 YVR,ICAO 代码为 CYVR)是位于温哥华市区西南方约 15 千米外的一个民用国际机场,是加拿大面积第二大,也是第二繁忙的国际机场,仅次于多伦多皮尔逊国际机场,拥有 6 条跑道(其中 2 条为直升机道)、3 座航站楼。该机场向大温哥华区域提供服务,是加拿大航空公司和加拿大越洋航空公司的枢纽机场。温哥华国际机场拥有前往亚洲、欧洲、大洋洲、美国和加拿大其他主要机场的直飞航班。在加拿大所有机场中,温哥华国际机场离亚洲最近,是来往加拿大和亚洲的门户。

6. 主要航空企业

加拿大航空公司(IATA 代码为 AC,ICAO 代码为 ACA,其标志见图 3-13)是加拿大的国家航空公司,也是加拿大境内最大的航空公司,星空联盟创建成员之一,总部设在魁北克省的蒙特利尔市。加拿大航空公司拥有 170 架飞机以及丰富的全球航线网络,网络中心为多伦多、蒙特利尔、卡尔加里和温哥华,可提供班机直达 67 个加拿大城市,以及遍及北美洲、南美洲、欧洲、亚洲、大洋洲的超过 240 个目的地。

图 3-13　加拿大航空公司的标志

二、中美次区

中美洲次区包括伯利兹、哥斯达黎加、萨尔瓦多、危地马拉、洪都拉斯、尼加拉瓜。

中美洲面积为 52.328 万平方千米,大部分为印欧混血种人,其余是印第安人、白种人和黑种人。地形以高原和山地为主,平原狭窄。中美洲处于热带,终年温度较高,温差不大,但由于受东北信风和地形的影响,各地雨量的差别较大:北岸和东岸属热带雨林气候,终年多雨;南部和西部属典型的热带草原气候,干湿分明。

经济上,中美洲以农业为主,其中最重要的是供出口的香蕉、咖啡、甘蔗等热带经济作物,以及棉花、烟草、可可、剑麻、谷物等农作物;畜牧业和林业较重要;工业则以轻工业特别是食品工业为主。该地区经济较落后,航空业发展水平也较低。

三、南美次区

南美洲次区包括阿根廷、玻利维亚、巴西、智利、哥伦比亚、厄瓜多尔、法属圭亚那、圭亚那、巴拿马、巴拉圭、秘鲁、苏里南、乌拉圭、委内瑞拉。

南美洲经济上不是十分发达,但由于其地理位置的特殊性,飞机是其主要的交通工具。南美洲的一些内陆国家,类似玻利维亚等,四面不临海,国际运输必须通过智利、巴拉圭或阿根廷等国,国际交通运输方面非常受限。随着航空业的快速发展,南美洲已成为世界飞机制造商不可忽视的市场。因为巴西是南美洲航空业的主力军,本部分只介绍巴西。

(一)国家概况

巴西概况如表 3-3 所示。

表 3-3 巴西概况

中文全称	巴西联邦共和国		
英文全称	The Federative Republic of Brazil		
IATA	IATA 一区,南美洲次区		
国家二字代码	BR	首都	巴西利亚
货币	巴西里尔	货币代码	BRL
官方语言	西班牙语	国花	毛蟹爪莲
主要城市	巴西利亚、里约热内卢、圣保罗		
主要航空公司	天马航空公司、巴西航空公司		
主要旅游景点	伊瓜苏大瀑布、巴西利亚大教堂等		

(二)自然地理

巴西位于南美洲东部,东邻南大西洋,北部和南部与除智利和厄瓜多尔之外的其他南美洲国家全部接壤,是南美洲最大的国家。国土面积约 851.49 万平方千米,约占南美洲总面积的 46%,在世界上仅次于俄罗斯、加拿大、中国和美国,排行第五。巴西北邻法属圭亚那、苏里南、圭亚那、委内瑞拉和哥伦比亚,西接秘鲁、玻利维亚,南接巴拉圭、阿根廷和乌拉圭。全国共分为 26 个州和 1 个联邦区,海岸线长约 7 400 千米。

巴西的地形主要分为两大部分,一部分是位于中部和南部海拔 500 米以上的巴西高原,另一部分是分布在北部和西部的亚马孙河流域海拔 200 米以下的平原,全境地形分为亚马孙平原、巴拉圭盆地、巴西高原和圭亚那高原,其中亚马孙平原约占全国面积的 1/3,为世界面积最大的平原;巴西高原约占全国面积的 60%,为世界上面积最大的高原。最高的山峰是内布利纳峰,海拔 2 994 米。

巴西大部分地区为热带气候,北部为热带雨林气候,中部为热带草原气候,南部部分地区为亚热带季风性湿润气候。

(三)经济地理

巴西经济实力居拉丁美洲首位,属于自由市场与出口导向型的经济。巴西农牧业发达,是多种农产品的主要生产国和出口国,例如,巴西是全球第二大转基因作物种植国、第一大大豆生产国、第四大玉米生产国,同时也是世界上最大的牛肉和鸡肉出口国。巴西工业基础雄厚,主要工业部门有钢铁、汽车、造船、石油、水泥、化工、冶金、电力、建筑、纺织、制鞋、造纸、食品等。巴西民用支线飞机制造业和生物燃料产业在世界居于领先水平。巴西矿产、土地、森林和水力资源十分丰富,铌、锰、钛、铝矾土、铅、锡、铁、铀等29种矿物储量位居世界前列。

(四)旅游景点

被誉为"南美第一奇观"的伊瓜苏大瀑布(见图3-14)是南美洲最大的瀑布,也是世界上最宽的瀑布、世界五大名瀑之一。伊瓜苏大瀑布位于阿根廷与巴西边界上的伊瓜苏河与巴拉那河合流点上游23千米处。因从巴西高原辉绿岩悬崖上落入巴拉那峡谷,而形成了马蹄形瀑布,宽约4千米,平均落差75米。伊瓜苏瀑布的名字来自瓜拉尼语或图皮语,意思是"伟大的水"。据传说称,曾有位神仙打算迎娶一位美丽的当地女孩,但女孩却和她的梦中情人乘独木舟私奔。神仙一怒之下将河流截断,让这对恋人好梦难圆。伊瓜苏瀑布巨流倾泻,气势磅礴,轰轰瀑声25千米外都可以听见。伊瓜苏瀑布与众不同之处在于观赏点多,从不同地点、不同方向、不同高度看到的景象均不同。峡谷顶部是瀑布的中心,水流最大、最猛,人称"魔鬼喉"。1984年,伊瓜苏大瀑布被联合国教科文组织列为世界自然遗产。

亚马孙河(见图3-15)位于南美洲北部,发源于秘鲁中部的科迪勒拉山脉,是世界上流量、流域最大、支流最多的河流,比其他3条大河尼罗河(非洲)、长江(中国)、密西西比河(美国)的流量总和还要大几倍,大约相当于7条长江的流量,占世界河流流量的20%。水量占世界淡水总量的20%。亚马孙河全长6 440千米,为世界第二长河;流域面积691.5万平方千米,占南美洲总面积的40%;支流数超过1.5万条。由亚马孙河冲击而成的亚马孙平原面积达705万平方千米,大多位于巴西境内。亚马孙流域适合植物生长,有浩瀚无际的原始森林,各种植物2万余种,盛产优质木材,被誉为"地球之肺"。亚马孙河上游由黑河和索利芒斯河组成。索利芒斯河河水为黄色,黑河河水为浓咖啡色,因比重、流速不同,两河在玛瑙斯(巴西著名的旅游城市,亚马孙州首府)附近交汇,其交汇处形成一条长达数十千米的分界线,黑黄分别,互不相犯,成为一大景观。

图3-14 伊瓜苏大瀑布

图3-15 亚马孙河

巴西利亚大教堂(见图3-16)位于巴西首都巴西利亚,是一座超现代化的建筑佳作。它的造型奇特,酷似伞形,既像罗马教皇的圆形帽,又似印第安人的茅屋。大教堂的主体部分在地下,露出地面的是一只状若耶稣受难戴的荆冠、覆盖玻璃的金属曲线型的顶盖,顶盖下是悬在空中的神像。教堂外形线条简洁,在阳光照射下,光线透过彩色玻璃窗,教堂内外一派金碧辉煌。大厅中的神像,不是立于祭坛上,而是悬挂在空中。站在厅内仰视,如立云端的天主和众圣徒从天而降,在俯视人间。这种奇特的视觉效果,给人一种强烈的宗教神秘感。巴西利亚大教堂迥异的风格区别于同时期的欧洲教堂,被称为巴西的象征,也见证了巴西利亚这座最年轻的世界人类文化遗产城市的辉煌。

图3-16　巴西利亚大教堂

(五)主要空港城市及机场

1.圣保罗

圣保罗(São Paulo,三字代码为SAO)位于巴西东南部,是圣保罗州的首府、巴西最大的工业城市,也是南美洲最繁华的城市,世界著名的国际大都市。圣保罗市是巴西和南美洲的工业、金融、商业、文化和交通中心,其经济发展多样化,主要工业包括纺织、机械、汽车、电子、冶金、医药、食品、塑料、烟草、出版和印刷等。圣保罗是仅次于纽约及东京的直升机运输量第三大城市,其铁路、公路和航空运输也四通八达。圣保罗有3个机场,分别是圣保罗国际机场、孔戈尼亚斯机场和坎皮纳斯国际机场。

圣保罗国际机场又称为瓜鲁柳斯国际机场(Guarulhos International Airport,IATA代码为GRU,ICAO代码为SBGR),是巴西最繁忙的国际机场,拥有2条跑道、2座航站楼,有通往世界各地的航班,是南美洲的航空枢纽。

2.里约热内卢

里约热内卢(Rio de Janeiro,三字代码为RIO)位于巴西东南部沿海地区,东南濒临大西洋,海岸线长636千米,是巴西的第二大城市,仅次于圣保罗,曾经是巴西的首都(1763~1960年),现被称为巴西第二首都。里约热内卢是巴西乃至南美洲的重要门户,同时也是巴西及南美洲经济最发达的地区之一,素以巴西重要交通枢纽和通信、旅游、文化、金融和保险中心而闻名。里约热内卢是巴西第二大工业基地,拥有全国最大进口港,是全国经济中心,同时也是全国重要的交通中心。里约热内卢市境内的里约热内卢港是世界三大天然良港之一,里约热内卢基督像是该市的标志,也是世界新七大奇迹之一。

里约热内卢国际机场(IATA 代码为 GIG,ICAO 代码为 SBGL)位于里约热内卢以北,距离市区 20 千米,拥有 2 座航站楼,是里约热内卢的主要国际机场。

3. 巴西利亚

巴西利亚(Brasilia,三字代码为 BSB)是巴西的首都、巴西第四大城市,1987 年被联合国教科文组织列为世界遗产。巴西利亚位于巴西中部地区巴西戈亚斯高原,气候温和宜人,四季如春。城里不见古迹遗址,也没有大都市的繁华与喧闹,但其充满现代理念的城市格局、构思新颖别致的建筑以及寓意丰富的艺术雕塑引人注目。市区既有现代化的高层建筑,也有传统的西班牙式古城堡和欧洲巴洛克式建筑,有世界建筑博览会之称,从而使这座新都蜚声世界,是众多璀璨辉煌的世界人类文化遗产中最年轻的一个。

巴西利亚国际机场(Brasília International Airport,IATA 代码为 BSB,ICAO 代码为 SBBR)是巴西最现代的机场之一,它拥有 2 个客运候机楼、1 个货运楼、32 个停机坪,主要为来自南美洲的各主要航空公司运营定期航线服务,该机场在 2012 年年底实现私有化,是巴西所有机场中第一家被私有化的机场。巴西利亚国际机场服务的航空公司有阿根廷航空、法国航空、美国航空、巴西Avianca 航空、巴拿马航空、阿祖尔航空、达美航空和塔姆航空等。

(六) 主要航空企业

1. 巴西航空公司

巴西航空公司(VARIG,IATA 代码为 RG,ICAO 代码为 VRG,其标志见图 3-17)是指 VARIG航空公司,成立于 1927 年,主要枢纽机场为圣保罗国际机场、里约热内卢国际机场和巴西利亚国际机场。巴西航空公司及其下属分公司曾拥有近 100 架航机,在巴西国内通航 1.76 亿千米里程,国际飞行网络连接欧洲、北美洲、亚洲、非洲及整个南美洲,曾被巴西政府指定为经营巴西到中国航线的唯一航空公司,为中巴两国架起空中桥梁。

2. 塔姆航空公司

塔姆航空公司(葡萄牙文:TAM Linhas Aéreas,IATA 代码为 JJ,ICAO 代码为 TAM,其标志见图 3-18)又名天马航空公司,是以圣保罗为基地的巴西最大的航空公司,主要经营由圣保罗往返巴西各主要城市的国内航线,以及与部分南美洲邻国城市的短程国际航线。

图 3-17　巴西航空公司的标志　　　　　图 3-18　塔姆航空公司的标志

四、加勒比次区

加勒比次区包括巴哈马、百慕大、加勒比群岛、圭亚那、法属圭亚那、苏里南(注意:南美次区和加勒比次区有一部分是重合的)。这一地区属热带海洋性气候,气温高、降水多,多对流雨,气旋活动频繁,天气条件不利于飞行。这一地区经济实力较弱,经济结构单一,因此航空业发展较弱。

第二节   IATA 二区

IATA 二区中的欧洲、非洲、中东地区在政治、经济、人种、宗教、发展历史等方面有着较大的差异,在航空运输的发展水平上,也很不均衡。

一、欧洲次区

IATA 定义的欧洲次区的范围除包括地理上的欧洲外,还包括摩洛哥、阿尔及利亚、突尼斯、加纳利群岛、马德拉群岛(上述国家或地区在地理上属于非洲),以及塞浦路斯和土耳其(既包括欧洲部分,也包括亚洲部分),俄罗斯仅包括其欧洲部分。具体有:

北欧:冰岛、挪威、丹麦、瑞典、芬兰。

西欧:英国、法国、爱尔兰、比利时、荷兰、卢森堡。

中欧:瑞士、德国、奥地利、捷克、斯洛伐克、波兰、列支敦士登。

南欧:阿尔巴尼亚、瑞士、安道尔、奥地利、比利时、波斯尼亚和黑塞哥维那、保加利亚、希腊、梵蒂冈、塞尔维亚、黑山、克罗地亚、马其顿、马尔他、摩纳哥、葡萄牙(包括亚速尔群岛和马德拉群岛)、罗马尼亚、圣马力诺、斯洛文尼亚、西班牙(包括巴里阿里群岛和加纳利群岛)、匈牙利、塞浦路斯、土耳其、意大利。

东欧:俄罗斯(乌拉尔山以西部分)、乌克兰、白俄罗斯、爱沙尼亚、拉脱维亚、立陶宛、摩尔多瓦、格鲁吉亚、阿塞拜疆、亚美尼亚。

非洲部分:阿尔及利亚、摩洛哥、突尼斯。

另外,IATA 的欧洲次区还可划分为以下几个小区。

斯堪的那维亚。包括丹麦(格陵兰除外)、挪威、瑞典(运价计算时,上述三国应被视为是同一国)。

欧共体航空区域。包括奥地利、比利时、丹麦、芬兰、法国、德国、希腊、冰岛、爱尔兰、意大利、列支敦士登、卢森堡、荷兰、挪威、葡萄牙、西班牙、瑞典、英国。

(一) 英国

1. 国家概况

英国概况如表 3-4 所示。

表 3-4   英国概况

中文全称	大不列颠及北爱尔兰联合王国		
英文全称	The United Kingdom of Great Britain and Northern Ireland		
IATA	IATA 二区,欧洲次区		
国家二字代码	UK	首都	伦敦

续表

货币	英镑	货币代码	GBP
官方语言	英语	国花	玫瑰花
主要城市	伦敦、曼彻斯特、利物浦、伯明翰		
主要航空公司	英国航空公司、维珍航空公司		
主要旅游景点	白金汉宫、伦敦塔、大英博物馆等		

2. 自然地理

英国本土位于欧洲大陆西北面的不列颠群岛,被北海、英吉利海峡、凯尔特海、爱尔兰海和大西洋包围,是由大不列颠岛上的英格兰、苏格兰、威尔士,爱尔兰岛东北部的北爱尔兰以及一系列附属岛屿共同组成的一个西欧岛国。英国除本土之外,还包括 14 个海外领地。总人口超过6 600万,其中以英格兰人(盎格鲁-撒克逊人)为主体民族。

英国地处中纬,西北部多低山、高原,东南部为平原,泰晤士河是英国国内最大的河流。受西风控制和北大西洋暖流的影响,全年温和多雨,属温带海洋性气候,四季寒暑变化不大。

3. 经济地理

英国是欧洲四大经济体之一,是全球最大的金融服务净出口国,是经济发达国家。英国工业在国民经济中占有重要地位,是石油、电脑、电视和手机的制造国。生物制药、航空和国防是英国工业研发的重点,也是英国最具创新力和竞争力的行业。主要出口机械、汽车、航空设备、电器和电子产品、化工产品和石油,主要进口原材料和食品。服务业,特别是银行业、金融业、航运业、保险业以及商业服务业占 GDP 的比重最大,而且处于世界领先地位,首都伦敦更是世界数一数二的金融、航运和服务中心。

4. 旅游景点

白金汉宫(见图 3-19)是英国君主在伦敦的主要寝宫及办公处,坐落于伦敦威斯敏斯特城内,是英国王室的王宫和居所,英国国家庆典和王室欢迎礼举行场地之一,也是一处重要的旅游景点。宫内有典礼厅、音乐厅、宴会厅、画廊等775 间厅室,宫外有占地辽阔的御花园。女王的重要国事活动都在该地举行。白金汉宫对外开放参观,每天清晨都会进行著名的禁卫军交接典礼,成为英国王室文化的一大景观。

大英博物馆(见图 3-20)又名不列颠博物馆,位于英国伦敦新牛津大街北面的罗素广场。该馆成立于 1753 年,于 1759 年 1 月 15 日起正式对公众开放,是世界上历史最悠久、规模最宏伟的综合性博物馆,也是世界上规模最大、最著名的世界四大博物馆之一(其他 3 个分别是美国纽约的大都会艺术博物馆、法国巴黎的卢浮宫、俄罗斯的艾尔米塔什博物馆),拥有藏品 800 多万件。该博物馆收藏了世界各地许多文物、珍品及很多伟大科学家的手稿,藏品之丰富、种类之繁多,为全世界博物馆所罕见。馆内包含埃及文物馆、希腊罗马文物馆、西亚文物馆、欧洲中世纪文物馆和东方艺术文物馆。其中,埃及文物馆是其中最大的陈列馆,有 10 万多件古埃及各种文物藏品,代表着古埃及的高度文明。希腊和罗马文物馆、东方文物馆的大量文物反映了古希腊罗马、古代中国的灿烂文化。这些藏品很多都是英国于 18 世纪至 19 世纪对外扩张中得来的。自 1840 年以来,已有超过 1 000 万件古物从中国流失。最重要的部分是在 1860 年被英国和法国军队从中国掠走的部分珍贵文物。

图 3-19 白金汉宫

图 3-20 大英博物馆

泰晤士河(见图 3-21)也称泰姆河,英格兰西南部河流,为英国著名的"母亲河",它发源于英格兰西南部的科茨沃尔德希尔斯,全长 346 千米,横贯英国首都伦敦与沿河的十多座城市,流域面积达 13 000 平方千米,在伦敦下游河面变宽,形成一个宽度为 29 千米的河口,注入北海。伦敦上游,泰晤士河沿岸有许多名胜之地,诸如伊顿、牛津、亨利和温莎等。泰晤士河的入海口充满了英国的繁忙商船,然而其上游的河道则以其静态之美而闻名于世。在英国历史上,泰晤士河流域占有举足轻重的地位。

圣保罗大教堂(见图 3-22)位于伦敦泰晤士河北岸,是一座巴洛克风格的建筑,为世界第五大教堂、英国第二大教堂(第一是利物浦教堂)。圣保罗大教堂是世界著名的宗教圣地,是世界第二大圆顶教堂,仅次于梵蒂冈的圣彼得大教堂。圣保罗大教堂最早始建于 604 年,后经多次毁坏、重建,在 17 世纪末由英国著名设计大师和建筑家克里斯托弗·雷恩爵士花了整整 35 年的心血独立完成教堂的设计和建筑。

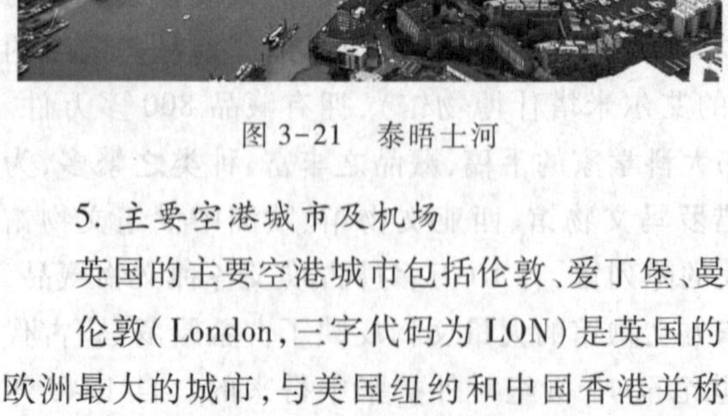

图 3-21 泰晤士河

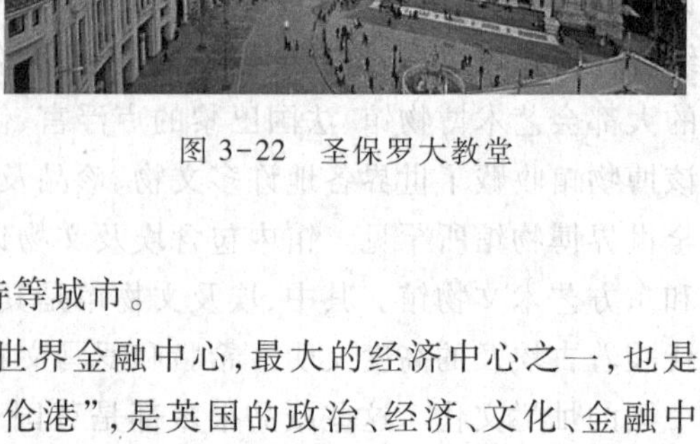

图 3-22 圣保罗大教堂

5. 主要空港城市及机场

英国的主要空港城市包括伦敦、爱丁堡、曼彻斯特等城市。

伦敦(London,三字代码为 LON)是英国的首都,世界金融中心,最大的经济中心之一,也是欧洲最大的城市,与美国纽约和中国香港并称为"纽伦港",是英国的政治、经济、文化、金融中心,博物馆、图书馆和体育馆数量众多。在政治、经济、文化、教育、科技、金融、商业、体育、传媒、时尚等方面对全球有重要的影响。

伦敦希思罗机场（Heathrow Airport，IATA 代码为 LHR，ICAO 代码为 EGLL）简称为希思罗机场，位于伦敦希灵登区南部，为 4F 级国际机场、门户型国际航空枢纽，是英国最大的机场，也是欧洲最繁忙的机场之一，拥有 2 条跑道、5 座航站楼。该机场是英国航空公司和维珍航空公司的枢纽机场，共有 70 余家航空公司在此开通前往六大洲、60 余个国家或地区的航线。

伦敦盖特威克机场（Gatwick Airport；IATA 代码为 LGW，ICAO 代码为 EGKK）是英国第二大机场，亦是全球最繁忙的单跑道机场，位于英国西苏塞克斯郡克劳利区北郊，南距克劳利区中心约 5 千米，为 4F 级国际机场、门户型国际航空枢纽。盖特威克机场是英国航空公司和挪威快线航空公司的枢纽机场、易捷航空公司和途易航空公司的基地机场。目前，盖特威克机场共有 30 余家航空公司在此开通前往五大洲的航线。

除伦敦的机场以外，还有曼彻斯特机场（Manchester Airport，IATA 代码为 MAN，ICAO 代码为 EGCC）、苏格兰爱丁堡机场（Edinburgh Airport，IATA 代码为 EDI，ICAO 代码为 EGPH）。

6. 主要航空企业

（1）英国航空公司。英国航空公司（British Airways，IATA 代码为 BA，ICAO 代码为 BAW，其标志见图 3-23）又称不列颠航空，简称英航，成立于 1924 年 3 月 31 日，总部设在英国伦敦的希思罗机场，以希思罗机场作为枢纽基地，是英国历史最悠久的航空公司、全球最大的国际航空公司之一、全球七大货运航空公司之一、寰宇一家航空联盟创始成员。英国航空公司拥有 273 架飞机，全球航班网络遍布 130 多个国家的 200 多个目的地。

图 3-23 英国航空公司的标志

（2）维珍航空公司。维珍航空公司是英国维珍大西洋航空公司（Virgin Atlantic Airways，IATA 代码为 VS，ICAO 代码为 VIR，其标志见图 3-24）的简称，于 1984 年成立，提供来往英国的洲际长途航空服务。维珍航空公司是维珍集团的附属公司之一，维珍集团拥有其 51% 的股权，达美航空公司则拥有其 49% 的股权。目前已发展成为继英国航空公司之后的英国第二大国际航空公司，总部位于英国的克劳利，枢纽机场是希思罗机场和盖特维克机场，航线遍及世界各大主要城市。

图 3-24 英国维珍航空标志

（二）法国

1. 国家概况

法国概况如表 3-5 所示。

表 3-5　法 国 概 况

中文全称	法兰西共和国		
英文全称	French Republic		
IATA	IATA 二区,欧洲次区		
国家二字代码	FR	首都	巴黎
货币	欧元	货币代码	EUR
官方语言	法语	国花	鸢尾花
主要城市	巴黎、戛纳、马赛、里昂、波尔多		
主要航空公司	法国航空公司		
主要旅游景点	卢浮宫、凡尔赛宫、埃菲尔铁塔、巴黎圣母院、凯旋门等		

2. 自然地理

法国位于欧洲西部,大致呈六边形,三面临水,南临地中海,西濒大西洋,西北隔英吉利海峡与英国相望,东与比利时、卢森堡、德国、瑞士、意大利接壤,南与西班牙、安道尔、摩纳哥接壤。法国面积为 55 万平方千米(不含海外领地),边境线总长度为 5 695 千米,其中海岸线约 2 700 千米,陆地线约 2 800 千米,内河线约 195 千米。法国为欧洲国土面积第三大、西欧面积最大的国家。

法国地势东南高、西北低,平原占总面积的三分之二。主要山脉有阿尔卑斯山脉、比利牛斯山脉、汝拉山脉等。法意边境的勃朗峰为欧洲第二高峰;主要河流有卢瓦尔河、罗讷河、塞纳河(长 776 千米)。

法国西部属海洋性温带阔叶林气候,南部属亚热带地中海气候,中部和东部属大陆性气候。

3. 经济地理

法国是欧洲四大经济体之一,国内生产总值位居世界前列。法国是联合国安理会五大常任理事国之一,也是欧盟和北约创始会员国、申根公约和七国集团成员国,是欧洲大陆主要的政治实体之一。

法国工业产值约占国内生产总值的 11.2%,主要工业部门有汽车制造、造船、机械、纺织、化学、电子、日常消费品、食品加工和建筑业等,钢铁、汽车和建筑业为三大工业支柱。核能、石油化工、海洋开发、航空和宇航等新兴工业部门近年来发展较快。核电设备能力、石油和石油加工技术仅次于美国,居世界第二位;航空和宇航工业仅次于美国和俄罗斯,居世界第三位。钢铁、纺织业居世界第六位。法国是欧盟最大的农业生产国,也是仅次于美国的世界第二大农产品和农业食品出口国。法国是世界第一大旅游接待国,首都巴黎、地中海和大西洋沿岸的风景区及阿尔卑斯山区都是举世闻名旅游胜地,此外,还有一些历史名城、卢瓦尔河畔的古堡群、布列塔尼和诺曼底的渔村、科西嘉岛等。

4. 旅游景点

埃菲尔铁塔(见图 3-25)矗立在法国巴黎市战神广场上,旁靠塞纳河。其始建于 1887 年 1 月 26 日,于 1889 年 3 月 31 日竣工,并成为当时世界最高建筑。埃菲尔铁塔共 3 层,总高 324 米,从塔座到塔顶有 1 711 级阶梯。埃菲尔铁塔得名于它新颖独特的设计,是世界建筑史上的技术杰作。埃菲尔铁塔曾经是最失败的建筑,现在却成了法国乃至全世界最"吸睛"的建筑地标。它是巴黎的标志之一,被法国人爱称为"铁娘子",是法国的骄傲。

卢浮宫(见图 3-26)位于巴黎市中心的塞纳河北岸,是法国最大的王宫建筑之一,位居世界四大博物馆之首。卢浮宫原是法国的王宫,居住过 50 位国王和王后,是法国古典主义时期最珍贵的建筑物之一,以收藏丰富的古典绘画和雕刻而闻名于世,卢浮宫金字塔由华人建筑大师贝聿铭设计。现卢浮宫已成为世界著名的艺术殿堂、最大的艺术宝库之一,是举世瞩目的万宝之宫。卢浮宫藏有被誉为世界三宝的断臂维纳斯雕像、《蒙娜丽莎》油画和胜利女神石雕,拥有的艺术收藏达 40 万件以上,包括雕塑、绘画、美术工艺、古代东方、古埃及和古希腊、古罗马等门类。卢浮宫拥有从古埃及、希腊、埃特鲁里亚、罗马的艺术品,到东方各国的艺术品,有从中世纪到现代的雕塑作品,还有数量惊人的王室珍玩以及绘画精品等。

图 3-25　埃菲尔铁塔

图 3-26　卢浮宫

巴黎圣母院(见图 3-27)又名巴黎圣母院大教堂、巴黎圣母主教座堂,位于法国首都巴黎市中心城区,地处塞纳河中央西堤岛上,与巴黎市政厅和卢浮宫隔河相望,为哥特式基督教教堂建筑。始建于罗马教皇亚历山大三世四年(1163 年),是法国首都最悠久和最具象征意义的纪念碑之一、欧洲最著名的哥特式大教堂之一、法国最具代表性的文物古迹和世界遗产之一,法国及欧洲文学文化地标建筑。1862 年,巴黎圣母院被法国历史古迹委员会列入法国遗产纪念碑清单。1991 年,联合国教科文组织将巴黎圣母院列入《世界遗产名录》。巴黎圣母院是欧洲早期哥特式建筑的杰出代表、世界上第一座完全意义上的哥特式教堂,建筑本体的雕刻艺术和绘画艺术及堂内珍藏的大量艺术珍品具有极高的历史文化价值,是巴黎人、法国人的重要精神寄托。但是,2019 年 4 月,因电路系统故障,巴黎

图 3-27　巴黎圣母院

圣母院发生火灾,整座建筑损毁严重。同年 11 月,中法双方在北京签署合作文件,就修复开展合作,中国专家参与巴黎圣母院的修复工作。

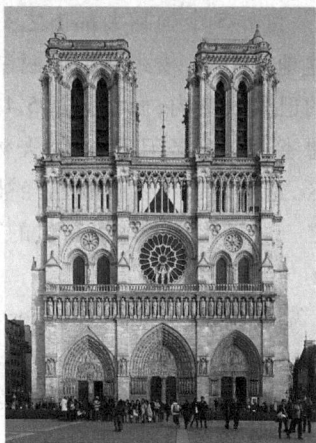

凡尔赛宫(见图 3-28)位于巴黎西南郊外伊夫林省的省会凡尔赛镇,曾被作为法兰西宫廷长达 107 年之久,是巴黎著名的宫殿之一,与中国北京故宫、英国白金汉宫、美国白宫、俄罗斯克里

姆林宫同列为世界五大宫殿。如今的凡尔赛宫已经是举世闻名的游览胜地,各国游人络绎不绝,参观人数每年达 200 多万,仅次于巴黎市中心的埃菲尔铁塔。由南北宫和正宫底层改成的博物馆,收藏着大量珍贵的肖像画、雕塑、巨幅历史画以及其他艺术珍品。1979 年,凡尔赛宫被列入《世界遗产名录》。

巴黎凯旋门(见图 3-29)即雄狮凯旋门,也称为"星门",位于法国巴黎的戴高乐广场中央、香榭丽舍大街的西端,是帝国风格的代表建筑。巴黎凯旋门是欧洲 100 多座凯旋门中最大的一座,也是巴黎市四大代表建筑(即埃菲尔铁塔、凯旋门、卢浮宫和卢浮宫博物馆、巴黎圣母院)之一。

图 3-28　凡尔赛宫　　　　　　　　　　图 3-29　巴黎凯旋门

5. 主要空港城市及机场

巴黎(Paris,三字代码为 PAR)是法国的首都和最大城市,是法国的政治、经济、文化和商业中心,世界 5 个国际大都市之一(其余 4 个分别为纽约、伦敦、东京、香港)。巴黎位于法国北部巴黎盆地的中央,横跨塞纳河两岸。广义的巴黎有小巴黎和大巴黎之分。小巴黎指大环城公路以内的巴黎城市内,面积为 105.4 平方千米,人口 224 万;大巴黎包括城区周围的上塞纳省、瓦勒德马恩省、塞纳-圣但尼省、伊夫林省、瓦勒德瓦兹省、塞纳-马恩省和埃松省 7 个省,共同组成巴黎大区,这片地区在古代就已经被称为"法兰西岛",都会区人口约为 1 100 万,占据全国人口的六分之一。巴黎是全球最繁忙的交通枢纽之一,巴黎共有 3 座国际机场,分别为戴高乐机场、奥利机场与勒布尔热机场。

戴高乐机场(Paris Charles de Gaulle Airport,IATA 代码为 CDG,ICAO 代码为 LFPG)又名鲁瓦西机场,位于巴黎东北 23 千米处,是法国第一大国际枢纽机场、欧洲第二大中转机场、欧洲最主要的航空枢纽之一,仅次于英国伦敦的希斯罗机场。戴高乐机场拥有 3 座客运主航站楼、6 座航空货站、4 条路道,其中,T1 航站楼具有 7 个卫星厅,T2 航站楼由 7 座子航站楼组成,并设有 1 座指廊和 2 个卫星厅;站坪共设 317 个机位,其中 140 个为廊桥机位,177 个为远机位。此外,巴黎还有奥利和布尔热等机场,其中奥利机场主要用于法国国内和北非航线,布尔热机场主要用于国际航空运输。

6. 主要航空企业(AF)

法国航空公司(Air France,IATA 代码为 AF,ICAO 代码为 AFR,其标志见图 3-30)是法国航空-荷兰皇家航空公司集团旗下公司,简称法航,是法国国营的航空公司。法国航空公司总部设于巴黎戴高乐国际机场,是天合联盟的创始成员之一。法航荷航集团拥有 168 架长程飞机,拥有世界上最大的国际长程航运网络,飞航业务主要围绕着两个国际枢纽机场:巴黎戴高乐机场和阿姆斯特丹史基浦机场。法航拥有 380 架飞机,其中 133 架由其子公司使用营运区域航线。

AIRFRANCE

图 3-30　法国航空公司的标志

(三)德国

1. 国家概况

德国的概况如表 3-6 所示。

表 3-6　德 国 概 况

中文全称	德意志联邦共和国		
英文全称	The Federal Republic of Germany		
IATA	IATA 二区,欧洲次区		
国家二字代码	DE	首都	柏林
货币	欧元	货币代码	EUR
官方语言	德语	国花	矢车菊
主要城市	柏林、汉堡、慕尼黑、科隆、法兰克福		
主要航空公司	汉莎航空公司		
主要旅游景点	勃兰登堡门、科隆大教堂、罗马广场等		

2. 自然地理

德国位于中欧,是联邦议会共和制国家,北邻丹麦,西部与荷兰、比利时、卢森堡和法国接壤,南邻瑞士和奥地利,东部与捷克和波兰接壤。德国由 16 个联邦州组成,首都在柏林,领土面积 357 582 平方千米,以温带气候为主,人口约 8 293 万,是欧盟中人口最多的国家,以德意志人为主体民族。

德国的地形变化多端,有连绵起伏的山峦、高原台地、丘陵,也有秀丽动人的湖畔,及辽阔宽广的平原。整个德国的地形可以分为 5 个具有不同特征的区域:北部低地、中等山脉隆起地带、西南部中等山脉梯形地带、南部阿尔卑斯前沿地带和巴伐利亚阿尔卑斯山区。

德国的主要河流有莱茵河(流经境内 865 千米)、易北河、威悉河、奥得河、多瑙河,较大湖泊有博登湖、基姆湖、阿莫尔湖、里次湖。

德国处于大西洋东部大陆性气候之间的凉爽的西风带,温度大起大落的情况很少见。降雨分布在一年四季。西北部的海洋性气候较明显,往东、南部逐渐向大陆性气候过渡,所以北部相对于南部较暖和。

3. 经济地理

德国是欧洲最大的经济体,经济总量位居欧洲首位、世界第四(2021 年)。

　　德国是高度发达的工业国,全球八大工业国之一。主要工业部门有电子、航天、汽车、精密机械、装备制造、军工等。德国产品以品质精良著称,技术领先,做工细腻,但成本较高。德国的工业品在世界享有盛誉,而德国也是西欧最大的汽车生产国。鲁尔区是德国的传统煤钢工业区。慕尼黑(宝马汽车总部所在地)、汉堡(空中客车公司的 3 个客机总装中心之一)、斯图加特(奔驰和保时捷总部所在地)、沃尔夫斯堡(大众汽车总部所在地)、柏林、莱比锡、德累斯顿则是德国东部的工业重镇。德国的新兴工业集中在慕尼黑一带。

　　德国是世界贸易大国,同 200 多个国家和地区保持贸易关系。德国出口业素以质量高、服务周到、交货准时而享誉世界。德国主要出口的产品有汽车、机械产品、化学品、通信技术、供配电设备、医学及化学设备。主要进口的产品有化学品、汽车、石油天然气、机械、通信技术和钢铁产品。德国的主要贸易对象是西方工业国,其中进出口一半以上来自或销往欧盟国家。

　　4. 旅游景点

　　科隆大教堂(见图 3-31)位于德国科隆,是一座天主教主教座堂,是科隆的标志性建筑物。在所有教堂中,它的高度居德国第二(仅次于乌尔姆的乌尔姆敏斯特大教堂)、世界第三,论规模,它是欧洲北部最大的教堂,集宏伟与细腻于一身,它被誉为哥特式教堂建筑中最完美的典范,与巴黎圣母院大教堂和罗马圣彼得大教堂并称为欧洲三大宗教建筑。1996 年被列入《世界遗产名录》。

图 3-31　科隆大教堂

　　勃兰登堡门(见图 3-32)位于德国首都柏林市中心菩提树大街和六月十七日大街的交汇处,是柏林的标志建筑,最初是柏林城墙的一道城门,因通往勃兰登堡而得名。现在保存的勃兰登堡门是一座古典复兴建筑,由普鲁士国王腓特烈·威廉二世下令于 1788~1791 年建造,以纪念普鲁士在七年战争中取得的胜利。

　　新天鹅城堡(见图 3-33)又名新天鹅堡、新天鹅石城堡,位于德国巴伐利亚州西南方,是德国的象征,由于是迪士尼城堡的原型,也有人称它为灰姑娘城堡。这座城堡是巴伐利亚国王路德维希二世的行宫之一,是德国境内最受关注的建筑物,也是最受欢迎的旅游景点之一。

图 3-32　勃兰登堡门

图 3-33　新天鹅城堡

　　新天鹅堡的外形很独特,激发了许多现代童话城堡的灵感,美国加利福尼亚州、中国香港、日本东京和美国佛罗里达州的迪士尼中的城堡灵感都是来自德国的城堡,更有许多电影、动画片和游戏中的城堡原型来自新天鹅城堡。

5. 主要空港城市及机场

(1) 法兰克福。

法兰克福(Frankfurt,三字代码为 FRA)是德国第五大城市及黑森州的最大城市,是德国乃至欧洲的重要工商业、金融和交通中心,处在莱茵河中部支流美因河的下游。法兰克福拥有德国最大的航空枢纽、铁路枢纽。

法兰克福国际机场(Frankfurt Airport,IATA 代码为 FRA,ICAO 代码为 EDDF)已成为全球最重要的国际机场和航空运输枢纽之一,也是仅次于伦敦希思罗机场和巴黎戴高乐机场的欧洲第三大机场,它拥有 2 条跑道和 2 座航站楼,通航城市有 297 个。

(2) 慕尼黑。

慕尼黑(Munich,三字代码为 MUC)也称明兴,位于德国南部阿尔卑斯山北麓的伊萨尔河畔,是德国巴伐利亚州的首府、德国南部第一大城、全德国第三大城市(仅次于柏林和汉堡)。慕尼黑既是德国主要的经济、文化、科技和交通中心之一,同时又保留着原巴伐利亚王国都城的古朴风情,因此被人们称为"百万人的村庄"。慕尼黑是德国第二大金融中心(仅次于法兰克福),也是生物工程学、软件及服务业的中心。

慕尼黑国际机场(Flughafen München,IATA 代码为 MUC,ICAO 代码为 EDDM)位于慕尼黑市区东北方 29 千米处,是德国第二大机场、欧洲最大的航空枢纽之一。它拥有 2 条跑道、2 座候机楼,提供最多前往中部或东部欧盟国家的航班。慕尼黑机场约有 100 家航空公司将全球 69 个国家约 242 个城市与慕尼黑连接起来,每周航班多达 2 000 多班,使得该机场当之无愧地成为通向欧洲各地的理想大门。慕尼黑机场不仅提供客机运输,空运货物也占其运输量的很大部分。

6. 主要航空企业

(1) 汉莎航空公司。

汉莎航空公司(Deutsche Lufthansa,IATA 代码为 LH,ICAO 代码为 DLH,其标志见图 3-34)是德国的国家航空公司、德国最大的航空公司。按照载客量和机队规模计算,汉莎航空公司为欧洲最大的航空公司;按照乘客载运量计算,汉莎航空公司为世界第四大航空公司,目前已发展成为全球航空业的领导者和成功的航空集团(德国汉莎航空公司集团)。总部设于北威州的科隆,枢纽机场及客运和货运服务经营中心位于法兰克福,服务于全球 450 余个目的地,其中包括亚太地区 20 多个门户城市,航线遍及全球六大洲。汉莎航空公司是中国市场上最大的欧洲航空公司,拥有中欧航线上最频繁的直飞航班,多个直飞航班覆盖中国多个城市,如北京、上海、香港、南京、青岛、沈阳等。

(2) 柏林航空公司。

柏林航空公司(Air Berlin,IATA 代码为 AB,ICAO 代码为 BER,其标志见图 3-35)拥有飞机 125 架,是德国第二大航空公司。其总部设于柏林,基地是德国勃兰登堡国际机场,枢纽机场则包括杜塞尔多夫国际机场、纽伦堡机场及帕尔马的颂圣若安机场。柏林航空公司广泛经营从德国飞往地中海、加那利群岛和北非等假日航班,以及提供欧洲一些主要城市的半廉价航空服务。

图 3-34　汉莎航空公司的标志

图 3-35　柏林航空公司的标志

（四）俄罗斯

1. 国家概况

俄罗斯的国家概况如表 3-7 所示。

表 3-7　俄罗斯概况

中文全称	俄罗斯联邦		
英文全称	The Russian Federation		
IATA	IATA 二区，欧洲次区		
国家二字代码	RU	首都	莫斯科
货币	卢布	货币代码	RUB
官方语言	俄语	国花	向日葵
主要城市	莫斯科、圣彼得堡		
主要航空公司	俄罗斯航空公司		
主要旅游景点	克里姆林宫、红场、国家博物馆、冬宫等		

2. 自然地理

俄罗斯是由 22 个自治共和国、46 个州、9 个边疆区、4 个自治区、1 个自治州、3 个联邦直辖市组成的联邦半总统制共和国。俄罗斯位于亚欧大陆北部，地跨亚、欧两大洲，北邻北冰洋，东濒太平洋，西接大西洋，西北临波罗的海、芬兰湾，邻国有西北面的挪威、芬兰，西面的爱沙尼亚、拉脱维亚、立陶宛、波兰、白俄罗斯，西南面的乌克兰，南面的格鲁吉亚、阿塞拜疆、哈萨克斯坦，东南面的中国、蒙古和朝鲜，东面与日本和美国隔海相望。国土面积为 1 709.82 万平方千米，是世界上面积最大的国家，也是一个由 194 个民族构成的统一多民族国家，主体民族为俄罗斯人。

俄罗斯地形以平原和高原为主。地势南高北低，西低东高。西部大部分属于东欧平原，向东为乌拉尔山脉、西西伯利亚平原、中西伯利亚高原、北西伯利亚低地和东西伯利亚山地、太平洋沿岸山地等。西南耸立着大高加索山脉，最高峰厄尔布鲁士山海拔 5 642 米。

俄罗斯大部分地区处于北温带，气候多样，以温带大陆性气候为主，但北极圈以北属于寒带气候。从西到东大陆性气候逐渐加强；北冰洋沿岸属苔原气候（寒带气候）或称极地气候，太平洋沿岸属温带季风气候。从北到南依次为极地荒漠、苔原、森林苔原、森林、森林草原、草原带和半荒漠带。

3. 经济地理

俄罗斯工业、科技基础雄厚,工业结构不合理,重工业发达,轻工业发展缓慢,民用工业落后。工业以机械、钢铁、冶金、石油、天然气、煤炭、森林工业及化工等为主,核工业和航空航天业占世界重要地位。俄罗斯的矿产和能源资源储备丰富,是最大的石油和天然气输出国,还有世界最大的森林储备和约占世界四分之一淡水资源的淡水湖泊。俄罗斯是五大联合国安理会常任理事国之一。此外,俄罗斯还是上海合作组织成员国、金砖国家之一。

4. 旅游景点

克里姆林宫(见图3-36)是俄罗斯联邦的象征、总统府所在地,曾是俄罗斯沙皇的居所之一。位于俄罗斯首都最中心的博罗维茨基山岗上,南临莫斯科河,西北接亚历山大罗夫斯基花园,东北与红场相连,呈三角形,围墙长2 235米,厚6米,高14米,围墙上有塔楼18座,参差错落地分布在三角形宫墙上,其中最壮观、最著名的要数带有鸣钟的救世主塔楼。5座最大的城门塔楼和箭楼装上了红宝石五角星,这就是人们所说的克里姆林宫红星。克里姆林宫是世界上最大的建筑群之一,是历史瑰宝、文化和艺术古迹的宝库,享有"世界第八奇景"的美誉。

红场(见图3-37)位于俄罗斯首都莫斯科市中心,临莫斯科河,是莫斯科最古老的广场,重大历史事件的见证场所,俄罗斯重要节日举行群众集会、大型庆典和阅兵活动之处,世界著名旅游景点。红场的国际知名度与天安门广场齐名,面积(9.1万平方米)大约只有天安门广场的1/5。红场南北长695米,东西宽130米,呈不规则的长方形,地面全部由古老的赭红色条石铺成。

图3-36 克里姆林宫

图3-37 红场

红场西侧是列宁墓和克里姆林宫的红墙及三座高塔,在列宁墓与克里姆林宫红墙之间有12块墓碑;南侧是莫斯科最经典象征的瓦西里大教堂;北侧是国家历史博物馆,建于1873年,也是莫斯科的标志性建筑;东侧是世界知名十家百货商店之一的古姆商场。红场是莫斯科历史的见证,也是莫斯科人的骄傲。

冬宫(见图3-38)是俄罗斯国家博物馆艾尔米塔什博物馆的"六宫殿建筑群"中的一个宫殿,坐落在圣彼得堡宫殿广场上,原为俄罗斯帝国沙皇的皇宫,"十月革命"后辟为圣彼得堡国立艾尔米塔

图3-38 冬宫

什博物馆的一部分。它是 18 世纪中叶俄罗斯新古典主义建筑的杰出典范,艾尔米塔什博物馆与伦敦的大英博物馆、巴黎的卢浮宫、纽约的大都会艺术博物馆一起,称为世界四大博物馆。该馆最早是俄罗斯女皇叶卡捷琳娜二世的私人博物馆。

5. 主要空港城市及机场

俄罗斯首都莫斯科(Moscow,三字代码为 MOW)地处俄罗斯欧洲部分中部、东欧平原中部,跨莫斯科河及其支流亚乌扎河两岸,是一座国际化大都市,是俄罗斯的政治、经济、文化、金融、交通中心,是俄罗斯乃至欧亚大陆上极其重要的交通枢纽,也是俄罗斯重要的工业制造业中心、科技中心、教育中心。莫斯科拥有 3 座机场,分别是谢列梅捷沃亚历山大·普希金国际机场、多莫杰多沃国际机场和伏努科沃国际机场。

谢列梅捷沃亚历山大·普希金国际机场(Sheremetyevo Airport,IATA 代码为 SVO,ICAO 代码为 UUEE)的前身为谢列梅捷沃国际机场,2019 年 6 月 5 日正式更为现名,位于莫斯科直辖市北部飞地,东南距莫斯科市中心 27 千米,为 4F 级国际机场、门户型国际航空枢纽。该机场共有 6 座航站楼、3 条跑道,约有 20 余家航空公司在此开通飞往四大洲的客货运航线,是俄罗斯的第一大机场。

6. 主要航空企业

(1) 俄罗斯航空公司。

俄罗斯航空公司(Aeroflot-Russian Airlines,IATA 代码为 SU,ICAO 代码为 AFL,其标志见图 3-39)的前身为苏联国家航空公司,创始于 1923 年。其总部位于莫斯科,基地设于莫斯科的谢列梅捷沃亚历山大·普希金国际机场,是俄罗斯的国家航空公司,也是俄罗斯最大的航空公司,亦是天合联盟的成员之一。俄罗斯航空公司现有飞机 241 架,飞往国际、国内 120 多个目的地。

(2) 西伯利亚航空公司。

西伯利亚航空公司,又称"S7 航空公司"(Siberia Airlines,IATA 代码为 S7,ICAO 代码为 SBI,其标志见图 3-40),总部设在莫斯科和新西伯利亚,是俄罗斯发展最快的航空公司,拥有俄罗斯最大的国内线网络。西伯利亚航空公司亦有往奥地利、保加利亚、中国、埃及、德国、爱尔兰、以色列、韩国、西班牙、泰国、土耳其及阿联酋的国际航班,拥有飞机 102 架。2009 年 5 月 26 日,西伯利亚航空公司宣布于 2010 年加盟寰宇一家航空联盟。

图 3-39　俄罗斯航空公司的标志　　　　　　图 3-40　西伯利亚航空公司的标志

二、非洲次区

非洲次区含非洲大多数国家及地区,但北非五国,即摩洛哥、阿尔及利亚、突尼斯、埃及和苏丹不包括在内,其中,摩洛哥、阿尔及利亚、突尼斯三国属于欧洲分区,埃及和苏丹属于中东分区。非洲次区具体包括如下国家。

中非:包括马拉维、赞比亚、津巴布韦。

东非:包括布隆迪、吉布提、厄立特里亚、埃塞俄比亚、肯尼亚、卢旺达、索马里、坦桑尼亚、乌干达。

南部非洲:包括博茨瓦纳、莱索托、莫桑比克、纳米比亚、南非、斯威士兰。

西非:包括安哥拉、贝宁、布基纳法索、喀麦隆、佛得角、中非共和国、科特迪瓦、乍得、刚果(布)、刚果(金)、圣多美和普林西比、赤道几内亚、加蓬、冈比亚、加纳、几内亚、几内亚比绍、利比里亚、马里、毛里塔尼亚、尼日尔、尼日利亚、塞内加尔、塞拉利昂、多哥。

印度洋岛屿:包括马达加斯加、科摩罗、毛里求斯、马约特岛(法)、留尼旺岛(法)、塞舌尔。

另外还有利比亚,利比亚属于非洲次区,但不属于上述任何小区。

非洲地域辽阔、物产丰富、人口较多,其面积和人口仅次于亚洲,居第二位,但是在航空运输方面,仍属于比较落后的地区之一。非洲民航业的发展受经济水平的制约而增长缓慢,且波动明显。除南非、摩洛哥、埃及等少数国家外,大多数国家的民航业务尚处于萌芽状态。因此,本部分只介绍非洲次区的南非。

(一)南非概况(见表 3-8)

表 3-8 南非概况

中文全称	南非共和国		
英文全称	The Republic of South Africa		
IATA	IATA 二区,非洲次区		
国家二字代码	ZA	首都	比勒陀利亚、开普敦、布隆方丹
货币	兰特	货币代码	ZAR
官方语言	英语、祖鲁语、南非荷兰语	国花	帝王花
主要城市	约翰内斯堡、开普敦、伊丽莎白港、德班		
主要航空公司	南非航空公司		
主要旅游景点	好望角、海豹岛、桌山等		

(二)自然地理

南非地处南半球,有"彩虹之国"之美誉,位于非洲大陆的最南端,陆地面积约 121.9 万平方千米,海岸线长 2 500 千米,三面环海,其东、南、西三面被印度洋和大西洋环抱,陆地上与纳米比亚、博茨瓦纳、莱索托、津巴布韦、莫桑比克和斯威士兰接壤。东面隔印度洋和澳大利亚相望,西面隔大西洋和巴西、阿根廷相望。由于南非地处两大洋间的航运要冲,所以地理位置十分重要,西南端的好望角航线,历来是世界上最繁忙的海上通道之一,有"西方海上生命线"之称。

南非全境大部分为海拔 600 米以上的高原,西北部为沙漠,是卡拉哈里盆地的一部分;北部、中部和西南部为高原;沿海地区是狭窄的平原。奥兰治河和林波波河为两大主要河流,德拉肯斯山脉绵亘东南,卡斯金峰高达 3 660 米,为全国最高峰。

南非全境大部分处副热带高压带,属热带草原气候。每年 10 月至次年 2 月是夏季,6 月至 8 月为冬季。

(三)经济地理

南非是非洲的第二大经济体,人均生活水平在非洲名列前茅,国民拥有较高的生活水平,经济相比其他非洲国家相对稳定。金融、法律体系比较完善,通信、交通、能源等基础设施良好,矿业、制造业、农业和服务业均较发达，是南非经济的四大支柱。

南非矿产资源丰富，是南非经济的主要来源，成为世界五大矿产资源国之一。现已探明储量并开采的矿产有70余种，铂族金属、氟石、铬的储量居世界第一位，黄金、钒、锰、锆居第二位，钛居第四位，磷酸盐矿、铀、铅、锑居第五位，煤、锌居第八位，铜居第九位。丰富的矿产资源使得南非的深井采矿技术位居世界前列。

虽然南非自然资源十分丰富，但国民经济各部门、地区的发展不平衡。

（四）旅游景点

好望角（见图3-41）的意思是"美好希望的海角"，是非洲西南端非常著名的岬角，位于大西洋和印度洋的汇合处，北距开普敦市52千米。因多暴风雨，海浪汹涌，故最初称为"风暴角"。好望角是西方探险家欲为通往富庶东方的航道，故改称好望角。好望角常被误认为是非洲大陆的最南端，然距离其东南偏东方向约150千米、隔佛尔斯湾而望的厄加勒斯角才是实至名归的非洲最南端。

好望角作为非洲的一个标志，是每一个非洲旅游爱好者必到的地方。俗话说，到南非不到开普敦，等于没来过南非；到开普敦不到好望角，等于没到开普敦。

克鲁格国家公园（见图3-42）是南非最大的野生动物园，位于德兰士瓦省东北部，勒邦博山脉以西，毗邻津巴布韦、莫桑比克二国边境。公园长约320千米，宽64千米，占地约2万平方千米。园中一望无际的旷野上，分布着众多的大象、狮子、犀牛、羚羊、长颈鹿、野水牛、斑马、鳄鱼、河马、猎豹、牛羚、黑斑羚、鸟类等异兽珍禽。植物方面有非洲独特的、高大的猴面包树。每年6~9月是入园观览旅行的最好季节。公园总部设在斯库库扎。

图3-41 好望角

图3-42 克鲁格国家公园

桌山（见图3-43）意为"海角之城"，是南非的平顶山，耸立于高而多岩石的开普半岛北端，可以俯瞰开普敦市和桌湾。平顶山山顶长逾3千米，西望大西洋，南望好望角，往北则是绵延起伏、漫无尽头的非洲大陆。桌山对面的海湾为天然良港，并因桌山得名为桌湾。

桌山其实是一组群山的总称，主峰海拔1 067米，山顶却平展恰似一个巨大的桌面，由于地处两洋交汇的特殊地理位置，加上地中海的奇特气候环境，山顶终年云雾缭绕，充满神奇莫测的气氛，有时云雾也会偶然散去，但这样的日子一年中屈指可数，而且每次也就持续数小时。

图3-43 桌山

（五）主要空港城市及机场

南非首都约翰内斯堡（Johannesburg，三字代码为 JNB）位于东北部瓦尔河上游高地上，是著名的"黄金之城"，以及南非经济、文化、旅游中心。约翰内斯堡面积约 269 平方千米，海拔 1 754 米，处于世界最大的金矿区。它始建于 1886 年，原是一个探矿站，随金矿的发现和开采发展为城市。约翰内斯堡矿物丰富，金、铂、锑、金刚石、石棉的产量和铀、锰、铬、萤石的储量均居世界前列，还有煤、铁、铜、铝、锌等矿产。采矿业是国民收入的主要支柱，主要工业部门有食品、制革、纺织、机械制造、冶金等。

约翰内斯堡国际机场，全称奥利弗·雷金纳德·坦博国际机场（OR Tambo International Airport，IATA 代码为 JNB，ICAO 代码为 FAOR）是世界著名的民用机场、世界主要航空枢纽，位于南非最大城市约翰内斯堡市。该机场是南非航空公司的基地，亦是全非洲最大、最繁忙的机场，也是全世界最繁忙的机场之一。

（六）主要航空企业

南非航空公司（South African Airways，IATA 代码为 SA，ICAO 代码为 SAA，其标志见图 3-44）是南非最大的国际航空公司，也是少数有盈利的非洲航空公司之一。它以开普敦和约翰内斯堡为枢纽，航线网络通达 20 多个国家的 30 多座城市，拥有飞机 56 架。

图 3-44　南非航空公司的标志

三、中东次区

中东次区包括巴林、埃及、伊朗、伊拉克、以色列、约旦、科威特、黎巴嫩、阿曼、卡塔尔、沙特阿拉伯、苏丹、叙利亚、阿联酋、也门等。

中东是连接欧亚大陆的必经之地，有优越的地理位置和丰富的石油资源。中东地区航空运输业最发达的国家是阿联酋，因此，本部分主要介绍这一国家。

（一）阿联酋概况

阿联酋概况如表 3-9 所示。

表 3-9　阿联酋概况

中文全称	阿拉伯联合酋长国		
英文全称	The United Arab Emirates		
IATA	IATA 二区，中东次区		
国家二字代码	AE	首都	阿布扎比
货币	阿联酋迪拉姆	货币代码	AED

续表

官方语言	阿拉伯语	国花	孔雀草
主要城市	阿布扎比、迪拜、沙迦、哈伊马角		
主要航空公司	阿联酋航空公司、阿提哈德航空公司		
主要旅游景点	帆船酒店、棕榈岛、迪拜塔等		

（二）自然地理

阿联酋位于阿拉伯半岛东部，北濒波斯湾，西北与卡塔尔为邻，西和南与沙特阿拉伯交界，东和东北与阿曼毗连。海岸线长 734 千米，总面积 83 600 平方千米，首都为阿布扎比，是一个以产油著称的西亚沙漠国家，有"沙漠中的花朵"的美称。

阿联酋本地居民为阿拉伯人，居民大多信奉伊斯兰教。总人口约 950 万（2019 年），其中外籍人口占 88.5%，主要来自印度、巴基斯坦、埃及、叙利亚、巴勒斯坦等国。

阿联酋属热带沙漠气候，夏季（5 月至 10 月）炎热潮湿，气温为 40~50 ℃，冬季（11 月至翌年 4 月）气温为 7~20 ℃，偶有沙暴。年平均降水量约 100 毫米，多集中于 1 月至 2 月。

（三）经济地理

阿联酋石油和天然气资源非常丰富，已探明石油储量约 150 亿吨，天然气储量约 7.7 万亿立方米，均居世界第六位，所以阿联酋以石油生产和石油化工工业为主。政府在发展石化工业的同时，把发展多样化经济、扩大贸易和增加非石油收入在国内生产总值中的比重作为首要任务，努力发展水泥、炼铝、塑料制品、建筑材料、服装、食品加工等工业，重视发展农、牧、渔业；充分利用各种财源，重点发展文教、卫生事业。近年来，大力发展以信息技术为核心的知识经济，同时注重可再生能源的研发。

阿联酋的农业不发达，可耕地面积 32 万公顷，已耕地面积 27 万公顷。主要农产品有椰枣、玉米、蔬菜、柠檬等。目前，阿联酋的粮食依赖进口，渔产品和椰枣可满足国内需求，畜牧业规模很小，主要肉类产品依赖进口。近年来，政府采取鼓励务农的政策，向农民免费提供种子、化肥和无息贷款，并对农产品全部实行包购包销，以确保农民的收入，使农业得到一定的发展。

1995 年，阿联酋加入世界贸易组织。外贸在经济中占有重要位置，主要出口石油、天然气、石油化工产品、铝锭和少量土特产品。

（四）旅游景点

阿拉伯塔酒店（见图 3-45）因外形酷似船帆，又称迪拜帆船酒店，是迪拜的地标性建筑、世界上唯一一家七星级酒店。阿拉伯塔酒店位于阿联酋迪拜海湾 280 米处的人工岛上，由一条弯曲的道路连接陆地，以金碧辉煌、奢华无比著称。酒店共有 56 层、321 米高，酒店的顶部设有一个由建筑的边缘伸出的悬臂梁结构的停机坪。其内 202 个房间皆为两层的套房，最小面积为 170 平方米，最大的皇家套房面积达 780 平方米，且全部是落地玻璃窗，随时可以俯瞰一望无际的阿拉伯海。

原本在专业的酒店评级中并没有七星级酒店，在开业初期一名英国记者对帆船酒店做出了最高评价："我已经找不到什么语言来形容它了，只能用七星级来给它定级，以示它的与众不同。"从此之后"七星酒店"的美名便流传了下来。

棕榈岛(见图3-46)是由朱美拉棕榈岛、阿里山棕榈岛、代拉棕榈岛和世界岛4个岛屿组成的,是世界上最大的人工岛,耗资140亿美元打造而成,被誉为"世界第八大奇迹",也是世界最具标志性的住宅及旅游项目。整座岛屿就是一个巨大的避暑胜地和游玩天堂,上面拥有2 400套海边住房,可以入住5 000人。另外,还有运动场、健身房和电影院等设施。每个岛上都有大量的别墅、公寓发售。

图3-45　阿拉伯塔酒店

图3-46　棕榈岛

(五)主要空港城市及机场

阿联酋境内共有机场39个,其中包括阿布扎比、迪拜等7个国际机场。阿联酋已同包括中国在内的156个国家签订了双边航空协定,世界各国的110个航空公司有定期航班飞往阿联酋各机场。

1.迪拜

迪拜(Dubai,三字代码为DXB)是阿联酋人口最多的城市,也是该国7个酋长国之一迪拜酋长国的首府。迪拜位于中东地区的中央,是面向波斯湾的一片平坦的沙漠之地,面积约为4 114平方千米,占阿联酋全国总面积的5.8%,在阿联酋排名第二。迪拜是中东地区的经济、金融中心,也是中东地区旅客和货物的主要运输枢纽。石油收入促进了迪拜的早期发展,但由于储量有限,生产水平较低,2010年以后,石油产业只占到迪拜国民生产总值的5%以下。继石油之后,迪拜的经济主要依靠旅游业、航空业、房地产业和金融服务业。

迪拜国际机场(Dubai International Airport,IATA代码为DXB,ICAO代码为OMDB)是迪拜的主要机场,拥有3座航站楼、4个卫星厅、2条跑道,可起降目前世界上的所有机型。该机场是阿联酋航空公司、迪拜航空公司的枢纽机场,是印度航空公司、印度快运航空公司中东地区的枢纽机场。许多来往于亚洲、欧洲及非洲间的飞机中停于此。最新统计,迪拜国际机场共有78家航空公司在此开通飞往103个国家/地区238座城市的245条航线。

2.阿布扎比

阿布扎比(Abu Dhabi,三字代码为AUH)是阿联酋的首都,也是阿联酋阿布扎比酋长国的首府,位于波斯湾的一个T字形岛屿上,北临波斯湾,南接广袤无垠的大沙漠。阿布扎比的旅游业十分发达,大约70%的游客来自欧洲国家,在一些比较重大的会议和贸易博览会期间,饭店的客房使用率可以达到百分之百。

阿布扎比国际机场(Abu Dhabi International Airport,IATA 代码为 AUH,ICAO 代码为 OMAA)是阿联酋第二大机场,也是全球客流量、新航班增开数量和基础设施投资发展最快的机场之一。它是阿提哈德航空公司的枢纽机场,与迪拜国际机场并列为中东地区两大航空枢纽机场,许多往来于亚洲、欧洲及非洲之间的航班经停在此。

(六)主要航空企业

阿联酋航空公司(Emirates Airlines,IATA 代码为 EK,ICAO 代码为 UAE,其标志见图 3-47)总部设于迪拜,以迪拜国际机场为基地,是全球发展最快的航空公司之一,也是世界为数不多的清一色大型飞机的航空公司,在全球航空公司的竞争排序中,阿联酋航空公司居阿拉伯国家的首位。航线网络服务范围覆盖欧洲、非洲、亚洲及大洋洲,在全球连接超过 90 个目的地。

图 3-47　阿联酋航空公司的标志

第三节　IATA 三区

亚洲和太平洋地区(简称亚太地区)是世界航空区划中面积最大、人口最多的地区。亚太地区是未来经济发展的重要地区,其航空运输具有很大的发展潜力。

亚太地区空运业的发展具有如下显著特征:亚太地区、北美洲、欧洲三足鼎立之势已基本形成;亚太地区的国际空运总量发展迅速,疫情前已超过北美洲,与欧洲相差无几;亚太地区经济与空运发展迅猛,在世界空运市场中的份额不断增大。

一、南亚次大陆次区

南亚次大陆次区包括阿富汗、孟加拉国、不丹、印度、马尔代夫、尼泊尔、巴基斯坦、斯里兰卡等南亚国家。在该次区,航空运输业比较发达的国家是印度,它也是南亚次大陆面积最大的国家,本部分只介绍印度。

(一)印度概况

印度概况如表 3-10 所示。

表 3-10　印度概况

中文全称	印度共和国		
英文全称	Republic of India		
IATA	IATA 三区,南亚次大陆次区		
国家二字代码	IN	首都	新德里
货币	卢比	货币代码	INR
官方语言	印地语、英语	国花	荷花

主要城市	新德里、班加罗尔、孟买、加尔各答
主要航空公司	印度航空公司
主要旅游景点	泰姬陵、红堡、印度博物馆、象岛等

（二）自然地理

印度位于亚洲南部，东北部同中国、尼泊尔、不丹接壤，孟加拉国夹在东北国土之间，东部与缅甸为邻，东南部与斯里兰卡隔海相望，西北部与巴基斯坦交界。印度东临孟加拉湾，西濒阿拉伯海，海岸线长 5 560 千米，面积约 298 万平方千米（不包括中印边境印占区和克什米尔印度实际控制区等），居世界第 7 位，是南亚次大陆最大国家。印度人口 13.93 亿（2021 年），居世界第 2 位，有 100 多个民族，其中印度斯坦族约占总人口的 46.3%，其他较大的民族包括马拉提族、孟加拉族、比哈尔族、泰卢固族、泰米尔族等。世界各大宗教在印度都有信徒，其中印度教教徒和穆斯林分别占总人口的 80.5% 和 13.4%。

印度北部是山岳地区，中部是印度河—恒河平原，南部是德干高原及其东西两侧的海岸平原。印度全境炎热，大部分属于热带季风气候，西部的塔尔沙漠属于热带沙漠气候。夏天时有较明显的季风，冬天则较无明显的季风。印度气候分为雨季（6~10 月）、旱季（3~5 月）和凉季（11 月~次年 2 月）。

（三）经济地理

印度独立后，经济有了较大发展。农业由严重缺粮到基本自给，工业形成较为完整的体系。20 世纪 90 年代以来，印度服务业发展迅速，占 GDP 比重逐年上升，已成为全球软件、金融等服务业的重要出口国。印度资源丰富，有矿藏近 100 种，云母产量居世界第一，煤和重晶石产量居世界第三。主要工业包括纺织、食品加工、化工、制药、钢铁、水泥、采矿、石油和机械等，汽车、电子产品制造、航空和空间等新兴工业近年来发展迅速。印度拥有世界上 1/10 的可耕地，面积约 1.6 亿公顷，人均 0.17 公顷，是世界上最大的粮食生产国之一。近年来，印度服务业实现较快发展，服务业对国民总增加值的贡献率为 55.2%，成为印度创造就业、创汇和吸引外资的主要部门。旅游业更是印度政府重点发展的产业，目前入境旅游人数逐年递增，旅游收入也在不断增加。

（四）旅游景点

泰姬陵（见图 3-48）全称为"泰姬·玛哈拉"，是一座用白色大理石建成的巨大陵墓清真寺，是印度知名度最高的古迹之一，被评选为"世界新七大奇迹"。位于今印度距新德里 200 多千米处的北方邦的阿格拉城内，亚穆纳河右侧。这座陵墓始建于 1632 年，是印度莫卧儿王朝第五代皇帝沙·贾汗为纪念亡妻而建立的，它由殿堂、钟楼、尖塔、水池等构成。泰姬陵伊斯兰风格的寝宫建筑外形端庄宏伟，寝宫门窗及围屏都用白色大理石镂雕成菱形带花边的小格，墙上用翡翠、水晶、玛瑙、红绿宝石镶嵌着色彩艳丽的藤蔓花朵。泰姬陵是印度穆斯林艺术的瑰宝，是世界遗产中的经典杰作之一，被誉为"完美建筑"，又有"印度明珠"的美誉。泰姬陵因爱情而生，这段爱情的生命也因泰姬陵的光彩被续写，光阴轮回，生生不息。1983 年，泰姬陵被列入《世界遗产名录》。

阿格拉红堡（见图 3-49）坐落在亚穆纳河畔的小山丘上，距泰姬陵约 1.5 千米，它全部采用红砂岩建造而成,故又称红堡,与首都新德里的红堡齐名。阿格拉红堡占地38万平方米,外围由高12米的红色砂石城墙围成,总体呈半圆形阿格拉红堡曾经是莫卧儿王朝的皇城所在地(从16世纪到18世纪初,阿格拉一直是印度的首都),现在是伊斯兰教建筑的代表之作,著名世界遗产和印度著名的旅游之地。

图 3-48　泰姬陵

图 3-49　阿格拉红堡

阿格拉红堡具有宫殿和城堡的双重功能,城墙高20米,因全部用红砂岩砌成,在阳光照耀之下,发出刺眼的红色。堡内有著名的"谒见之厅",是莫卧儿王朝帝王接见大臣、使节的地方。城堡临近泰姬陵,城内有贾汗基尔宫、八角瞭望塔和莫迪清真寺,因用纯白色大理石建筑而成,精致典雅,故又称珍珠清真寺。1983年,阿格拉红堡被列入《世界遗产名录》。

(五)主要空港城市及机场

1.新德里

新德里(New Delhi,三字代码为DEL)为印度首都,全国政治、文化中心,也是印度北方最大的商业中心。新德里位于印度的西北部,在喜马拉雅山脉西部的南侧。新德里人口为2 500万,是印度人口最多的城市。主要产业为IT、电信、餐饮住宿服务、金融、媒体和旅游业。新德里是印度的铁路、公路和航空的交通枢纽,建有两座机场,分别是英迪拉·甘地国际机场和和巴兰机场,巴兰机场现已成为南亚最重要的国际机场。

英迪拉·甘地国际机场(Indira Gandhi International Airport,IATA代码为DEL;ICAO代码为VIDP)位于印度新德里以南23千米处,是新德里以及印度的主要航空港,也是南亚第二繁忙的空港,拥有3条跑道。

2.孟买

孟买(Mumbai,三字代码为BOM)是印度西部的滨海城市、印度第一大港口,作为印度纺织业的发源地,孟买是印度最大的纺织品出口港之一。孟买是印度的经济中心、工业基地、最富裕的城市,也是印度的商业和娱乐业之都,拥有重要的金融机构,是印地语影视业(称为宝莱坞)的大本营。孟买既拥有印度南部最大的国际机场也拥有最繁忙的国内航班线路。

孟买贾特拉帕蒂·希瓦吉国际机场(Mumbai Chhatrapati Shivaji International Airport,IATA代码为BOM,ICAO代码为VABB)原名萨哈尔国际机场(Sahar International Airport),是孟买的一个主要的国际机场,它拥有2座航站楼、2条跑道。在客运量方面,该机场是印度第二最繁忙的机场,仅次于英迪拉·甘地国际机场;但在货运量上,该机场一直是印度最繁忙的机场。孟买贾特拉帕蒂·希瓦吉国际机场主要运营国内、地区和国际的客货运定期航线,是印度航空公司和捷特航空公司的枢纽基地之一。

（六）主要航空企业

印度航空公司（Air India；IATA 代码为 AI，ICAO 代码为 AIC，其标志见图 3-50）是印度的国家航空公司、印度规模最大的航空公司，其总部设在孟买，枢纽机场为孟买贾特拉帕蒂·希瓦吉国际机场和德里甘地夫人国际机场。2014 年，印度航空公司正式获准加入星空联盟。

图 3-50 印度航空公司的标志

二、东南亚次区

东南亚次区包括文莱、柬埔寨、中国（包括中国香港特别行政区、中国澳门特别行政区和中国台湾地区）、圣诞岛、关岛、印度尼西亚、哈萨克斯坦、吉尔吉斯斯坦、老挝、马来西亚、马绍尔群岛、密克罗尼西亚、蒙古、缅甸、北马里亚纳群岛、帕劳、菲律宾、俄罗斯（乌拉尔山以东）、新加坡、塔吉克斯坦、泰国、土库曼斯坦、乌兹别克斯坦、越南。

（一）新加坡

1. 国家概况

新加坡概况如表 3-11 所示。

表 3-11 新加坡概况

中文全称	新加坡共和国		
英文全称	Republic of Singapore		
IATA	IATA 三区，东南亚次区		
国家二字代码	SG	首都	新加坡
货币	新加坡元	货币代码	SGD
官方语言	英语、华语、马来语、泰米尔语	国花	胡姬花
主要城市	新加坡		
主要航空公司	新加坡航空公司		
主要旅游景点	圣淘沙岛、植物园、夜间动物园等		

2. 自然地理

新加坡位于马来半岛南端、马六甲海峡出入口，北隔柔佛海峡与马来西亚相邻，南隔新加坡海峡与印度尼西亚相望。国土面积 728.6 平方千米，总人口 570 万，由新加坡岛及附近 63 个小岛组成，其中新加坡岛占全国面积的 88.5%。新加坡地势低平，平均海拔 15 米，最高海拔 163 米，海岸线长 193 千米。新加坡属热带海洋性气候，常年高温潮湿多雨，年平均气温 24~32 ℃，年平均降水量 2 345 毫米，年平均湿度 84.3%。

3. 经济地理

新加坡自然资源匮乏，主要产业为制造业和建筑业。制造业产品主要包括电子、化学与化工、生物医药、精密机械、交通设备、石油产品、炼油等产品。新加坡是世界第三大炼油中心。

新加坡农业用地占国土总面积 1% 左右,产值占国民经济不到 0.1%,绝大部分粮食、蔬菜从马来西亚、中国、印度尼西亚和澳大利亚进口。

金融服务、零售与批发贸易、饭店旅游、交通与电讯、商业服务等服务业是新加坡经济增长的龙头,新加坡的旅游业是外汇主要来源之一,游客主要来自中国、东盟国家、澳大利亚、印度和日本。新加坡交通发达,设施便利,是世界重要的转口港及联系亚、欧、非、大洋洲的航空中心,主要有新加坡航空公司及其子公司胜安航空公司。新加坡樟宜机场连续多年被评为世界最佳机场。对外贸易业是新加坡的国民经济重要支柱,2020 年对外货物贸易总额约 7 232 亿美元,其中出口 3 848 亿美元,进口 3 384 亿美元。主要进口商品为电子真空管、原油、加工石油产品、办公及数据处理机零件等。主要出口商品为成品油、电子元器件、化工品和工业机械等。新加坡主要贸易伙伴为:中国、马来西亚、欧盟、印尼、美国。

4. 旅游景点

鱼尾狮公园(见图 3-51)坐落于浮尔顿一号隔邻的填海地带,是新加坡面积最小的公园,公园里的鱼尾狮是新加坡的标志。

圣淘沙岛(见图 3-52)为新加坡南部岛屿,位于新加坡本岛以南 500 米处,东西长 4 千米,南北宽 1.6 千米,面积为 3.47 平方千米,是新加坡本岛以外的第三大岛。岛上 70% 的土地被次生雨林覆盖,栖息着巨蜥、猴、孔雀和鹦鹉等动物以及各种其他的当地动植物群,岛上还有 3.2 千米长的白色沙滩。圣淘沙岛被视为新加坡旅游与娱乐业的璀璨明珠,是集主题乐园、热带度假村、自然公园和文化中心于一体的休闲好去处。

图 3-51　鱼尾狮公园

图 3-52　圣淘沙岛

5. 主要空港城市及机场

由于新加坡面积仅有 728.6 平方千米,整个国家也是一座城市,有"花园城市"的美誉。市区中心位于新加坡岛的南端,是新加坡的经济、政治和文化中心。

新加坡樟宜机场(Singapore Changi Airport,IATA 代码为 SIN,ICAO 代码为 WSSS)简称樟宜机场,位于新加坡东海岸选区机场大道,西距新加坡市中心 17.2 千米,是 4F 级国际机场、大型国际枢纽机场,也是亚洲重要的航空枢纽。机场占地 1 300 万平方米,拥有 4 座航站楼、3 条跑道,是新加坡航空公司、胜安航空公司、酷航航空公司、捷星亚洲航空公司、新加坡货运航空公司、联邦快递航空公司的枢纽机场。据最新资料,新加坡樟宜机场共有 100 余家航空公司在此开通前往约 100 个国家、地区的 400 个城市的航线。

6. 主要航空企业

新加坡航空公司(Singapore Airlines,IATA 代码为 SQ,ICAO 代码为 SIA,其标志见图 3-53)是新加坡的国家航空公司,以新加坡樟宜机场为基地,主要经营国际航线,航点遍布全球 35 个国家的 62 个城市。新加坡航空公司在东南亚、东亚和南亚拥有强大的航线网络,还经营跨太平洋航班,包括 2 条世界上最长的直飞商业航班。因为拥有最年轻的飞机群,飞机的平均机龄为 6.6 年,新加坡航空公司一直被誉为最舒适和最安全的航空公司之一。

图 3-53 新加坡航空公司标志

(二)泰国

1. 国家概况

泰国的概况如表 3-12 所示。

表 3-12 泰 国 概 况

中文全称	泰王国		
英文全称	The Kingdom of Thailand		
IATA	IATA 三区,东南亚次区		
国家二字代码	TH	首都	曼谷
货币	泰铢	货币代码	THB
官方语言	泰语	国花	金莲花
主要城市	曼谷、红统府、清迈府		
主要航空公司	泰国航空公司		
主要旅游景点	曼谷大皇宫、芭堤雅海滩、暹罗广场等		
重要节日	宋干节(公历四月十三日至十五日);水灯节(泰历十二月十五日);国庆日(公历十二月五日)		

2. 自然地理

泰国位于中南半岛中南部,东南临泰国湾(太平洋),西南濒安达曼海(印度洋),西和西北与缅甸接壤,东北与老挝交界,东南与柬埔寨为邻,疆域沿克拉地峡向南延伸至马来半岛,与马来西亚相接,其狭窄部分居印度洋与太平洋之间。泰国属热带季风气候,全年分为热、雨、凉三季,年平均气温为 27 ℃。泰国国土面积为 51.3 万平方千米,人口 6 522.8 万(2020 年)。

泰国从地形上划分为 4 个自然区域:北部山区丛林、中部平原的广阔稻田、东北部高原的半干旱农田,以及南部半岛的热带岛屿和较长的海岸线。国境大部分为低缓的山地和高原。泰国的一般大众习惯将国家的疆域比作大象的头部,将北部视为"象冠",东北部代表"象耳",暹罗湾代表"象口",而南方的狭长地带则代表了"象鼻"。

3. 经济地理

泰国实行自由经济政策,属外向型经济模式,依赖中、美、日等外部市场。

泰国是传统的农业国,是亚洲唯一的粮食净出口国、世界五大农产品出口国之一,农产品是泰国外汇收入的主要来源之一,主要作物有稻米、玉米、木薯、橡胶、甘蔗、绿豆、麻、烟草、咖啡豆、棉花、棕油、椰子等,是世界天然橡胶的最大出口国。

泰国的工业属出口导向型,工业在国内生产总值中的比重不断上升,主要门类有采矿、纺织、电子、塑料、食品加工、玩具、汽车装配、建材、石油化工、软件、轮胎、家具等。

泰国海域辽阔,拥有 2 705 千米的海岸线,泰国湾和安达曼海是得天独厚的天然海洋渔场。曼谷、宋卡、普吉等地是重要的渔业中心和渔产品集散地。泰国是世界市场主要鱼类产品供应国之一。

4. 旅游景点

泰国旅游业保持稳定发展势头,是外汇收入的重要来源之一。主要旅游点有曼谷、普吉、清迈、芭堤雅、清莱、华欣、苏梅岛等。

芭堤雅(见图 3-54)是东南亚近年来热度极高的海滩度假胜地,享有"东方夏威夷"之誉,已成为"海滩度假天堂"的代名词。它位于首都曼谷东南 154 千米。长达 40 千米的芭堤雅海滩阳光明媚,天蓝水绿,是良好的海滨游泳场。海上滑水、冲浪等水上娱乐活动新奇刺激,在海滩南端的可兰岛,还可乘坐透明长尾船欣赏海底五光十色的珊瑚奇景和热带鱼。离芭堤雅海岸约 10 千米有个美丽的小岛——珊瑚岛,月牙般的沙滩拥抱着蔚蓝透彻的海水,沙滩沙粒洁白松软,特别清洁美丽,海域水质洁净,可透视水深达数米之下的海底生物世界。沙滩上排满了沙滩椅和色彩艳丽的太阳伞,给人一种舒适宁静的感受。

曼谷大皇宫(见图 3-55)又称大皇宫,是泰国(暹罗)王室的皇宫。它紧邻湄南河,是曼谷中心内一处大规模古建筑群(计 28 座),总面积约 218 400 平方米。曼谷大皇宫始建于 1782 年,仿照故都大城的旧皇宫而建,经历代国王的不断修缮扩建,最终建成这座规模宏大的大皇宫建筑群。曼谷大皇宫是泰国诸多皇宫之一,是历代皇宫保存最完美、规模最大、最有民族特色的皇宫。

图 3-54　芭堤雅

图 3-55　曼谷大皇宫

5. 主要空港城市及机场

曼谷(Bangkok,三字代码为 BKK)是泰国首都、中南半岛最大城市、东南亚第二大城市,是融合东西方文化、包罗万象的"天使之城"。曼谷位于湄南河东岸,南临暹罗湾,为泰国政治、经济、贸易、交通、文化、科技、教育等中心,被誉为是"佛教之都"。曼谷是繁华的国际大都市,也是贵金属和宝石的交易中心。曼谷港承担着泰国 90% 的外贸量。曼谷旅游业十分发达,被评选为全球最受欢迎的旅游城市。

素万那普机场(Suvarnabhumi Airport,IATA 代码为 BKK,ICAO 代码为 VTBS)也称泰国国家机场、新曼谷国际机场,位于泰国沙没巴干(北榄)府 Bangna-Trad 公路第 15 里程碑处,西距曼谷市中心约 30 千米,为 4F 级国际机场、大型国际枢纽机场。占地面积约 32 平方千米,有 1 座航站楼、120 个机位、2 条跑道。该机场是泰国国际航空公司、曼谷航空公司的枢纽机场,也是国泰航空公司、中华航空公司、长荣航空公司的基地机场。据最新资料显示,素万那普机场共有 83 家航空公司在此运营,开通前往 110 个城市的航线。

廊曼国际机场(Don Mueang,IATA 代码为 DMK,ICAO 代码为 VTBD)又称为旧曼谷国际机场,位于曼谷,是东南亚的主要国际机场之一,也是泰国航空公司的主要机场。它拥有 2 座航站楼、2 条跑道,约 18 家航空公司在此运营。

6. 主要航空企业

泰国国际航空公司(Thai Airways International,IATA 代码为 TG,ICAO 代码为 THA,其标志见图 3-56)成立于 1951 年,是泰国的国家航空公司,星空联盟的创始成员之一。泰国国际航空公司的航线网络以曼谷为中心,包含泰国国内线、地区区域航线及洲际航线,国际航线通达全世界 30 余个国家的 70 余个城市。

图 3-56 泰国国际航空公司的标志

三、西南太平洋次区

西南太平洋次区包括澳大利亚、新西兰、美属萨摩亚、库克群岛、斐济群岛、法属波利尼西亚、基里巴斯、瑙鲁、新喀里多尼亚、萨摩亚、所罗门群岛、汤加、图瓦卢、瓦努阿图、纽埃、巴布亚新几内亚、瓦利斯和富图纳群岛。在该次区,只有澳大利亚和新西兰的航空运输业比较发达,这里只介绍澳大利亚。

(一)澳大利亚国家概况

澳大利亚概况如表 3-13 所示。

表 3-13 澳大利亚概况

中文全称	澳大利亚联邦		
英文全称	Commonwealth of Australia		
领土面积	769.2 万平方千米	人口	2 569 万(2020 年 9 月)
IATA	IATA 三区,西南太平洋次区		
国家二字代码	AU	首都	堪培拉
货币	澳大利亚元	货币代码	AUD
官方语言	英语	国花	金合欢
主要城市	悉尼、墨尔本、布里斯班、帕斯		
主要航空公司	澳洲航空公司		
主要旅游景点	大堡礁、悉尼歌剧院、昆士兰热带雨林等		

(二)自然地理

澳大利亚位于南太平洋和印度洋之间,四面环海,由澳大利亚大陆、塔斯马尼亚岛等岛屿和海外领土组成。东濒太平洋的珊瑚海和塔斯曼海,北、西、南三面临印度洋及其边缘海,海岸线长

36 735 千米,是世界上唯一国土覆盖一整个大陆的国家。澳大利亚有很多独特动植物和自然景观。澳大利亚是一个多元文化的移民国家,有华侨华人 67 万左右,占定居人口的 3.41%。

澳大利亚的地形很有特色,东部为山地,中部为平原,西部为高原,约 70% 的国土属于干旱或半干旱地带,中部大部分地区不适宜人类居住。澳大利亚地处南半球,虽然时差与中国只有 2~3 小时,但是季节却完全相反。12~2 月为夏季,3~5 月为秋季,6~8 月为冬季,9~11 月为春季。年平均气温北部为 27 ℃,南部为 14 ℃。澳大利亚跨两个气候带,北部属于热带,靠近赤道,1~2 月是台风期;南部属于温带;中西部是荒无人烟的沙漠,干旱少雨,气温高,温差大;在沿海地带,雨量充沛,气候湿润。

（三）经济地理

澳大利亚农牧业发达,自然资源丰富,盛产羊、牛、小麦和蔗糖,同时也是世界重要的矿产品生产和出口国。农牧业、采矿业为澳大利亚的传统产业,制造业和高科技产业发展迅速,服务业已成为国民经济的主导产业。

澳大利亚矿产资源丰富,至少有 70 余种,其中铅、镍、银、铀、锌、钽的探明经济储量居世界首位。澳大利亚也是世界上最大的锂、锆生产国,黄金、铁矿石、煤、锂、锰矿石的产量也居世界前列。澳大利亚还是世界最大的烟煤、铝矾土、钻石、锌精矿的出口国,第二大氧化铝、铁矿石、铀矿的出口国,第三大铝和黄金的出口国。

澳大利亚农牧业发达,农牧业在国民经济中占有重要地位,是世界上最大的羊毛和牛肉出口国。主要农作物为小麦、大麦、棉花、高粱等,主要畜牧产品为牛肉、牛奶、羊肉、羊毛、家禽等,是全球第四大农产品出口国,也是世界上放养绵羊数量和出口羊毛最多的国家,被称为"骑在羊背上的国家"。

服务业为澳大利亚经济最重要和发展最快的部门,服务业中产值最高的五大行业是金融保险业、医疗和社区服务业、专业科技服务业、公共管理和安全服务业、教育培训服务。澳大利亚是亚太地区最大、最发达的金融服务市场之一。

（四）旅游景点

旅游业是澳大利亚经济的重要部门,其旅游资源丰富,著名的旅游城市和景点有悉尼、墨尔本、布里斯班、阿德莱德、珀斯、黄金海岸、达尔文、大堡礁、艾尔斯岩（乌鲁鲁）等。

大堡礁（见图 3-57）是世界最大、最长的珊瑚礁群,它纵贯于澳大利亚的东北沿海,北从托雷斯海峡,南到南回归线以南,绵延伸展 2 011 千米,最宽处 161 千米,有 2 900 个大小珊瑚礁岛。大堡礁的南端离海岸最远有 241 千米,北端较靠近海岸,最近处离海岸仅 16 千米。这里景色迷人、险峻莫测,水流异常复杂,生存着 400 余种不同类型的珊瑚礁,其中有世界上最大的珊瑚礁。这里有鱼类 1 500 种,软体动物达 4 000 余种,聚集的鸟类 242 种,并有着得天独厚的科学研究条件。这里还是某些濒临灭绝的动物物种（如儒艮和巨型绿龟）的栖息地。在落潮时部分珊瑚礁露出水面形成珊瑚岛。在礁群与海岸之间是一条极方便的交通海路。风平浪静时,游船在此间通过,船下连绵不断的多彩、多形的珊瑚景色,就成为吸引世界各地游客来猎奇观赏的最佳海底奇观。大堡礁在 1981 年被列入《世界自然遗产名录》。

悉尼歌剧院（见图 3-58）位于澳大利亚新南威尔士州悉尼市区北部悉尼港的便利朗角,1959 年 3 月动工建造,1973 年 10 月 20 日正式投入使用,是澳大利亚的地标式建筑。悉尼歌剧院占地 1.84 公顷,长 183 米,宽 118 米,高 67 米,相当于 20 层楼的高度,外形犹如即将乘风出海的白色风帆,故有"船帆屋顶剧院"之称,它由 10 块大"海贝"组成,这些"贝壳"依次排列,前三个一个盖着一个,面向海湾依抱,最后一个则背向海湾侍立,与周围景色相互呼应,最高的那一块高达 67 米。悉尼歌剧院分为 3 个部分:歌剧厅、音乐厅和贝尼朗餐厅。歌剧厅、音乐厅及休息厅并排而立,建在巨型花岗岩石基座上,各由 4 块大壳顶组成。有一个 2 700 座的音乐厅,一个 1 550 座的歌剧院和一个 420 座的小剧场,有展览、录音、酒吧、餐厅等大小房间 900 个。2007 年,悉尼歌剧院被联合国教科文组织列入《世界遗产名录》。这座综合性的艺术中心不仅是悉尼艺术文化的殿堂,更是悉尼的灵魂和象征性标志,也是公认的 20 世纪"世界十大奇迹"之一。

图 3-57　大堡礁

图 3-58　悉尼歌剧院

（五）主要空港城市及机场

1. 悉尼

悉尼(Sydney,三字代码为 SYD)位于澳大利亚的东南沿岸,是澳大利亚新南威尔士州的首府,也是澳大利亚面积最大、人口最多、最繁华的城市。悉尼在澳大利亚国民经济中的地位举足轻重,是澳大利亚的商业、贸易、金融、旅游和教育中心,高度发达的服务业以及金融业是其经济主体。这里气候宜人、环境优美、风光漪妮、景色秀丽,夏不酷暑、冬不寒冷,日照充足,雨量丰沛,已连续多年被联合国人类住区规划署评为全球最宜居的城市之一。悉尼的城市基础设施高度完善,交通便利快捷。

悉尼金斯福德·史密斯机场(Sydney Kingsford Smith Airport,IATA 代码为 SYD,ICAO 代码为 YSSY)简称悉尼机场,位于澳大利亚新南威尔士州波特尼湾北岸的库克河口处,北距悉尼市中心约 8 千米,为 4F 级国际机场、澳大利亚门户枢纽机场,是全球持续运营时间最长的机场之一,也是澳大利亚最繁忙的机场。它拥有 3 条跑道、3 座航站楼,是澳洲航空公司、维珍澳洲航空公司、捷星航空公司和地区快运航空公司的枢纽机场,也是新西兰航空公司的基地机场。目前,共有 40 家航空公司在此开通 102 条航线,通航 27 个国家和地区,连通 91 座城市的 93 个航点。

2. 墨尔本

墨尔本(Melbourne,三字代码为 MEL)是澳大利亚第二大城市、世界著名的旅游城市和国际大都市,是澳大利亚的文化、艺术与工业中心,也是南半球最负盛名的文化名城,以纪念英国首相威廉·兰姆——第二代墨尔本子爵而命名,拥有全澳大利亚唯一被列入联合国《世界文化遗产名录》的古建筑皇家展览馆。墨尔本城市环境非常优秀,曾荣获联合国人居奖,并连续多年被经济学人智库评为"全球最宜居城市"。

墨尔本机场(Melbourne Airport,IATA 代码为 MEL,ICAO 代码为 YMML)又称塔拉梅林机场,是澳大利亚维多利亚州墨尔本的主要民航机场,也是澳大利亚第二繁忙的机场,距离墨尔本商业中心区 23 千米,邻近墨尔本近郊 Tullamarine。墨尔本机场是捷星航空公司的枢纽机场,也是维珍澳洲航空公司和澳洲航空公司的基地机场。据最新资料,墨尔本机场共有 28 家航空公司在此开通 62 条航线,通航 19 个国家和地区,连通 58 座城市的 59 个航点。

（六）主要航空企业

澳洲航空公司(Qantas Airways,IATA 代码为 QF,ICAO 代码为 QFA,其标志见图 3-59),于 1920 年在澳大利亚昆士兰州创立,是全球历史最悠久的航空公司之一,也是澳大利亚第一大航空公司、澳大利亚国家航空公司,其母公司为澳洲航空集团,总部设于悉尼。以悉尼金斯福德·史密斯机场和墨尔本机场为主要枢纽机场,连同其附属的 QantasLink、JetConnect 的航线网络覆盖大洋洲,延伸至东南亚、东亚及印度、英国、德国、美国、加拿大、南非等地。澳洲航空公司的袋鼠标志象征着可靠、安全、先进技术及优质服务。

图 3-59　澳洲航空公司的标志

四、日朝韩次区

日朝韩次区包括日本、朝鲜和韩国。

（一）日本

1. 国家概况

日本的概况如表 3-14 所示。

表 3-14　日 本 概 况

中文全称	日本国		
英文全称	Japan		
陆地面积	约 37.8 万平方千米	人口	约 1 亿 2 562 万(2021 年)
IATA	IATA 三区,日韩朝次区		
国家二字代码	JP	首都	东京
货币	日元	货币代码	JPY
官方语言	日语	国花	樱花
主要城市	东京、大阪、横滨、名古屋、神户		
主要航空公司	日本航空公司、全日空航空公司		
主要旅游景点	富士山、东京塔、大阪城等		

2. 自然地理

日本位于太平洋西岸,是一个由东北向西南延伸的弧形岛国,西隔东海、黄海、朝鲜海峡、日本海与中国、朝鲜、韩国、俄罗斯相望,东部和南部是一望无际的太平洋。日本由本州、四国、九州、北海道 4 个大岛及 6 800 多个小岛组成,其中本州岛的面积最大。

日本是一个多山的国家,且位于环太平洋火山地震带,地震、火山活动频繁,全球有 1/10 的火山位于日本,1/5 的地震发生在日本。日本山地成脊状分布于国土的中央,将日本分割为太平洋一侧和日本海一侧,山地和丘陵占总面积的71%,国土森林覆盖率高达67%,是世界上森林覆盖率最高的国家之一。富士山是日本的最高峰,海拔3 775.63米,被日本人尊称为圣岳。

日本横跨纬度达25°,南北气温差异十分显著。绝大部分地区属于四季分明的温带海洋性季风气候,位于南部的冲绳则属于亚热带,而北部的北海道却属于亚寒带。1月平均气温北部为-6 ℃,南部为16 ℃;7月平均气温北部为17 ℃,南部为28 ℃。

3. 经济地理

日本是一个高度发达的资本主义国家,世界第三大经济体。日本工业高度发达,工业结构向技术密集型和节能节材方向发展,主要部门有电子、家用电器、汽车、精密机械、造船、钢铁、化工和医药等,工业产品在国际市场上具有很强的竞争力,主要工业区大都集中在太平洋沿岸,主要形成了京滨、阪神、中京、北九州4个主要的工业区。

日本的服务业,特别是银行业、金融业、航运业、保险业以及商业服务业占GDP的比重最大,东京是日本第一大城市和经济中心,世界金融、航运和服务中心之一。日本的科研、航天、制造业、教育水平均居世界前列。此外,以动漫、游戏产业为首的文化产业和发达的旅游业也是日本的重要象征。日本至今保存着茶道、花道、书道等传统文化。日本外贸在国民经济中占重要地位,有贸易关系的国家(地区)约200个。

日本资源极度贫乏,90%以上的资源依赖进口,其中石油完全依靠进口。

4. 旅游景点

富士山(见图3-60)位于本州岛中南部,东距东京约80千米,跨越在日本静冈县与山梨县之间,是日本第一高峰,也是世界上最大的活火山之一。富士山高3 775.63米,山底周长125千米,占地面积约1 200平方千米。整个山体呈圆锥状,一眼望去,恰似一把悬空倒挂的扇子,山顶常年积雪。富士山山麓周围分布着5个淡水湖,统称"富士五湖"。四周有剑峰、白山岳、久须志岳、大日岳、伊豆岳、成就岳、驹岳和三岳这"富士八峰"。富士山是日本精神、文化的经典象征之一,在日本人的心中是一座蕴含着自然魅力,优美、庄严的神山。自古以来一直是日本文学者讴歌的主题,同时也是日本人崇敬的圣地,是日本民俗宗教的一部分。富士山被评为日本三灵山之一,被称作"芙蓉峰""富岳"和"不二的高岭"。2013年6月,富士山被列入《世界文化遗产名录》。

唐招提寺(见图3-61)是著名的古寺院,日本佛教律宗的总寺院,位于奈良市西京五条街,公元759年由中国唐朝高僧鉴真所建。内有金堂、讲堂、经藏、宝藏、礼堂、鼓楼等建筑物,其中主殿金堂最大,以建筑精美著称。这座具有中国盛唐建筑风格的建筑物是日本的国宝,每天迎接众多国内外旅客。

图3-60　富士山

图3-61　唐招提寺

东京塔(见图 3-62)位于日本东京芝公园的电波塔,是东京的地标性建筑与观光景点。是一座是以法国巴黎埃菲尔铁塔为范本而建造的红白色铁塔,2019 年更名为东京塔。东京塔的颜色为红白相间,是因为航空交通管制规定以利辨识,高 332.6 米,比埃菲尔铁塔高出 8.6 米,比东京晴空塔矮 301.4 米,比中国广州塔矮 267.4 米,是世界第三高的自立式铁塔,为日本第二高的结构物,仅次于东京晴空塔。

5. 主要空港城市及机场

东京(Tokyo,三字代码为 TYO)是日本的首都,位于本州岛东部、关东平原南端,是面向东京湾的国际大都市,日本三大都市圈之一东京都市圈的中心城市,日本政治、经济、文化及交通等领域的枢纽中心,经济高度发达,为国际金融中心之一,是一座拥有巨大影响力的国际大都市,也是亚洲一流时尚重镇。东京的铁路、公路、航空和海运组成了一个四通八达的交通网,通向全国及世界各地。东京都市圈拥有两座日本国家中心机场,位于南边东京湾岸的东京国际机场,过去曾为日本国

图 3-62 东京塔

内航线与国际航线班机共用的起降机场,现在定期航线方面已转为专供日本国内航线班机起降,维持日本国内航线枢纽的地位,国际航线部分则仅剩包机业务。至于国际定期航线班机,则已全数移至位于东京以东的千叶县境内、距离东京中心约 65 千米的东京成田国际机场起降。此外,亦有极少数国内航线班机于东京成田国际机场起降。东京成田国际机场与东京中心之间有日本铁路公司、京成电铁的铁道路线联结,亦有高速巴士往返于两地之间。

东京国际机场(Tokyo International Airport,IATA 代码为 HND,ICAO 代码为 RJTT),或称羽田机场(Haneda Airport),中国常称东京羽田国际机场,位于日本东京大田区东京湾多摩川河口左岸,西北距东京的中心 17 千米,为 4F 级国际航空枢纽机场、日本国家中心机场、日本最大的机场。东京羽田国际机场拥有 4 条跑道、3 座航站楼,以营运国内航线为主,兼营短程国际航线。东京羽田国际机场是日本航空公司、全日空航空公司、天马航空公司、北海道国际航空公司、亚洲天网航空公司和星悦航空公司的主运营枢纽机场,也是新加坡航空公司的基地机场。据最新资料,东京羽田国际机场共有 41 家航空公司在此开通 193 条客货运航线,通航 90 座城市。

东京成田国际机场(Narita International Airport,IATA 代码为 NRT,ICAO 代码为 RJAA),中国常称东京成田国际机场,位于日本千叶县成田市,西距东京的中心 63.5 千米,为 4F 级国际航空枢纽机场、日本国家中心机场。它是日本最大的国际航空港,拥有 2 条跑道、3 座航站楼,主要运作国际航线,是日本航空公司、全日空航空公司、美国联合航空公司、美国西北航空公司的亚洲枢纽港。

东京成田国际机场的旅客吞吐量在日本排名第二位,仅次于东京羽田国际机场,货邮吞吐量排名第一位,飞机起降架次排名第二位。截至 2020 年,东京成田国际机场开通了 144 条定期航线,通航 141 个城市[国际航线通航 118 个城市、120 条航线(40 个国家、3 个地区),国内航线通航 23 个城市、24 条航线]。

6. 主要航空企业

(1)日本航空公司。

日本航空公司(Japan Airlines,IATA 代码为 JL,ICAO 代码为 JAL,其标志见图 3-63)是日本

的国家航空公司,同时为寰宇一家成员之一,总部设于东京品川区,其以东京成田国际机场(国际线)及东京羽田国际机场(国内线)为基地,服务全球 229 个航点。日本航空公司是日本乃至整个亚洲规模最大的航空公司之一。日本航空公司的航线遍布世界各地,航线网络延伸至亚洲、欧洲、北美洲、南美洲、大洋洲。日本航空公司连同其附属的日本航空快运公司、J-Air 航空公司、日本越洋航空公司,国内航班每天超过 1 000 班次,国际航班每周超过 1 700 班次。

(2)全日空航空公司。

全日空航空公司(All Nippon Airways Co.,Ltd.,IATA 代码为 NH,ICAO 代码为 ANA,其标志见图 3-64)是亚洲最大的航空公司之一,星空联盟成员之一,在日本国内占有较大的市场份额。全日空航空公司航线网络的优势在日本国内和亚洲地区,它有很广泛的国内线网络,几乎覆盖整个日本,北至北海道,南至冲绳;而国际线网络则覆盖中国、韩国、东南亚、美国及西欧等地,可通达 40 余个目的地。全日空航空公司的主要国际线枢纽是东京成田国际机场。截至 2021 年,全日空航空公司共拥有 190 架飞机,每天有 800 多个航班,接近日本国内市场的 50%。

图 3-63 日本航空公司的标志   图 3-64 全日空航空公司的标志

(二)韩国

1. 国家概况

韩国概况如表 3-15 所示。

表 3-15 韩国概况

中文全称	大韩民国		
英文全称	Republic of Korea		
国土面积	10.329 万平方千米	人口	约 5 200 万
IATA	IATA 三区,日朝韩次区		
国家二字代码	KR	首都	首尔
货币	韩元	货币代码	KRW
官方语言	韩语	国花	无穷花
主要城市	首尔、釜山、大邱、仁川、光州、蔚山		
主要航空公司	大韩航空公司、韩亚航空公司		
主要旅游景点	济州岛、昌德宫、景福宫、乐天世界、明洞等		

2. 自然地理

韩国位于亚洲大陆东北部、朝鲜半岛南半部,其东、南、西三面环海,西部濒临黄海,与胶东半岛隔海相望,东南是朝鲜海峡,东部临日本海,北部与朝鲜相邻。除与大陆相连的半岛之外,韩国还拥有 3 000 余个大小不等的岛屿,其中济州岛的面积最大,其他岛屿还包括巨济岛、珍岛和南海岛等。

韩国山地占朝鲜半岛面积的三分之二左右,地形具多样性,低山、丘陵和平原交错分布。低山和丘陵主要分布在中部和东部,海拔多在 500 米以下;平原主要分布于南部和西部,海拔多在 200 米以下。

韩国四季分明,春、秋两季较短;夏季炎热、潮湿;冬季寒冷、干燥,时而下雪。北部属温带季风气候,南部属亚热带气候,海洋性特征显著。年平均气温为 13~14 ℃,年平均降水量为 1 300~1 500 毫米。

3. 经济地理

20 世纪 60 年代,韩国经济开始起步。70 年代以来,持续高速增长,人均国民生产总值从 1962 年的 87 美元增至 1996 年的 10 548 美元。1996 年加入经济合作与发展组织(Organizoction for Economic Co-operation and Development, OECD),同年成为世界贸易组织(World Trade Organization, WTO)的创始国之一。1997 年亚洲金融危机后,韩国经济进入中速增长期。韩国的产业以制造业和服务业为主,造船、汽车、电子、钢铁、纺织等产业产量均进入世界前 10 名。大企业集团在韩国经济中占有十分重要的地位。

钢铁、汽车、造船、电子、纺织等是韩国的支柱产业,其中造船和汽车制造等行业更是享誉世界。韩国是世界第七大出口国和第九大进口国,和世界上 180 多个国家和地区有经贸关系,其中,中国、美国、日本是韩国前三大贸易伙伴国。韩国陆、海、空交通运输均较发达,全国已建成铁路网和高速公路网,现有 8 个国际机场,即仁川、金浦、济州、金海、清州、大邱、襄阳、务安。

4. 旅游景点

韩国旅游业较为发达。近年来,韩国政府将旅游业确定为战略产业,积极鼓励和发展旅游业,通过简化热点旅游地区入境手续、完善国内旅游市场、改善国内旅游硬件设施、提升相关服务水平,吸引国外游客。

济州岛(见图 3-65)是韩国最大的岛,又叫做耽罗岛、蜜月之岛、浪漫之岛,位于东海、朝鲜半岛的南端,在全罗南道西南 100 千米,隔济州海峡与半岛相望,北距韩国南部海岸 90 多千米,地扼朝鲜海峡门户,地理位置十分重要。济州岛是 120 万年前火山活动而形成的岛屿,地貌十分奇特,岛上屹立着韩国较高的山——海拔 1 950 米的汉拿山。济州岛的气候温和,素有“韩国的夏威夷”之称。济州岛不仅具有海岛独特的美丽风光,还继承了古耽罗王国特别的民俗文化。

昌德宫(见图 3-66)位于首尔市钟路区,又称东阙,是首尔五大宫之一,朝鲜太宗于明永乐三年(1405 年)继景福宫之后建成。

昌德宫原是朝鲜国王的离宫,朝鲜王朝后期则代替景福宫长期作为正宫使用。昌德宫殿阁完全按照自然地形设计而成,是朝鲜王宫中最具自然风貌的宫殿,也是朝鲜王宫里保存最完整的一座宫殿。经多次重建,宫殿的面积与建筑体量严格遵循与中国的宗藩关系,最大时有宫殿建筑 230 多间,现存建筑 13 座、60 余间,包括敦化门、仁政殿、大造殿、后苑等。整个昌德宫占地面积 40.5 公顷,其中后苑占地达 30 公顷。1997 年 12 月,与水原华城一起被认定为世界文化遗产。

图 3-65 济州岛

图 3-66 昌德宫

5. 主要空港城市及机场

首尔(Seoul,三字代码为 SEL),全称首尔特别市(Seoul Special City),旧称汉城。是韩国首都,也是韩国的政治、经济、科技、教育、文化中心。位于韩国西北部的汉江流域、朝鲜半岛的中部。首尔是消费者物价指数居世界第五,同时也是高度数字化的城市,网速和数字机会指数均居世界前列。

仁川国际机场(Incheon International Airport,IATA 代码为 ICN,ICAO 代码为 RKSI)位于大韩民国仁川广域市中区永宗岛,东距仁川广域市中心 23.5 千米,东北距首尔市中心 49 千米,为 4F 级大型国际枢纽机场。仁川国际机场有 2 座航站楼,站坪设 163 个客运机位、49 个货运机位,有 4 条跑道,是大韩航空、韩亚航空、首尔航空、Permia 航空、釜山航空、仁川航空、易斯达航空、联邦快递、济州航空、真航空、德威航空和极地货运航空的枢纽机场,也是中国南方航空、泰国国际航空和中国东方航空的基地机场。据 2020 年 4 月机场官网显示,仁川国际机场共有 84 家航空公司在此运营,开通前往 54 个国家和地区的 180 个城市的航线。

金浦国际机场(Gimpo International Airport;IATA 代码为 GMP,ICAO 代码为 RKSS)位于首尔江西区和仁川广域市交界处,西南距仁川广域市中心 14.5 千米,东距首尔市中心 15.5 千米,为 4E 级国际机场。金浦国际机场有 2 座航站楼、2 条跑道,是大韩航空、韩亚航空和易斯达航空的基地机场。据 2020 年 4 月机场官网显示,金浦国际机场共有 16 家航空公司在此开通 30 条航线,共通航 11 个城市。

6. 主要航空企业

(1)大韩航空。

大韩航空(Korean Air Lines,IATA 代码为 KE,ICAO 代码为 KAL,其标志见图 3-67)成立于 1969 年,其前身是 1946 年成立的韩国国家航空,是韩国政府所拥有的国营航空公司、韩国最大的航空公司,同时也是亚洲最具规模的航空公司之一。属于天合联盟和韩进集团的成员之一。仁川国际机场为大韩航空公司的国际枢纽港,经营欧洲、非洲、亚洲、大洋洲、北美洲及南美洲的航线,而金浦国际机场则为韩国国内枢纽港。大韩航空公司是世界上最大的越洋货物运载企业之一,拥有庞大的货运机队,并在全球八大机场中拥有货运站。从 1997 年起,均被国际航空运输协会评为世界第二大商业航空货运企业。2004 年起,根据国际航空运输协会的国际载货量统计数据,大韩航空公司的国际载货量位居第一。

（2）韩亚航空。

韩亚航空（Asiana Airlines,IATA 代码为 OZ,ICAO 代码为 AAR,其标志见图 3-68）是以首尔为基地的韩国第二大航空公司,总部及国际线枢纽机场位于仁川国际机场,而国内枢纽则是金浦国际机场。2003 年加入星空联盟,目前经营国际客运航线 20 个国家、67 个城市的 84 条航线,国际货运航线 14 个国家、22 个城市的 21 条航线。2020 年 11 月 16 日,大韩航空宣布,计划以 1.8 万亿韩元的价格收购韩亚航空。

KOREAN AIR

图 3-67　大韩航空公司的标志

ASIANA AIRLINES

图 3-68　韩亚航空公司的标志

复习与思考

1. IATA 一区、二区和三区各次区的主要国家有哪些? 这些国家主要的旅游景点有哪些?

2. IATA 一区、二区和三区各自的主要航空港有哪些? 主要的航空公司有哪些?

3. IATA 一区、二区和三区各主要国家的二字代码、主要城市的三字代码、主要机场的 IATA 代码和航空公司的 IATA 代码是什么?

第四章 中国航空运输地理

✈ 【知识目标】

1. 了解华北区、华东区、中南区、西北区、西南区、东北区、新疆区、港澳台地区的基本概况、自然地理、经济地理、旅游景点、主要空港城市、机场,以及航空公司的分布。

2. 掌握中国主要城市、机场的三字代码,以及主要航空公司的二字代码。

🎯 【素养目标】

1. 激发学生的爱国主义情怀,增强民族自豪感。

2. 树立中国从民航大国到民航强国的坚定信心。

第一节 华北区航空运输地理

华北区包括北京市(京)、天津市(津)、河北省(冀)、山西省(晋)、内蒙古自治区(蒙)。华北的京津冀地区是中国北方经济规模最大、最具活力的地区,因此,华北区的航空运输主要集中在京津冀地区,形成了京津冀运输机场群。

根据《全国民用机场布局规划》,至 2030 年,华北机场群规划新增沧州、介休、正蓝旗等 16 个机场,总数达 48 个。《规划》中提到,要增强北京机场国际枢纽的竞争力,与天津、石家庄共同打造京津冀世界级机场群;培育太原、呼和浩特等机场的区域枢纽功能,增强对周边的辐射能力;提升唐山、运城、包头等其他既有机场的发展水平,稳步推进霍林郭勒等机场的建设。

华北区机场总体布局情况如表 4-1 所示。

表 4-1 华北区的主要机场

机场名称	机场三字代码	机场四字代码	所属省区市
北京首都国际机场	PEK	ZBAA	北京

续表

机场名称	机场三字代码	机场四字代码	所属省区市
北京大兴国际机场	PKX	ZBAD	北京
天津滨海国际机场	TSN	ZBTJ	天津
太原武宿机场	TYN	ZBYN	山西
大同云冈机场	DAT	ZBDT	山西
长治王村机场	CIH	ZBCZ	山西
运城张孝机场	YCU	ZBYC	山西
吕梁大武机场	LLV	ZBLL	山西
临汾尧都机场	LFQ	ZBLF	山西
忻州五台山机场	WUT	ZBXZ	山西
石家庄正定机场	SJW	ZBSJ	河北
秦皇岛北戴河机场	BPE	ZBDH	河北
邯郸机场	HDG	ZBHD	河北
唐山三女河机场	TVS	ZBSN	河北
承德普宁机场	CDE	ZBCD	河北
张家口宁远机场	ZQZ	ZBZJ	河北
呼和浩特白塔国际机场	HET	ZBHH	内蒙古
包头东河机场	BAV	ZBOW	内蒙古
乌兰浩特义勒力特机场	HLH	ZBUL	内蒙古
海拉尔东山机场	HLD	ZBLA	内蒙古
锡林浩特机场	XIL	ZBXH	内蒙古
赤峰玉龙机场	CIF	ZBCF	内蒙古
通辽机场	TGO	ZBTL	内蒙古
乌海机场	WUA	ZBUH	内蒙古
鄂尔多斯伊金霍洛国际机场	DSN	ZBDS	内蒙古
呼伦贝尔东山国际机场	HLD	ZBLA	内蒙古
乌兰察布集宁机场	UCB	ZBUC	内蒙古
巴彦淖尔天吉泰机场	RLK	ZBYZ	内蒙古
满洲里西郊国际机场	NZH	ZBMZ	内蒙古
二连浩特赛乌素机场	ERL	ZBER	内蒙古
阿尔山伊尔施机场	YIE	ZBES	内蒙古
扎兰屯成吉思汗机场	NZL	ZBZL	内蒙古
阿拉善右旗巴丹吉林机场	BHT	ZBAR	内蒙古
阿拉善左旗巴彦浩特机场	AXF	ZBAL	内蒙古
额济纳旗桃来机场	EJN	ZBEN	内蒙古

一、北京市

(一) 基本概况

北京 (三字代码为 PEK/BJS),简称"京",古称燕京、北平,是中华人民共和国的首都、政治中心、文化中心、国际交往中心、科技创新中心,是世界著名古都和现代化国际城市,也是中国共产党中央委员会、中华人民共和国中央人民政府和全国人民代表大会常务委员会的办公所在地。北京是综合性产业城市,综合经济实力保持在全国前列。

截至 2020 年,北京全市下辖 16 个区,分别是东城区、西城区、朝阳区、丰台区、石景山区、海淀区、顺义区、通州区、大兴区、房山区、门头沟区、昌平区、平谷区、密云区、怀柔区、延庆区,总面积为 16 410.54 平方千米。2021 年年末,北京市常住人口为 2 188.6 万人。

(二) 自然地理

北京与天津相邻,并与天津一起被河北省环绕。北京西部为西山,属太行山脉;北部和东北部为军都山,属燕山山脉。最高的山峰为京西门头沟区的东灵山,海拔 2 303 米。最低的区域为通州区东南边界。西山和军都山在南口关沟相交,形成一个向东南展开的半圆形大山弯,人们称之为"北京湾",它所围绕的小平原即为北京小平原。诚如古人所言:"幽州之地,左环沧海,右拥太行,北枕居庸,南襟河济,诚天府之国"。

北京地势西北高、东南低。西部、北部和东北部三面环山,东南部是一片缓缓向渤海倾斜的平原。境内流经的主要河流有永定河、潮白河、北运河、拒马河等,多由西北部山地发源,穿过崇山峻岭,向东南蜿蜒流经平原地区,最后分别汇入渤海。北京的气候为暖温带半湿润半干旱季风气候,夏季高温多雨,冬季寒冷干燥,春、秋短促。年平均气温约为 12.9 ℃,最冷月(1 月)平均气温为 −3.1 ℃,最热月(7 月)平均气温为 26.7 ℃。

(三) 主要运输机场

北京市境内共有两座大型民用机场,分别为北京首都国际机场和北京大兴国际机场。

1. 北京首都国际机场

北京首都国际机场(Beijing Capital International Airport,IATA 代码为 PEK,ICAO 代码为 ZBAA,见图 4-1)简称首都机场,位于北京市顺义区,西南距北京市中心 25 千米,南距北京大兴国际机场 67 千米,为 4F 级国际机场,是中国三大门户复合枢纽之一、环渤海地区国际航空货运枢纽群成员、世界超大型机场。

北京首都国际机场建成于 1958 年。拥有 3 座航站楼,面积共计 141 万平方米,有两条 4F 级跑道、一条 4E 级跑道,机位共 314 个,开通国内外航线 252 条。

图 4-1　北京首都国际机场

作为欧洲、亚洲及北美洲的核心节点,北京首都国际机场凭借得天独厚的地理位置、方便快捷的中转流程、紧密高效的协同合作,成为连接亚、欧、美三大航空市场最为便捷的航空枢纽。同时,作为中国重要的空中门户和对外交流窗口,北京首都国际机场对区域经济的影响力与日俱增。北京首都国际机场对北京市的总体经济贡献达到 1 828.35 亿元,占北京市国内生产总值的 6.53%,为北京市总共带来 73.15 万个就业岗位,占北京市总体就业人数的 5.86%。

2019 年,受到北京大兴国际机场投运,部分航班陆续转场及其他因素的综合影响,北京首都国际机场的产能在一市两场的新格局下始现回落,旅客吞吐量、货邮吞吐量和飞机起降架次有所减少,但在持续优化国际航线网络结构、积极拓展国际市场、新增和加频多个国际航点、发布中转营销产品、持续扩大通程航班范围、覆盖中国国际航空公司的主体航线网络等多项举措下,使得国际旅客吞吐量仍取得了 2.7%的增长,且全年旅客吞吐量连续两年突破 1 亿人次,是继美国亚特兰大机场后,全球第二个年旅客吞吐量过亿人次的机场。

截至 2019 年底,在北京首都国际机场运营商业航班的航空公司有 93 家,其中国内(含港、澳、台地区)航空公司 31 家,国外航空公司 62 家;通航 65 个国家及地区的 294 个航点[其中国内(含港、澳、台地区)161 个,国际通航点 133 个]。

北京首都国际机场拥有基地航空公司 6 家,分别为中国国际航空(简称国航)、中国东方航空(简称东航)、中国南方航空(简称南航)、海南航空(简称海航)、首都航空(简称首都航空)、顺丰航空。

2. 北京大兴国际机场

北京大兴国际机场(Beijing Daxing International Airport,IATA 代码为 PKX,ICAO 代码为 ZBAD,见图 4-2),位于北京市大兴区榆垡镇、礼贤镇和河北省廊坊市广阳区之间,北距天安门 46 千米、北距北京首都国际机场 67 千米、南距雄安新区 55 千米、西距北京南郊机场约 640 米,为 4F 级国际机场、世界级航空枢纽、国家发展新动力源。

图 4-2　北京大兴国际机场

北京大兴国际机场于 2014 年 12 月 26 日开工建设,2018 年 9 月 14 日定名为"北京大兴国际机场",2019 年 9 月 25 日正式通航,2019 年 10 月 27 日,北京大兴国际机场航空口岸正式对外开放,实行外国人 144 小时过境免签、24 小时过境免办边检手续政策。

截至 2021 年 2 月,北京大兴国际机场航站楼面积为 78 万平方米;民航站坪设 223 个机位,其中 76 个近机位、147 个远机位;有 4 条跑道,可满足 2025 年旅客吞吐量 7 200 万人次、货邮吞吐量 200 万吨、飞机起降量 62 万架次的需求。

2020 年,北京大兴国际机场的旅客吞吐量排名第 17 位、货邮吞吐量排名第 35 位、飞机起降架次排名第 18 位。(注:受新冠肺炎疫情的影响,自 2020 年 3 月 13 日起,北京大兴国际机场的国际进港航班转至北京首都国际机场运行)

北京大兴国际机场为中国联合航空的主运营枢纽机场,也是中国南方航空、中国东方航空、河北航空和厦门航空的基地机场。

2021 年夏秋航季,北京大兴国际机场国内客运航班的时刻总量每日达 886 个,包含 471 条国内航线(往返),覆盖 136 个国内航点,国际航线达 8 条,连接 7 个国家。12 家国内航空公司和 5 家国外航空公司在机场运营客运航线,另有中国邮政航空和顺丰航空 2 家货运航司运营全货机航线。

(四) 主要航空企业

总部设立在北京的主要航空企业有中国国际航空股份有限公司、中国联合航空有限公司、北京首都航空有限公司和奥凯航空有限公司。

1. 中国国际航空股份有限公司

中国国际航空股份有限公司(Air China Limited,IATA 代码为 CA,ICAO 代码为 CCA,其标志见图 4-3)简称"国航",于 1988 年在北京成立,是中国唯一载国旗飞行的民用航空公司。国航是中国航空集团公司控股的航空运输主业公司,与中国东方航空股份有限公司和中国南方航空股份有限公司合称为中国三大航空公司。2007 年底,国航正式加入星空联盟。国航的主运营基地是北京首都国际机场和成都双流国际机场。

图 4-3　中国国际航空股份有限公司的标志

国航总部设在北京,辖有西南、浙江、重庆、天津、上海、湖北、新疆、广东、贵州、西藏和温州分公司,以及华南基地等,国航主要控股子公司有深圳航空有限责任公司(含昆明航空有限公司)、澳门航空股份有限公司、北京航空有限责任公司、大连航空有限责任公司、中国国际航空内蒙古有限公司、北京飞机维修工程有限公司、国航进出口有限公司、成都富凯飞机工程服务有限公司、中国国际航空汕头实业发展公司等;合营公司主要有北京集安航空资产管理有限公司、四川国际航空发动机维修有限公司等;另外,国航参股国泰航空有限公司、山东航空股份有限公司、西藏航空有限公司等,且为山东航空集团有限公司的第一大股东。

截至 2020 年 12 月 31 日,国航(含控股公司)共拥有以波音、空中客车为主的各型飞机 707 架,平均机龄 7.74 年;经营客运航线已达 674 条,通过与星空联盟成员等航空公司的合作,将服务进一步拓展到 195 个国家(地区)的 1 300 个目的地。

国航连续 14 年被世界品牌实验室评为"世界品牌 500 强",同时连续 14 年获得了"中国品牌年度大奖 NO.1（航空服务行业）"和"中国年度文化品牌大奖"。2021 年 6 月,国航被世界品牌实验室评为中国 500 最具价值品牌第 23 名,位列国内航空服务业第一名。

2. 中国联合航空有限公司

中国联合航空有限公司（China United,IATA 代码为 KN,ICAO 代码为 CUA,其标志见图 4-4）简称中国联航,其总部位于北京,现为东航旗下的全资子公司。中国联航成立于 1986 年 12 月 26 日,原隶属于空军领导;2004 年 10 月,经股权转让归属于上海航空股份有限公司（以下简称上航）和中国航空器材进出口集团公司;2010 年 10 月,随着东航与上航联合重组,中国联航加入东航;2012 年 11 月,中国联航与原东航河北分公司实现整合重组;2014 年 7 月,中国联航宣布转型,现在定位为创新经济型航空公司。2019 年 9 月 26 日,中国联航完成一夜转场,正式告别南苑机场,转场运营至北京大兴国际机场。

中国联航以北京大兴国际机场为主运营基地,下设河北分公司、天津分公司、四川分公司和温州基地,下辖一家子公司佛山沙堤机场管理有限公司,初步构建了以大兴、成都、温州、佛山为四大主运营基地的菱形航线网络布局。中国联航现有机队规模达 56 架（53 架波音 B737、3 架空客 A330）;航点通达全国 81 个城市,执飞 108 条航线。

3. 北京首都航空有限公司

北京首都航空有限公司（BEIJING CAPITAL AIRLINES CO.,LTD.,IATA 代码为 JD,ICAO 代码为 CBJ,其标志见图 4-5）简称首都航空,主运营基地为北京大兴国际机场。其前身为成立于 1998 年 11 月 16 日的金鹿航空有限公司。2010 年重组并更名为北京首都航空有限公司。公司经营国内（含港澳台）、国际航空客货运输业务,公务机出租飞行业务,医疗救护飞行业务（不含诊疗活动）、航空器代管和直升机引航作业业务等。

图 4-4　中国联合航空有限公司的标志　　图 4-5　北京首都航空有限公司的标志

截至 2021 年 6 月,首都航空运营飞机 86 架,已建立海口、杭州、西安、丽江、青岛、南京、广州、沈阳、重庆过夜基地,成立三亚分公司。首都航空前后共开通航线 600 余条,目前运营航线 147 条,其中,国内航线 132 条,国际航线及港、澳、台地区航线 15 条。运营能力覆盖国内（含港澳台）、北美洲、欧洲、大洋洲、日韩、东南亚地区,空客 A330 宽体客机运营能力覆盖中远程洲际航线,"商务舱+经济舱"的两舱布局能满足所有客户的出行需求。

自成立以来,首都航空旅游包机的运作范围便在不断拓展延伸,先后开通过商务旅游航线 120 余条,建立品质化的航线网络,构建了以北京、广州、三亚、西安为中心辐射周边的区域式航线网络结构,辐射全国一、二线商务及旅游城市,并延伸至北美洲、欧洲的国际航线网络;建立三亚目的地航线基地,辐射全国主要省会城市,并延伸至东南亚、非洲的国际航线网络。

首都航空在确保安全平稳运营的基础上,机队规模持续扩大,运营品质稳步提升,经营业绩逐年增长,保持了健康快速的发展势头,现已发展成为年收入及品牌价值过百亿的大中型航空企业。

4. 奥凯航空有限公司

奥凯航空有限公司(Okay Airways Company Limited,IATA 代码为 BK,ICAO 代码为 OKA,其标志见图 4-6)简称奥凯航空,总部位于北京,主运营基地是天津滨海国际机场,它是中国大陆第一家民营航空公司。奥凯航空于 2005 年 3 月 11 日开航,现拥有 30 架飞机,拥有天津、长沙、西安、南宁 4 个国内运营基地以及韩国济州海外基地。截至 2019 年 1 月,奥凯航空运营 30 架飞机,执飞 100 多条国内航线、20 多条国际航线,网点遍布泰国、菲律宾、日本、韩国等周边国家旅游胜地,航线网络覆盖国内 70 多个城市及东南亚地区,年运送旅客超过 600 万人次。

图 4-6 奥凯航空有限公司的标志

奥凯航空在中国非公有制经济和民航发展史上开创了多项"第一":开启了中国民营航空时代,成为中国民航深化改革进程中重要的标志性成果之一;是中国民航第一家按照 CCAR-121 部实施运行合格审定后,正式运营的公共航空运输企业;开创并保持着中国民营航空最长的安全运营记录;连续两年荣获中国民航最高服务品质奖项——"旅客话民航"活动"用户满意优质奖"的首家民营航空公司;第一家批量引进国产飞机并投入商业运营的航空企业;第一家成功首航经国务院、中央军委批复同意的中国首个通勤航空试点项目——内蒙古阿拉善盟 3 个旗(县)的通勤航线。

(五)旅游景点

北京是中国"四大古都"之一,是一座有着 3 000 余年的历史、860 余年建都史的历史文化名城,拥有众多历史名胜古迹和人文景观。北京旅游资源丰富,现有 7 项世界级遗产,是世界上拥有文化遗产项目数最多的城市,也是全球首个拥有世界地质公园的首都城市,对外开放的旅游景点达 200 多处。有世界上最大的皇宫紫禁城、祭天神庙天坛、皇家花园北海、皇家园林颐和园和圆明园,还有八达岭长城、慕田峪长城以及世界上最大的四合院恭王府等名胜古迹。北京市共有文物古迹 7 309 项,99 处全国重点文物保护单位(含长城和京杭大运河的北京段)、326 处市级文物保护单位、5 处国家地质公园、15 处国家森林公园。

天安门(见图 4-7)坐落在北京市的中心、故宫的南端,与天安门广场以及人民英雄纪念碑、毛主席纪念堂、人民大会堂、中国国家博物馆隔长安街相望,占地面积 4 800 平方米,以杰出的建筑艺术为世人所瞩目。天安门是明清两代北京皇城的正门,始建于明朝永乐十五年(1417 年),最初名"承天门",寓"承天启运、受命于天"之意。第一批全国重点文物保护单位之一。主要景点:金水桥、华表等。

北京故宫(见图 4-8)是中国明清两代的皇家宫殿,旧称紫禁城,位于北京中轴线的中心。北京故宫以三大殿为中心,占地面积约 72 万平方米,建筑面积约 15 万平方米,有大小宫殿 70 多座,房屋 9 000 余间。北京故宫是世界上现存规模最大、保存最为完整的木质结构古建筑之一,是国家5A级旅游景区,1961年被列为第一批全国重点文物保护单位;1987年被列为世界文化遗产。

图4-7 天安门

图4-8 北京故宫

圆明园(见图4-9)是中国清代大型皇家园林,位于北京市海淀区,始建于1707年(清康熙四十六年),由圆明园及其附园长春园和绮春园(后改名万春园)组成,也叫圆明三园,有"万园之园"之称。清帝每到盛夏就来此避暑、听政,故圆明园又称"夏宫"。第二次鸦片战争期间,圆明园遭英法联军洗劫并烧毁,故址现为圆明园遗址公园。

八达岭长城(见图4-10)位于北京市延庆区军都山关沟古道北口,是中国古代伟大的防御工程万里长城的重要组成部分,该段长城地势险峻,居高临下,是明代重要的军事关隘和首都北京的重要屏障。史称天下九塞之一,是万里长城的精华,在明长城中,独具代表性。八达岭地理环境优越,自古以来就是通往山西、内蒙古、张家口的交通要道。古称"居庸之险不在关而在八达岭",因此被称作"玉关天堑",为明代居庸关八景之一。

图4-9 圆明园

图4-10 八达岭长城

二、天津市

(一) 基本概况

天津市(三字代码为TSN)简称津,别称津沽、津门,是中国的直辖市。全市下辖16个区,总面积11 966.45平方千米,常住人口1 373万人(2021年)。

天津地处中国华北地区,华北平原东北部,海河流域下游,东临渤海,北依燕山,西靠首都北京,距北京 120 千米。对内腹地辽阔,辐射华北、东北、西北 13 个省市自治区,对外面向东北亚,是中国北方最大的沿海开放城市。

天津是中国北方最大的港口城市,国家物流枢纽,全国先进制造研发基地、北方国际航运核心区、金融创新运营示范、改革开放先行区、国际消费中心城市,环渤海地区的经济中心,亚太区域海洋仪器检测评价中心,国际性综合交通枢纽。

天津有 16 个市辖区。市辖区分为中心城区、环城区、滨海新区和远郊区。《天津市空间发展战略》提出"双城双港、相向拓展、一轴两带、南北生态"的城市规划理念。其中,"双城"是指天津市中心城区和滨海新区核心区;"双港"是指天津港和天津南港;"南北"指市域中北部及南部,"北端"是指蓟州区北部山地丘陵地带。

天津中心城区是政治、文化、教育、经济、商业中心。按照服务业功能,中心城区按照"金融和平""商务河西""科技南开""金贸河东""创意河北""商贸红桥"的功能定位;滨海新区是天津市下辖的副省级区、国家级新区和国家综合配套改革试验区,是北方对外开放的门户、高水平的现代制造业和研发转化基地、北方国际航运核心区和物流中心、宜居生态型新城区,滨海新区由原塘沽区、汉沽区、大港区和天津经济技术开发区等区域整合而成;环城区为东丽区、西青区、津南区、北辰区、武清区和宝坻区。

(二)自然地理

天津位于华北平原海河五大支流汇流处,地跨海河两岸,是北京通往东北、华东地区铁路的交通咽喉和远洋航运的港口,有"河海要冲"和"畿辅门户"之称。东、西、南分别与河北省的唐山市、承德市、廊坊市、沧州市接壤。

天津地势以平原和洼地为主,北部与燕山南侧接壤之处多为山地;靠近山地是由洪积冲积扇组成的倾斜平原,呈扇形分布;倾斜平原往南是冲积平原;东南是滨海平原;蓟州区北部山地为海拔千米以下的低山丘陵。海拔由北向南逐渐下降,地貌总轮廓为西北高、东南低,北部最高海拔 1 052 米,东南部平均海拔 3.5 米,全市最高峰九山顶海拔 1 078.5 米。

天津属暖温带半湿润季风性气候,因临近渤海湾,海洋气候影响比较明显,是东亚季风盛行的地区。主要气候特征是四季分明,春季多风,干旱少雨;夏季炎热,雨水集中;秋季气爽,冷暖适中;冬季寒冷,干燥少雪。年平均气温约 14 ℃,7 月最热,平均温度约 28 ℃,1 月最冷,平均温度约 -2 ℃。年平均降水量在 360~970 毫米。

(三)主要运输机场

天津滨海国际机场(Tianjin Binhai International Airport, IATA 代码为 TSN, ICAO 代码为 ZBTJ,见图 4-11)位于天津市东丽区,距天津市中心 13 千米,距天津港 30 千米,距北京 134 千米,南至津北公路,西至东外环路东 500 米,北至津汉公路及京津高速公路,东至京津塘高速公路,是国内干线机场、国际定期航班机场、国家一类航空口岸,是中国国际航空物流中心。机场拥有 2 座航站楼、2 条跑道、59 个机位。基地航空公司有国航天津分公司、天津航空有限责任公司、奥凯航空、厦航、银河货运有限公司。

由于距离北京两大机场较近,使得滨海国际机场的旅客和货运吞吐量均不大,是 4 个直辖市中规模最小的一个机场。现机场已初步建立了以国内航线为主体、以东北亚航线为龙头、以欧美航线为两翼的航线网络。截至 2018 年底,机场共开通航线 217 条,其中,内地航线 168 条,国际

图 4-11　天津滨海国际机场

及中国港澳台航线 49 条。通航城市 132 个,其中,内地城市 95 个,中国港澳台城市 5 个,国际城市 32 个。

（四）主要航空企业

天津航空有限责任公司（Tianjin Airlines,IATA 代码为 GS,ICAO 代码为 GCR,其标志见图 4-12）简称“天津航空”,其前身是大新华快运航空有限公司（Grand China Express）,于 2009 年 6 月组建,扎根环渤海地区经济中心的天津市,是一家民用支线航空公司,基地设在天津滨海国际机场。

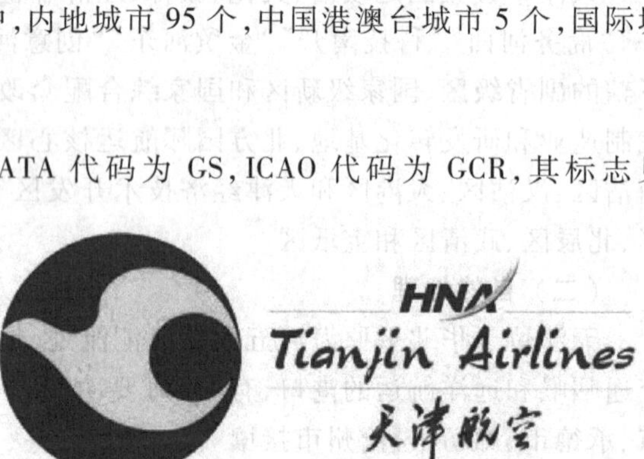

截至 2020 年,天津航空拥有 A330、A320、E190 机队等在册飞机 103 架,在天津、西安、呼和浩特、乌鲁木齐、贵阳、重庆等 8 个城市建

图 4-12　天津航空有限责任公司的标志

立分公司/基地,开通国内、国际航线 320 余条,通航城市 110 余座。经过几年的快速发展,天津航空逐步建立起以天津、西安、呼和浩特、乌鲁木齐、南宁、贵阳、海口、三亚、大连为枢纽的区域航线网络,航线网络遍布全国,连接日本、韩国、俄罗斯等周边国家和地区,直飞英国、澳大利亚。天津航空连续安全运营 10 年,安全飞行超 200 万小时,2019 年旅客运输量近 1 600 万人次。

（五）旅游景点

天津旅游资源丰富,市区依河而建,景色优美。1989 年评选出的“津门十景”分别是“天塔旋云”“蓟北雄关”“三盘暮雨”“古刹晨钟”“海门古塞”“沽水流霞”“故里寻踪”“双城醉月”“龙潭浮翠”“中环彩练”,这些景观既有名胜古迹又有旧景新颜,是新时代天津旅游景观的代表。目前,天津拥有国家 5A 级旅游景区 2 个,4A 级旅游景区 32 个,3A 级旅游景区 50 个,2A 级旅游景区 24 个。

作为津门十景之一,天津古文化街（即津门故里,国家 5A 级旅游景区,见图 4-13）一直坚持“中国味,天津味,文化味,古味”经营特色,以经营文化用品为主。

古文化街内有近百家店堂。是天津老字号店民间手工艺品店的集中地,有地道美食:狗不理包子、耳朵眼炸糕、煎饼果子、老翟药糖、张家水铺、天津麻花等。旅游景点有天后宫、“风筝魏”风筝、“泥人张”彩塑等。

盘山(见图 4-14)位于天津市蓟州区西北,为国家 5A 级景区。该景区始记于汉,兴于唐,极盛于清,是自然山水与名胜古迹并著,佛家文化与皇家文化共融的旅游休闲胜地。

图 4-13 天津古文化街

图 4-14 天津盘山风景名胜区

历史上众多帝王将相,文人墨客竞游于此,清乾隆皇帝先后巡幸盘山 32 次,留下了歌咏盘山的诗作 1 702 首,并发出了"早知有盘山,何必下江南"的感叹。主要景点有五峰八石、三盘之胜、三盘暮雨等。

天津之眼(国家 4A 级旅游景区,见图 4-15)的全称为天津永乐桥摩天轮,跨海河连接河北区与红桥区,是一座跨河建设、桥轮合一的摩天轮,兼具观光和交通功用。

天津之眼是世界上唯一一个桥上瞰景摩天轮,是天津的地标之一。

五大道(见图 4-16)是迄今中国保存最为完整的外国洋楼建筑群,位于天津中心市区的南部。东、西向并列着以中国东南名城常德、重庆、大理、睦南、马场为名的五条街道,故称为"五大道"。

图 4-15 "天津之眼"摩天轮

图 4-16 五大道

五大道地区拥有 20 世纪二三十年代建成的英式、意式、法式、德式、西班牙式建筑,还有众多的文艺复兴式建筑、古典主义建筑、折衷主义建筑、巴洛克式建筑、庭院式建筑以及中西合璧式建筑等,被称为"万国建筑博览苑"。

三、内蒙古自治区

(一)基本概况

内蒙古自治区简称内蒙古,首府是呼和浩特(三字代码为 HET)。从清朝中期开始,瀚海以南,长城以北,东至通辽,西至鄂尔多斯的蒙古各旗被称为内札萨克或内札萨克蒙古,后演变出"内蒙古"一词。1947 年,内蒙古自治政府成立,内蒙古正式成为政区名。

内蒙古自治区共辖 12 个地级行政区,包括 9 个地级市、3 个盟,分别是呼和浩特市、包头市、乌海市、赤峰市、通辽市、鄂尔多斯市、呼伦贝尔市、巴彦淖尔市、乌兰察布市、兴安盟、锡林郭勒盟、阿拉善盟。内蒙古有 18 个边境口岸,其中,满洲里口岸是中国大陆最大的陆路口岸,二连浩特是对蒙古国最大的边境口岸。内蒙古自治区常住人口约 2 400 万人(截至 2021 年)。

内蒙古是中国经济发展最快的省份之一。内蒙古经济发展的优势在于资源上储量丰富,开发条件好;畜牧业发达,号称"东林西矿、南农北牧",草原、森林和人均耕地面积居全国第一,稀土金属储量居世界首位。另外,内蒙古边境口岸众多,与京津、东北、西北经济技术合作关系密切;地广人稀,有利于收缩生产力布局,以及将劳动力向城镇转移,恢复和保护生态环境。内蒙古的优势产业有能源、化工、冶金、装备制造、农畜产品加工和高新技术。

（二）自然地理

内蒙古位于中国北部边疆,由东北向西南斜伸,呈狭长形。东西直线距离 2 400 余千米,南北直线距离 1 700 千米,全区总面积 118.3 万平方千米,占中国国土面积的 12.3%,是中国第三大省。东、南、西三面依次与黑龙江、吉林、辽宁、河北、山西、陕西、宁夏和甘肃 8 个省区毗邻,跨越东北、华北、西北,靠近京津;北部同蒙古和俄罗斯接壤,国境线长 4 200 千米。

内蒙古地势较高,以蒙古高原为主体。地貌地形复杂多样,高原约占总面积的 53.4%,山地占 20.9%,丘陵占 16.4%,平原与滩川地占 8.5%,河流、湖泊、水库等水面面积占 0.8%。除东南部外,基本都是高原,由呼伦贝尔高平原、锡林郭勒高平原、巴彦淖尔-阿拉善及鄂尔多斯等高平原组成,平均海拔 1 000 米左右,海拔最高点为 3 556 米高的贺兰山主峰。高原四周分布着大兴安岭、阴山(狼山、色尔腾山、大青山、灰腾梁)、贺兰山等山脉,构成了内蒙古高原地貌的脊梁。内蒙古高原西端分布有巴丹吉林、腾格里、乌兰布和、库布其、毛乌素等沙漠,总面积 15 万平方千米。在大兴安岭的东麓、阴山脚下和黄河岸边,有嫩江西岸平原、西辽河平原、土默川平原、河套平原及黄河南岸平原。这里地势平坦、土质肥沃、光照充足、水源丰富,是内蒙古的粮食和经济作物主要产区。在山地向高平原、平原的过渡地带,分布有黄土丘陵和石质丘陵,其间杂有低山、谷地和盆地,水土流失较严重。

内蒙古纬度较高,距海洋较远,高原面积大,边沿有山脉阻隔,气候以温带大陆性季风气候为主,降水少而不均,风大,寒暑变化剧烈。总特点是春季气温骤升,多大风天气;夏季短促而炎热,降水集中;秋季气温剧降,霜冻往往早来;冬季漫长严寒,多寒潮天气。全年太阳辐射量从东北向西南递增,年平均气温为 0~8 ℃,气温年差平均在 34~36 ℃,日差平均为 12~16 ℃。降水量也由东北向西南递减,年总降水量为 50~450 毫米。内蒙古日照充足,光能资源非常丰富,大部分地区年日照时数都大于 2 700 小时。全年大风日数平均在 10~40 天,70%发生在春季,沙暴日数大部分地区为 5~20 天。

（三）主要空港城市及机场

内蒙古现有呼和浩特白塔国际机场、包头东河机场、乌海机场、鄂尔多斯伊金霍洛国际机场、乌兰浩特义勒力特机场、赤峰玉龙机场、通辽机场、锡林浩特机场、呼伦贝尔东山国际机场、乌兰察布集宁机场、巴彦淖尔天吉泰机场、满洲里西郊国际机场、二连浩特赛乌素机场、阿尔山伊尔施机场、扎兰屯成吉思汗机场、阿拉善右旗巴丹吉林机场、阿拉善左旗巴彦浩特机场、额济纳旗桃来机场等民航机场。

1. 主要空港城市

呼和浩特,旧称归绥,内蒙古自治区首府,内蒙古自治区政治、经济、文化中心,地处中国华北地区、北部边疆、欧亚大陆内部,是呼包银城市群核心城市、呼包鄂城市群中心城市。呼和浩特地处环渤海经济圈、西部大开发、振兴东北老工业基地三大战略交汇处,是连接黄河经济带、亚欧大陆桥、环渤海经济区域的重要桥梁,也是中国向蒙古、俄罗斯开放的重要沿边开放中心城市,也是东部地区连接西北、华北的桥头堡。同时,它也是中国北方重要的航空枢纽,是除天津、石家庄外距离北京最近的省会城市。

呼和浩特是国家历史文化名城,有着悠久的历史和光辉灿烂的文化。先秦时期,赵武灵王在此设云中郡,故址在今呼和浩特西南托克托县境内。民国时期为绥远省省会,蒙绥合并后,呼和浩特成为内蒙古自治区首府。呼和浩特中心城区本是由归化城与绥远城两座城市在清末民国时合并而成,故名归绥。1954 年改名为呼和浩特,蒙古语意为"青色的城"。

2. 主要机场

呼和浩特白塔国际机场(Hohhot Baita International Airport,IATA 代码为 HET;ICAO 代码为 ZBHH)位于呼和浩特市东面 14.3 千米处,为 4E 级民用国际机场,是内蒙古航空运输中心、第一大航空枢纽,国内干线机场、首都机场的第一大备降机场(见图 4-17)。始建于 1958 年,1993 年被国际民航组织正式确认和公布为国内 14 个国际定期航班机场之一,是内蒙古经贸往来和对外开放的重要窗口。机场拥有 1 条跑道、1 座航站楼、停机机位 43 个,共有 31 家航空公司参与运营,运营航线 132 条,通航城市 91 个。

图 4-17 呼和浩特白塔国际机场

(四)主要航空企业

国航内蒙古分公司在呼和浩特白塔国际机场设有基地,并经营多条国内航线及部分国际航线。另外,东航、海航、天津航空、南航、川航、上航、深航、山航、首都航空、吉祥航空、厦航等都在内蒙古有通航航线。

(五)旅游景点

内蒙古旅游资源主要由草原、古迹、沙漠、湖泊、森林、民俗"六大奇观"构成。森林景观主要分布在大兴安岭;民俗游览主要包括蒙古族歌舞,蒙古族"男儿三艺"——赛马、摔跤、射箭,那达慕等;名胜古迹包括呼和浩特市的五塔寺、大召寺、昭君墓、席力图召、乌素图召、白塔,包头市的五当召、美岱召,伊金霍洛旗的成吉思汗陵园,二连浩特市的二连盆地白垩纪恐龙国家地质公园,阿拉善左旗的延福寺,赤峰市的辽上京、辽中京、大明塔,鄂伦春自治旗的嘎仙洞等。

呼伦贝尔草原(见图 4-18)位于内蒙古东北部,地处大兴安岭以西的呼伦贝尔高原上,因呼伦湖、贝尔湖而得名。整体地势东高西低,海拔在 650~700 米,东西宽约 350 千米,南北长约 300

千米,总面积 1 126.67 万公顷,其中可利用草场面积 833.33 万公顷。呼伦贝尔草原是世界著名的天然牧场,是世界四大草原之一,被称为世界上最好的草原,是全国旅游二十胜景之一。

大召寺(见图 4-19)是内蒙古呼和浩特玉泉区南部的一座大藏传佛教寺院,属于格鲁派(黄教)。大召寺其中的"召"为藏语寺庙之意。汉名原为"弘慈寺",后改为"无量寺"。因为寺内供奉一座银佛,又称"银佛寺"。大召寺是呼和浩特最早建成的黄教寺院,建的大型寺院之一,在蒙古地区有很大的影响。

图 4-18　呼伦贝尔草原

图 4-19　大召寺

腾格里沙漠(见图 4-20)位于内蒙古自治区阿拉善左旗西南部和甘肃省中部边境,南越长城,东抵贺兰山,西至雅布赖山。南北长 240 千米,东西宽 160 千米,总面积约 4.3 万平方千米,为中国第四大沙漠。

成吉思汗陵(见图 4-21),简称成陵,是蒙古帝国第一代大汗成吉思汗的衣冠冢,位于鄂尔多斯市伊金霍洛旗草原上。由于蒙古族盛行"密葬",所以真正的成吉思汗陵究竟在何处始终是个谜。陵园占地约 5.5 公顷,对研究蒙古族乃至中国北方游牧民族历史文化,具有极其重要的价值,核定为全国重点文物保护单位。紧邻的成吉思汗陵旅游区为 5A 级景区。

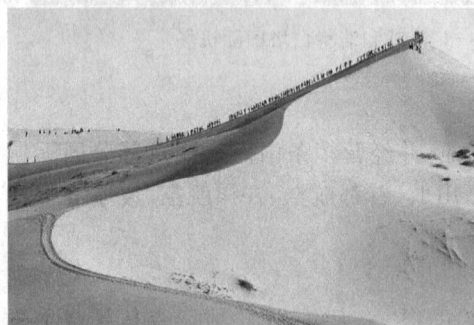

图 4-20　腾格里沙漠

图 4-21　成吉思汗陵

四、河北省

(一)基本概况

河北省,简称冀,省会石家庄(三字代码为 SJW),位于中国华北地区,环抱首都北京,东与天津毗连并紧傍渤海,东南部、南部衔山东、河南两省,西倚太行山与山西为邻,西北部、北部与内蒙古交界,东北部与辽宁接壤,总面积 18.88 万平方千米。截至 2021 年,全省常住人口约 7 448 万人。2017 年 4 月,中共中央、国务院决定设立河北雄安新区。2019 年 8 月,国务院新设中国(河北)自由贸易试验区。河北省下辖 11 个地级市,共有 49 个市辖区、21 个县级市、91 个县、6 个自治县。

(二)自然地理

河北省地势西北高、东南低,由西北向东南倾斜。地貌复杂多样,高原、山地、丘陵、盆地、平原类型齐全,有坝上高原、燕山和太行山山地、河北平原三大地貌单元。河北属温带大陆性季风气候,大部分地区四季分明,年日照时数约 2 303.1 小时,年无霜期为 81~204 天,年平均降水量约 484.5 毫米,降水量分布特点为东南多西北少。1 月平均气温在 3 ℃ 以下,7 月平均气温为 18~27 ℃。河北省河流众多,长度在 18 千米以上 1 000 千米以下者就达 300 多条。境内河流大都发源或流经燕山、冀北山地和太行山山区,其下游有的合流入海,有的单独入海,还有因地形流入湖泊不外流者。主要河流从南到北依次有漳卫南运河、子牙河、大清河、永定河、潮白河、蓟运河、滦河等,分属海河、滦河、内陆河、辽河 4 个水系。其中海河水系最大,滦河水系次之。

(三)主要空港城市及机场

河北省是首都北京连接全国各地的必经之地。经过多年的建设与发展,河北省已形成了陆、海、空综合交通运输网。

截至 2019 年 9 月,河北省境内有 6 个已通航的民航机场,分别是石家庄正定国际机场、秦皇岛北戴河机场、张家口宁远机场、承德普宁机场、唐山三女河机场、邯郸机场。北京大兴国际机场于 2019 年 9 月 25 日通航,位于北京市与廊坊市的交界处。

石家庄正定国际机场(Shijiazhuang Zhengding International Airport,IATA 代码为 SJW,ICAO 代码为 ZBSJ,见图 4-22)2018 年迈入千万级机场行列,拥有 2 个航站楼、1 条跑道、1 个综合保税区、2 个国际快件监管中心、4 家基地航空公司,运营航线 137 条,其中,国内客运航线 122 条,国际及地区航线 11 条,货运航线 4 条,有通航城市 86 个(见图 4-22)。石家庄正定国际机场是北京首都国际机场的主要分流、备降机场,是中联航河北分公司、春秋航空、河北航空和中国邮政航空的运营基地。

(四)主要航空企业

河北航空有限公司(HEBEI AIRLINES,IATA 代码为 NS,ICAO 代码为 HBH,其标志见图 4-23)简称河北航空,成立于 2010 年 6 月 29 日,是经中国民用航空局和河北省政府批准成立的现代化航空公司,总部设于河北省石家庄市,主运营基地设在石家庄正定国际机场。现拥有 E190 客机 6 架,B737-800 客机 22 架,共 28 架,航线网络遍布全国 67 个大中型城市,并通航曼谷、新加坡等国际城市,机队规模、旅客运量、市场份额稳居全省第一。未来,河北航空将以"扎根河北、服务雄安,两翼齐飞、冀京并进"为总体思路,以石家庄正定国际机场、北京大兴国际机场为"双核心",构建通达国内省会及市场需求热点城市的航线网络,继续拓展港、澳、台地区及东南亚、东北亚等国际航线,积极延伸构建洲际航线,实现全面、均衡、高质量发展。

图 4-22　石家庄正定国际机场　　　　　　　图 4-23　河北航空有限公司的标志

（五）旅游景点

　　河北是文物大省,省级以上文物保护单位达 930 处,居全国第一位。拥有长城、承德避暑山庄及周围寺庙、清东陵和清西陵 3 项世界文化遗产;拥有邯郸、保定、承德、正定、山海关 5 个国家级历史文化名城。河北是长城途经距离最长、保存最完好、建筑风格最具代表性的省份,境内长城遗存达 2 000 多千米,老龙头、山海关、金山岭长城等长城精华均在河北境内。赵州桥被誉为"世界拱桥之祖",是世界最古老的敞肩石拱桥,迄今已有 1 400 余年的历史。

　　承德避暑山庄(见图 4-24),又名承德离宫或热河行宫,始建于 1703 年,是世界现存最大的皇家园林,其周围的外八庙是中国最大的皇家寺庙群、全国重点文物保护单位、中国四大名园之一,是国家 5A 级旅游景区。避暑山庄位于河北省承德市中心北部,武烈河西岸一带狭长的谷地上,是清代皇帝夏天避暑和处理政务的场所。避暑山庄分宫殿区、湖泊区、平原区、山峦区四大部分。

　　山海关(见图 4-25),又称榆关、渝关、临闾关,位于秦皇岛市东北 15 千米处,是明长城的东北关隘之一,在 1990 年以前被认为是明长城东端起点,素有中国长城"三大奇观"之一(东有山海关、中有镇北台、西有嘉峪关)、"天下第一关"、"边郡之咽喉,京师之保障"之称,与万里之外的嘉峪关遥相呼应,闻名天下。

图 4-24　承德避暑山庄　　　　　　　　　图 4-25　山海关

赵州桥(见图4-26)位于石家庄市赵县城南洨河之上,因赵县古称赵州而得名,始建于隋代,是世界上现存年代久远、跨度最大、保存最完整的单孔坦弧敞肩石拱桥,其建造工艺独特,在世界桥梁史上首创"敞肩拱"结构形式,具有较高的科学研究价值;雕作刀法苍劲有力,艺术风格新颖豪放,显示了隋代浑厚、严整、俊逸的石雕风貌,桥体饰纹雕刻精细,具有较高的艺术价值。赵州桥在中国造桥史上占有重要地位,对全世界后代桥梁建筑有着深远的影响,是第一批全国重点文物保护单位国家4A级旅游景区。

图4-26　赵州桥

五、山西省

(一)基本概况

山西省,简称晋,省会为太原市(三字代码为TYN),中国内陆省份,位于黄河中游东岸,华北平原西面的黄土高原上。东以太行山为界,与河北为邻;西、南隔黄河与陕西、河南相望;北以外长城为界与内蒙古毗连。省域轮廓呈东北斜向西南的平行四边形,南北间距较长,纵长约682千米,总面积15.67万平方千米。

山西省共辖11个地级市,市辖区26个、县级市11个、县80个,全省常住人口(2021年)约3 480万人。省会太原市居山西省中部,其余10个市从北到南分别是大同、朔州、忻州、阳泉、吕梁、晋中、长治、晋城、临汾、运城。

山西省矿产资源丰富,已发现的矿种达120种,其中有探明资源储量的矿产63种。资源储量居中国第一位的矿产有煤层气、铝土矿、耐火黏土、镁矿、冶金用白云岩5种。保有资源储量居全国前位的主要矿产为煤、煤层气、铝土矿、铁矿、金红石等32种。其中,煤炭保有资源储量居全国第三;煤层气剩余经济可采储量居全国第一;铝土矿资源保有储量居中国第一;铁矿保有资源储量居全国第八位;金红石保有资源储量居全国第二位。煤、铝土矿等沉积矿产分布广泛,铁矿、铜矿等重要矿产分布相对集中,但是重要金属矿产贫矿多、富矿少,共伴生矿多、单一矿少。

(二)自然地理

山西省地处华北西部的黄土高原东翼,地势呈东北斜向西南的平行四边形,是典型的被黄土广泛覆盖的山地高原,地势东北高、西南低。高原内部起伏不平,河谷纵横,地貌类型复杂多样,有山地、丘陵、台地、平原,山区面积占总面积的80.1%,高原、盆地、台地等平川河谷占20%。山西省地跨黄河、海河两大水系,河流属于自产外流型水系。

山西省地处中纬度地带的内陆,在气候类型上属于温带大陆性季风气候。由于太阳辐射、季风环流和地理因素的影响,山西省气候具有四季分明、雨热同步、光照充足、南北气候差异显著、冬夏气温悬殊、昼夜温差大的特点。山西省各地年平均气温为4.2~14.2℃,总体分布趋势为由北向南升高,由盆地向高山降低;全省各地年降水量为358~621毫米,季节分布不均,夏季6~8

月降水相对集中,约占全年降水量的 60%,且省内降水分布受地形影响较大。

(三) 主要机场

山西省共有 7 个民航机场,即太原武宿国际机场、运城张孝机场、长治王村机场、大同云冈机场、吕梁大武机场、临汾尧都机场、忻州五台山机场。

太原武宿国际机场 (Taiyuan Wusu International Airport,IATA 代码为 TYN,ICAO 代码为 ZBYN,见图 4-27) 位于太原市小店区与晋中市榆次区交界处,距太原南中环 9 千米,距太原南站仅 4.6 千米,为 4E 级民用机场,是区域枢纽机场、华北机场群成员。机场有航站楼 2 座、跑道 1 条、机位 60 个。截至 2020 年底,开通客运航线 168 条,通航城市 87 个,其中,国内航线 156 条,国内城市 75 个,地区航线 3 条,地区城市 3 个,国际航线 9 条,国际城市 9 个;运营货运航线 2 条。

图 4-27　太原武宿国际机场

(四) 旅游景点

山西被称为"中国古代建筑艺术博物馆",境内保存完好的宋、金以前的地面古建筑物占中国的 70% 以上。忻州五台山为四大佛教圣地之一,大同云冈石窟是三大佛教石窟之一,大同北岳恒山为中国五岳之一,悬空寺为国内仅存的儒、释、道三教合一寺庙,晋中平遥古城是现存三座古城之一,运城解州关帝庙是规模最大的武庙。皇城相府、乔家大院、渠家大院、王家大院、李家大院、太谷三多堂、常家庄园、申家大院、孟门古镇、孔祥熙故居等为山西的民居代表。

《名山志》载:"五台山五峰耸立,高出云表,山顶无林木,有如垒土之台,故曰五台。"五台山 (见图 4-28) 是中国佛教四大名山之一 (国家 5A 级旅游景区),是中国青庙、黄庙共处的佛教道场,有宗教活动场所 86 处,著名的有显通寺、塔院寺、菩萨顶、南山寺、黛螺顶、金阁寺、万佛阁、碧山寺等。2004 年,五台山被评为中华十大名山,2009 年 6 月,被列入世界文化遗产。

云冈石窟 (见图 4-29) 位于山西省大同市城西约 16 千米的武州 (周) 山南麓、武州川的北岸,为国家 5A 级旅游景区。石窟依山开凿,东西绵延约 1 千米,存有主要洞窟 45 个,大小窟龛 252 个,石雕造像 51 000 余躯,为中国规模最大的古代石窟群之一。云冈石窟在 1961 年被国务院公布为全国首批重点文物保护单位,2001 年 12 月 14 日被联合国教科文组织列入《世界遗产名录》。

图 4-28　忻州五台山

图 4-29　大同云冈石窟

平遥古城(见图 4-30)位于山西省中部,始建于周宣王时期,明洪武三年(1370 年)扩建,距今已有 2 700 多年的历史。平遥古城较为完好地保留着明清时期县城的基本风貌,被称为"保存最为完好的四大古城"之一,也是中国仅有的以整座古城申报世界文化遗产获得成功的两座古城市之一,为国家 5A 级旅游景区。

世界遗产中心描述称:平遥古城是中国古代城市在明清时期的杰出范例,平遥古城保存了其所有特征。而且,在中国历史的发展中,为人们展示了一幅非同寻常的文化、社会、经济及宗教发展的完整画卷。

悬空寺(见图 4-31)位于大同市浑源县恒山金龙峡西侧翠屏峰峭壁间,原名"玄空阁","玄"取自于中国道教教理,"空"则来源于佛教的教理,后改名为"悬空寺",是因为整座寺院就像悬挂在悬崖上,在汉语中,"悬"与"玄"同音,因此得名。悬空寺建成于 491 年,是佛、道、儒三教合一的独特寺庙。悬空寺建筑极具特色,以如临深渊的险峻而著称,素有"悬空寺,半天高,三根马尾空中吊"的俚语,以如临深渊的险峻而著称。悬空寺是山西省重点文物保护单位,恒山十八景中"第一胜景",国家 4A 级旅游景区。

图 4-30　平遥古城

图 4-31　悬空寺

第二节 华东区航空运输地理

华东区包括六省一市,分别是上海市(沪)、江苏省(苏)、浙江省(浙)、山东省(鲁)、安徽省(皖)、江西省(赣)、福建省(闽)。华东地区是中国机场数量最多、空运业务量最大的地区,特别是货运几乎占据了全国的半壁江山。

根据《全国民用机场布局规划》,至 2030 年,规划新增嘉兴、蚌埠、瑞金、宁德、菏泽等 16 个机场,总数达 61 个。《规划》中提出,要增强上海机场国际枢纽的竞争力,与杭州、南京、合肥、宁波等机场共同打造长三角地区世界级机场群,并与其他交通运输方式优势互补、深度融合、互联互通;培育厦门、青岛、福州、济南、南昌、温州等机场的区域枢纽功能;提升无锡、舟山、黄山、赣州、烟台等其他既有机场的发展水平,稳步推进上饶等机场的建设。

华东区的主要机场如表 4-2 所示。

表 4-2 华东区主要机场(按所属省市排列)

机场名称	机场三字代码	机场四字代码	所属省市
上海浦东国际机场	PVG	ZSPD	上海
上海虹桥国际机场	SHA	ZSSS	上海
济南遥墙国际机场	TNA	ZSJN	山东
青岛胶东国际机场	TAO	ZSQD	山东
威海大水泊国际机场	WEH	ZSWH	山东
潍坊南苑机场	WEF	ZSWF	山东
烟台蓬莱国际机场	YNT	ZSYT	山东
临沂启阳机场	LYI	ZSLY	山东
日照山字河机场	RIZ	ZSRZ	山东
济宁曲阜机场	JNG	ZSJG	山东
东营胜利机场	DOY	ZSDY	山东
菏泽牡丹机场	HZA	ZSHZ	山东
合肥新桥国际机场	HFE	ZSOF	安徽
安庆天柱山机场	AQG	ZSAQ	安徽
阜阳西关机场	FUG	ZSFY	安徽
黄山屯溪国际机场	TXN	ZSTX	安徽
池州九华山机场	JUH	ZSJH	安徽
芜湖宣州机场	WHA	ZSWA	安徽
南京禄口国际机场	NKG	ZSNJ	江苏

机场名称	机场三字代码	机场四字代码	所属省市
徐州观音国际机场	XUZ	ZSXZ	江苏
连云港白塔埠机场	LYG	ZSLC	江苏
盐城南洋国际机场	YNZ	ZSYN	江苏
常州奔牛国际机场	CZX	ZSCG	江苏
苏南硕放国际机场	WUX	ZSWX	江苏
南通兴东国际机场	NTG	ZSNT	江苏
扬州泰州国际机场	YTY	ZSYA	江苏
淮安涟水国际机场	HIA	ZSSH	江苏
南昌昌北国际机场	KHN	ZSCN	江西
九江庐山机场	JIU	ZSJJ	江西
景德镇罗家机场	JDZ	ZSJD	江西
赣州黄金国际机场	KOW	ZSGZ	江西
井冈山机场	JGS	ZSGS	江西
宜春明月山机场	YIC	ZSYC	江西
上饶三清山机场	SQD	ZSSR	江西
杭州萧山国际机场	HGH	ZSHC	浙江
温州龙湾国际机场	WNZ	ZSWZ	浙江
舟山普陀山机场	HSN	ZSZS	浙江
宁波栎社国际机场	NGB	ZSNB	浙江
义乌机场	YIW	ZSYW	浙江
台州路桥机场	HYN	ZSLQ	浙江
衢州机场	JUZ	ZSJZ	浙江
厦门高崎国际机场	XMN	ZSAM	福建
福州长乐国际机场	FOC	ZSFZ	福建
泉州晋江国际机场	JIN	ZSQZ	福建
武夷山机场	WUS	ZSWY	福建
龙岩冠豸山机场	LCX	ZSLO	福建
三明沙县机场	SQJ	ZSSM	福建

一、上海市

（一）基本概况

上海市（三字代码为 SHA），简称"沪"或"申"。战国时，上海是春申君的封邑，故别称申。

晋朝时,因渔民创造捕鱼工具"扈",江流入海处称"渎",因此,松江下游一带称为"扈渎",后又改为"沪",故上海简称"沪"。

上海市是中国国际经济、金融、贸易、航运、科技创新中心,总面积6 340.5平方千米,常住人口2 489.43万人(2021年),全市下辖16个区,分别是黄浦区、徐汇区、长宁区、静安区、普陀区、闸北区、虹口区、杨浦区、浦东新区、崇明区、嘉定区、闵行区、松江区、南汇区、金山区、宝山区。

上海市与安徽、江苏、浙江共同构成了长江三角洲城市群,是世界六大城市群之一。

(二)自然地理

上海位于太平洋西岸,亚洲大陆东沿,长江三角洲最东部,中国南北海岸中心点,长江和黄浦江入海汇合处,隔海与日本九州岛相望。北界长江,东濒东海,南临杭州湾,西接江苏和浙江两省。

上海是长江三角洲冲积平原的一部分,海拔最高点是位于金山区杭州湾的大金山岛。西部有天马山、薛山、凤凰山等残丘,天马山为上海陆上最高点,立有石碑"佘山之巅"。海域上有大金山、小金山、浮山(乌龟山)、佘山岛、小洋山岛等岩岛。在上海北面的长江入海处,有崇明岛、长兴岛、横沙岛3个岛屿,其中崇明岛为中国第三大岛,由长江挟带下来的泥沙冲积而成。

上海属亚热带季风性气候,四季分明,日照充分,雨量充沛。上海气候温和湿润,春秋较短,冬夏较长,有春雨、梅雨、秋雨3个雨期。

(三)经济地理

上海是中国最大的城市,也是国际著名的港口城市。上海飞往欧洲和北美洲西海岸的航行时间约为10小时,飞往亚洲主要城市的时间在2~5小时,航程适中。上海直接服务的长三角地区是中国经济最具活力、开放程度最高、创新能力最强的区域之一,是"一带一路"和"长江经济带"的重要交汇点。上海机场半径300千米的腹地内覆盖了长三角地区的8个主要工业、科技园区,相关产业航空关联度高,主要产业为电子信息、汽车、石化、成套设备、精品钢材和生物医药等。上海是中国目前经济发展速度最快、经济总量规模最大、最具有发展潜力的经济板块。2020年,上海全市生产总值规模跻身全球城市第六位,全球金融中心指数位居世界第三。

在航空工业领域,上海是中国航空工业的研发基地,大型国产客机的生产商——中国商用飞机有限责任公司的总部基地。

约有三成左右的"中国制造"经由上海输往世界各地,也有约三成左右的各国商品经由上海进入中国市场。全国1/3左右的进口汽车、钻石、葡萄酒、乳品,1/2左右的进口化妆品、医药品、医疗器械,超过60%的进口服装服饰,70%以上的进口手表等都是经上海口岸来到全国消费者手中。此外,中国第一个自贸区建在上海,中国原油期货市场建在上海,中国的沪市交易所也在上海。

上海的贸易伙伴已从改革开放初期的20多个国家扩展至现在的200多个国家和地区。上海口岸成为全球最重要的贸易港口之一。上海港口集装箱吞吐量连续11年保持世界第一。

(四)主要机场

上海是三家"一市两场"城市之一,是中国的三大航空枢纽城市之一,拥有上海虹桥国际机场和上海浦东国际机场两座国际机场。

1. 上海虹桥国际机场

上海虹桥国际机场(Shanghai Hongqiao International Airport,IATA代码为SHA,ICAO代码为

ZSSS,见图 4-32)位于上海市长宁区和闵行区交界处,距市中心 13 千米,为 4E 级民用国际机场,是中国三大门户复合枢纽之一,在上海浦东国际机场建成之前,上海虹桥国际机场一直是中国大陆最繁忙的机场,它拥有 2 座航站楼、2 条跑道,且是国内首个近距离跑道。目前,上海虹桥国际机场基本只有中国内地航线及部分中国港澳台地区和日韩等航线,大部分国际航线已由上海浦东国际机场承担。上海虹桥国际机场是东航、中国国际货运航空、中国货运航空和中国最大的两家民营航空——春秋航空和吉祥航空的主要基地。

2. 上海浦东国际机场

上海浦东国际机场(Shanghai Pudong International Airport,IATA 代码为 PVG,ICAO 代码为 ZSPD,见图 4-33)位于上海市浦东新区,距上海市中心约 30 千米,为 4F 级民用机场,是中国三大门户复合枢纽之一、长三角地区国际航空货运枢纽群成员、华东机场群成员、华东区域第一大枢纽机场、门户;是中国三大国际机场之一,中国大陆最繁忙的国际空港,与北京首都国际机场、香港国际机场并称中国三大国际航空港。

图 4-32 上海虹桥国际机场

图 4-33 上海浦东国际机场

上海浦东国际机场拥有 4 条跑道、2 座航站楼,主要负责上海大部分国际航班的起降,也有少量国内航班,国际旅客吞吐量位居中国大陆第一,是东方航空、吉祥航空、春秋航空等航空公司的基地机场。

2019 年,浦东机场依然保持平稳的增长态势,全年浦东机场旅客吞吐量全国排名第二,其中出入境旅客吞吐量超过 50%,继续巩固内地最大空中口岸地位。航空运量继续跻身世界超大型枢纽机场"俱乐部",其中国际和地区旅客量继续保持全国第一。上海浦东国际机场积极推进枢纽建设,持续优化航线网络结构,努力提升国际航线网络通达性,重点发展国际远程航线。

2019 年,上海浦东国际机场获颁国际机场协会测评"亚太地区 4 000 万级及以上吞吐量最佳机场"奖项。连续 6 年荣获民航旅客服务测评"最佳机场"称号。

目前,上海两座机场定期航班通航 49 个国家和地区的 280 个航点。其中,国内航点 156 个(包括中国港澳台航点 6 个),国际航点 124 个。

(五)主要航空企业

1. 中国东方航空股份有限公司

中国东方航空股份有限公司(China Eastern Airlines,IATA 代码为 MU,ICAO 代码为 CES,其标志见图 4-34)简称东航,总部位于上海,是中国三大国有骨干航空公司之一,前身可追溯到

1957 年 1 月原民航上海管理处成立的第一支飞行中队，是首家在纽约、香港、上海三地挂牌上市的中国航空企业。

图 4-34   中国东方航空股份有限公司的标志

截至 2020 年底，东航的机队规模达 730 余架，是全球规模航空企业中最年轻的机队之一，拥有中国规模最大、商业和技术模式领先的互联网宽体机队。东航在国内拥有京沪"两市四场"双核心枢纽和西安、昆明等区域枢纽，业务范围实现省会城市及千万级以上机场的全覆盖，并在全球设有 111 个海内外分支机构。东航近年来开通多条"一带一路"国际新航线，积极构建连通全球的"空中丝绸之路"。

东航在航空运输主营业务方面，实施"中枢网络运营"战略，建立以上海为中心、依托长江三角洲地区、连接全球市场、客货并重的航空运输网络。借助天合联盟，通达全球 170 个国家和地区的 1 036 个目的地，每年为全球超过 1.3 亿旅客提供服务，旅客运输量位列全球前十。

作为东航集团的核心主业，东航主要从事国内和国际航空的客、货、邮、行李运输、通用航空等业务及延伸服务，辖山东、安徽、江西、山西、河北、甘肃、西北、云南、浙江、北京分公司，近百家海外营业部及办事处。

东航控股中国货运航空有限公司和中国东方航空江苏有限公司、上海航空股份有限公司、中国联合航空有限公司，参股中国东方航空武汉有限责任公司、全资拥有东方通用航空股份有限公司。2020 年 12 月 28 日，东航旗下的一二三航空有限公司正式运营。

2. 春秋航空股份有限公司

春秋航空股份有限公司（Spring Airlines, IATA 代码为 9C, ICAO 代码为 CQH，其标志见图 4-35）简称春秋航空，于 2005 年 7 月 18 日首航，是中国首批民营航空公司之一，是国内最大的民营航空公司。至 2021 年 7 月，春秋航空已拥有 108 架空客 A320 系列飞机，平均机龄 3.74 年。航点覆盖了中国、东南亚、东北亚的主要商务和旅游城市，经营航线 230 余条，年运输旅客 2 000 万人次。

春秋航空总部设在上海，在沈阳、石家庄、深圳、扬州、宁波、兰州、揭阳、韩国济州、日本大阪、泰国曼谷等地设有基地。

3. 上海吉祥航空股份有限公司

上海吉祥航空有限公司（Juneyao Airlines, IATA 代码为 HO, ICAO 代码为 DKH，其标志见图 4-36）（简称吉祥航空）是由上海均瑶（集团）有限公司和上海均瑶航空投资有限公司共同投资筹建的民营航空公司，于 2006 年 9 月正式开航运营，以上海为主运营基地和维修基地，以上海虹桥国际机场和上海浦东国际机场为飞行基地。截至 2021 年 4 月底，吉祥航空拥有 73 架空客 A320 系列客机与 6 架波音 787-9 梦想客机，逐步打造双机队运输体系。吉祥航空品牌定位为更具亲和力的航空体验提供者，以上海、南京为航线网络中心，已开通 210 多条国内、国际的定期航班，2019 年吉祥航空旅客运输量超过 1 724.1 万人次。

图 4-35   春秋航空股份有限公司的标志

图 4-36   吉祥航空股份有限公司的标志

（六）旅游景点

截至 2020 年底,上海共有 A 级景区 99 家,其中 5A 级景区 3 家(上海科技馆、东方明珠塔、上海野生动物园),4A 级景区 68 家。

外滩(见图 4-37)位于黄浦江畔,南起延安东路,北至苏州河上的外白渡桥,东临黄浦江,全长约 1.5 千米。浦西是由哥特式、罗马式、巴洛克式、中西合璧式等 52 幢风格迥异的古典复兴大楼所组成的旧上海时期的金融中心、外贸机构的集中带,被誉为"万国建筑博览群"。对岸浦东有东方明珠、金茂大厦、上海中心、上海环球金融中心等地标景观。外滩是去上海观光旅游的必到之处,除了能观赏中外罕见的"万国建筑博览群"外,还可领略外白渡桥的丰姿、黄浦公园的俊巧、防汛墙的设计匠心,以及大楼与江水交相辉映的胜景。

东方明珠广播电视塔(见图 4-38)位于上海市浦东新区陆家嘴,地处黄浦江畔,背拥陆家嘴地区现代化建筑楼群,与隔江的外滩"万国建筑博览群"交相辉映,是上海国际新闻中心所在地,中国著名的电视塔,国家 5A 级旅游景区。始建于 1994 年 10 月 1 日,是集都市观光、时尚餐饮、购物娱乐、历史陈列、浦江游览、会展演出、广播电视发射等多功能于一体的上海市标志性建筑之一。

图 4-37　外滩

图 4-38　东方明珠广播电视塔

豫园(见图 4-39)坐落于上海市黄浦区,是明朝时期的私人花园,建于 1559 年,充分展现了中国古典园林的建筑与设计风格,是江南园林中的一颗明珠。园内楼阁参差,山石峥嵘,湖光潋滟,分为四大景区。收藏有上百件历代匾额、碑刻,大都为名家手笔,还有数千件的书画、家具、陶瓷等珍贵文物。每年院内都举办花展、灯会、书画展等传统民间活动。豫园 1982 年被国务院列为全国重点文物保护单位,是"全国四大文化市场"之一,与北京的潘家园、琉璃厂和南京的夫子庙齐名。

中国共产党第一次全国代表大会会址(见图 4-40)位于上海市黄浦区黄陂南路 374 号,是一幢沿街砖木结构一底一楼旧式石库门住宅建筑,坐北朝南。1952 年后成为纪念馆,1959 年 5 月 26 日公布为上海市文物保护单位。1961 年被国务院列为第一批全国重点文物保护单位。1997 年 6 月成为全国爱国主义教育示范基地。2016 年 9 月入选"首批中国 20 世纪建筑遗产"名录,为国家 5A 级旅游景区。

图 4-39　豫园

图 4-40　中共一大会址

二、浙江省

(一) 基本概况

浙江省简称浙,省会为杭州市,位于长江三角洲地区,因江流曲折,称之江,又称浙江。浙江省总面积为 10.55 万平方千米,常住人口约 6 540 万人(2021 年)。

浙江是典型的山水江南,被称为"丝绸之府""鱼米之乡"。浙江是吴越文化、江南文化的发源地,是中国古代文明的发祥地之一。早在 5 万年前的旧石器时代,就有原始人类"建德人"活动,境内有距今 7 000 年的河姆渡文化、6 000 年的马家浜文化和 5 000 年的良渚文化。

浙江省下辖 11 个地级行政区,分别是杭州、宁波、温州、绍兴、湖州、嘉兴、金华、衢州、舟山、台州、丽水。

(二) 自然地理

浙江地处中国东部沿海最东端、长江三角洲南翼,东临东海,南接福建,西与安徽、江西相连,北与上海、江苏接壤。陆域面积占全国的 1.06%,是中国面积最小的省份之一。海域面积 26 万平方千米,海岸线总长 6 400 余千米,居中国首位,其中大陆海岸线 2 200 千米,居中国第五。有沿海岛屿 3 000 余个,是中国岛屿最多的省份,其中面积 495.4 平方千米的舟山岛(舟山群岛主岛)为中国第四大岛。

浙江山地和丘陵占 74.63%,平坦地占 20.32%,河流和湖泊占 5.05%,耕地面积仅 208.17 万公顷,故有"七山一水二分田"之说。地形自西南向东北呈阶梯状倾斜,东北部是低平的冲积平原,东部以丘陵和沿海平原为主,中部以丘陵和盆地为主,西南以山地和丘陵为主。大致可分为浙北平原、浙西南的丘陵和盆地,浙东南的沿海平原及滨海岛屿等地形区。

浙江水系的一个显著特征是主要河流大部分源短流急,流域面积狭小,发源于西部或中部,向东或东北方向注入东海。其中最长、流域面积最广的河流是钱塘江,钱塘江大潮是著名的水文景观,驰名天下。境内容积 100 万立方米以上的湖泊 30 余个,其中宁波的东钱湖是浙江最大的天然湖泊,最大的人工湖是千岛湖,太湖是浙江省和江苏省的界湖,其他著名的湖泊有杭州的西湖、嘉兴的南湖、绍兴的东湖等。

浙江属亚热带季风气候,季风显著,四季分明,年气温适中,雨量丰沛,空气湿润,雨热季节变化同步,气候资源类型多样,年平均气温为 15~18 ℃,最冷月为 1 月,平均气温为 3~9 ℃,7 月为最热月,平均气温为 26~28.8 ℃,沿海部分地区最热月在 8 月,5 月、6 月为集中降雨期。另外,由于浙江位于中、低纬度的沿海过渡地带,加之地形起伏较大,又受热带季风和大陆冷气团双重影响,所以浙江是中国受台风灾害影响最严重的地区之一。

(三)经济地理

浙江省素有"鱼米之乡"之称,大米、茶叶、蚕丝、柑橘、竹品、水产品在中国占重要地位。绿茶产量占中国第一,蚕茧产量占中国第二,绸缎出口量占中国出口总量的 30%,柑橘产量居中国第三,毛竹产量居中国第一。浙江是中国高产综合性农业区,茶叶、蚕丝、柑橘、海鲜和竹制产品等在中国占有重要地位。

浙江是中国的渔业大省,渔业由传统生产型过渡到捕捞、养殖、加工一体化,内外贸全面发展的产业化经营。石浦渔港、沈家门渔港是中国最早四大中心渔港中的两席,海洋捕捞量居中国之首。杭嘉湖平原是中国三大淡水养鱼中心之一。

浙江工业以轻工业、加工制造业为主,浙江省的制造业不仅强,而且饱满,既有大企业,也有很多中小企业。浙江的丝绸工业历史悠久,产品精美,传统工业闻名遐迩;电力工业发达,秦山核电站为中国第一座核能电站。

浙江省境内矿产种类繁多,明矾石矿储量居世界第一,萤石矿储量居中国第二。

(四)主要空港城市及机场

浙江省内共分布 10 个民航机场,分别是杭州萧山国际机场、宁波栎社国际机场、温州龙湾国际机场、嘉兴机场、义乌机场、衢州机场、丽水机场、舟山普陀山机场、台州路桥机场、横店通用机场,其中,横店通用机场为中国第一个镇级通用机场。

杭州(三字代码为 HGH)古称临安、钱塘,浙江省辖地级市、省会、副省级市、特大城市、杭州都市圈核心城市,长江三角洲中心城市之一,浙江省的政治、经济、文化、科教、交通、传媒、通信和金融中心。杭州位于中国东南沿海、浙江省北部、钱塘江下游北岸、京杭大运河南端,总面积16 596 平方千米。杭州是中国七大古都之一,首批国家历史文化名城和全国重点风景旅游城市。距今 5 000 年前的余杭良渚文化被誉为"文明的曙光"。自秦设县以来,杭州已有 2 200 多年的建城史,五代吴国、越国和南宋均在此定都。元朝时曾被意大利旅行家马可·波罗赞为"世界上最美丽华贵之城"。

1. 杭州萧山国际机场

杭州萧山国际机场(Hangzhou International Airport)(IATA 代码为 HGH,ICAO 代码为 ZSHC,见图 4-41)是杭州第二座民航机场,位于杭州市萧山区东部,是华东地区重要的干线机场、国际定期航班机场、对外开放的一类航空口岸和国际航班备降机场、浙江省第一空中门户,在华东是仅次于上海浦东国际机场的国际口岸机场。机场占地面积超过 10 平方千米,拥有 2 条跑道、3 座航站楼。基地航空公司 3 家,分别为浙江长龙航空有限公司、中国国航、厦门航空。

图 4-41 杭州萧山国际机场

通航点 190 个,其中内地 128 个、国际和地区 62 个。2019 年旅客吞吐量全国排名第十,跃升至 "4 000 万级"全球最繁忙机场行列。

2. 温州龙湾国际机场

温州龙湾国际机场(Wenzhou Longwan International Airport,IATA 代码为 WNZ,ICAO 代码为 ZSWZ,见图 4-42)位于温州市龙湾区,濒临东海,距市中心约 22 千米,为 4E 级民用国际机场,是国家一类航空口岸、中国国内二类民用机场,辐射温州、台州、丽水和宁德 4 个地区约 16 万平方千米。温州龙湾国际机场拥有 1 条跑道、2 座航站楼,营运航线 125 条,其中国际(地区)航线 16 条,累计通航城市 133 个,其中国际(地区)城市 29 个。2018 年,温州龙湾国际机场年旅客吞吐量首次突破 1 000 万人次,成功迈入千万级大型国际机场行列,已成为浙南、闽北重要的干线机场,为改善温州市的投资环境,促进对外交流和社会经济发展发挥了重要作用。

3. 宁波栎社国际机场

宁波栎社国际机场(Ningbo Lishe International Airport,ICAO 代码为 ZSNB,IATA 代码为 NGB,见图 4-43),位于宁波市海曙区石碶街道栎社村,距市区仅 12 千米,为 4E 级民用机场,是国内重要的干线机场,拥有 1 条跑道、1 座航站楼。截至 2019 年 12 月,宁波栎社国际机场共开通航线 143 条,其中,国内航线 123 条,地区航线 5 条,国际航线 15 条。通航城市 96 个,其中国内航点 76 个,地区航点 5 个,国际航点 15 个。建立了通往北京、广州、深圳、成都、重庆、厦门、青岛、大连、哈尔滨、昆明、三亚、郑州、兰州等国内主要大中城市及中国香港、中国澳门、中国台湾、新加坡、韩国、泰国、菲律宾等地区和国际航线网络。

图 4-42　温州龙湾国际机场

图 4-43　宁波栎社国际机场

(五)主要航空企业

浙江长龙航空有限公司(Zhejiang Loong Airlines Co.,Ltd.,IATA 代码为 GJ,ICAO 代码为 CDC,其标志见图 4-44)简称"长龙航空",创立于 2011 年 4 月 19 日,是以杭州萧山国际机场为主运营基地的浙江省唯一本土客、货运航空公司。长龙航空总部位于杭州,现有 58 架飞机,其中空客飞机 55 架,波音飞机 3 架,机队规模属中型航空公司,居民营航空公司前列,是同时期成立的航空公司中的佼佼者。至今累计开通国内外客货运航线 400 余条。长龙航空以杭州为主基地和宁波、温州为副主基地,设立以西安、成都、广州为中心的西北、西南、中南分公司,构建省内"一主两翼"、国内"东西南北"、连通辐射"一带一路"沿线国家的发展格局。

图 4-44　浙江长龙航空
有限公司的标志

(六) 旅游景点

浙江文化属于典型的"中国东南文化区",其主体构成是吴越文化。拥有重要地貌景观 800 多处,水域景观 200 多处,生物景观 100 多处,人文景观 100 多处;18 个国家级重点风景名胜区,42 个省省级风景名胜区;6 座国家级历史文化名城,12 座省级历史文化名城;全国重点文物保护单位 134 个,省级重点文物保护单位 279 个;国家级自然保护区 10 个,国家森林公园 35 个。浙江省有国家级风景名胜区 127 处,国家自然保护区 65 处,是森林公园最多的省,有丝绸、茶叶、服装、南宋官窑等博物馆。

杭州西湖(见图 4-45)是国家 5A 级旅游景区,是世界文化遗产,江南三大名湖之一,中国十大名胜古迹,被誉为"人间天堂"。西湖位于杭州市中心,分为湖滨区、湖心区、北山区、南山区和钱塘区,景区内群山环布在西湖的南、西、北三面,其中的吴山和宝石山像两只手臂,一南一北伸向市区,构成优美的杭城空间轮廓线。景区总面积达 49 平方千米,其中湖面 6.5 平方千米,以湖为主体,旧称武林水、钱塘湖、西子湖,宋代始称西湖。人民币壹圆纸币背面为西湖的三潭印月景观,体现着西湖在中国悠久文化中的重要地位。

乌镇(见图 4-46)隶属嘉兴市桐乡市,西临湖州市,北界江苏省苏州市吴江区,地处江南水乡,为二省三府七县交界处。乌镇曾名乌墩和青墩,具有 6 000 余年的悠久历史,是全国 20 个黄金周预报景点及江南六大古镇之一,同时乌镇是"中国最后的枕水人家"。乌镇是典型的江南地区汉族水乡古镇,有"鱼米之乡,丝绸之府"之称。1991 年被评为浙江省历史文化名城。乌镇从 2014 年开始,作为世界互联网大会的永久会址。

图 4-45 杭州西湖风景名胜区

图 4-46 嘉兴市桐乡乌镇古镇旅游区

横店影视城(见图 4-47)是规模比较大的影视拍摄基地,始建于 1996 年,由横店集团投资兴建。现已建成广州街、香港街、明清宫苑、秦王宫、清明上河图、梦幻谷江南水乡、明清民居博览城、华夏文化园、屏岩洞府、大智禅寺、民国街、春秋园、唐宫等十余个跨越几千年历史时空的影视拍摄基地,以及十余座甲级(电影级)、乙级(电视级)摄影棚。2004 年,横店影视产业试验区被确立为中国国家级影视产业实验区。

千岛湖风景区(见图 4-48)又称新安江水库,位于杭州市淳安县境内。湖形呈树枝形,湖中大小岛屿 1 078 个,千岛湖中大小岛屿形态各异,群岛分布有疏有密,罗列有致。1986 年 11 月,千岛湖风景区被林业部批复为国家森林公园。2001 年,千岛湖风景区被评为国家 5A 级旅游景区。2002 年,千岛湖风景区被评为中国保护旅游消费者权益示范景区和浙江青年文明号示范景区。

图 4-47　金华市东阳横店影视城景区

图 4-48　千岛湖风景区

三、山东省

（一）基本概况

山东省为华东地区的一个沿海省份,简称"鲁",省会为济南市,全省陆域面积 15.58 万平方千米,2021 年山东省的常住人口为 10 169.99 万人。山东有悠久的历史与丰厚的文化,古为齐鲁之地,别名齐鲁、东鲁、鲁东等,是中国儒家文化的发源地,儒家思想的创立人孔子、孟子,墨家思想的创始人墨子,军事家孙子、孙膑、吴起等,均出生于此。

山东省下辖 16 个地级市,分别是济南、青岛、淄博、枣庄、东营、烟台、潍坊、济宁、泰安、威海、日照、滨州、德州、聊城、临沂、菏泽。

（二）自然地理

山东位于华东沿海、黄河下游、京杭大运河中北段,从北至南分别与河北、河南、安徽、江苏四省接壤。东部山东半岛伸入黄海,北隔渤海海峡与辽东半岛相对,紧邻韩国和日本,东隔黄海与朝鲜半岛相望;东南临黄海遥望东海及日本南部列岛。全境南北最长约 420 多千米,东西最宽700 多千米。

山东境内中部山地突起,西南、西北低洼平坦,东部缓丘起伏,形成以山地丘陵为骨架、平原盆地交错环列其间的地形大势。山东地貌复杂,大体可分为中山、低山、丘陵、台地、盆地、山前平原、黄河冲积扇、黄河平原、黄河三角洲 9 个基本地貌类型,其河流分属黄河、海河、淮河流域或独流入海。

山东的气候属暖温带季风气候类型,降水集中,雨热同季,春秋短暂,冬夏较长。年平均气温为 11~14 ℃,省内气温地区差异东西大于南北。全年无霜期由东北沿海向西南递增,鲁北和胶东一般为 180 天,鲁西南地区可达 220 天。

（三）经济地理

山东农业历史悠久,耕地率全国最高,是中国的农业大省,农业增加值长期稳居中国各省第一位。

山东是全国粮食作物和经济作物的重点产区,素有"粮、棉、油之库,水果、水产之乡"之称。小麦、玉米、红薯、大豆、谷子、高粱、棉花、花生、烤烟、麻类产量都很大,在全国占有重要地位。

山东工业发达,工业总产值及工业增加值居中国各省前三位,特别是一些大型企业较多,有"群象经济"之称。此外,由于山东是中国重要的粮、棉、油、肉、蛋、奶产地,因此在轻工业,特别是纺织和食品工业也相当发达。重工业企业发展迅速,重点工矿业企业有齐鲁石化、山东电力、山东钢铁、山东海化、胜利油田、兖矿集团、中国铝业山东铝厂、南山集团、晨鸣纸业等。

（四）主要空港城市及机场

济南(三字代码为 TNA),别称泉城,山东省省会,副省级市、特大城市、济南都市圈核心城市、是国务院批复确定的环渤海地区南翼的中心城市,是山东省政治、经济、文化、科技、教育和金融的中心,也是重要的交通枢纽。

济南地处中国华东地区、山东省中部、华北平原东南部边缘,北连首都经济圈、南接长三角经济圈,是环渤海经济区和京沪经济轴上的重要交汇点,也是环渤海地区和黄河中下游地区的中心城市之一。济南因境内泉水众多,拥有"七十二名泉",素有"四面荷花三面柳,一城山色半城湖"的美誉,济南八景闻名于世,是拥有"山、泉、湖、河、城"独特风貌的旅游城市,是国家历史文化名城、首批中国优秀旅游城市、史前文化——龙山文化的发祥地之一。

山东省现有 10 个民用机场,分别为济南遥墙国际机场、青岛胶东国际机场、烟台蓬莱国际机场、威海大水泊国际机场、日照山字河机场、临沂启阳机场、潍坊南苑机场、济宁曲阜机场、东营胜利机场和菏泽牡丹机场。临沂启阳机场是山东最早的民用机场,新启用的青岛胶东国际机场将成为区域性枢纽机场、山东最大的对外国际机场、全国八大国际空港枢纽之一。

1. 青岛胶东国际机场

青岛胶东国际机场(Qingdao Jiaodong International Airport,IATA 代码为 TAO,ICAO 代码为 ZSQD,见图 4-49),位于青岛市胶州市胶东街道前店口村,西南距胶州市中心 11 千米,东南距青岛市中心 39 千米、东南距青岛流亭国际机场(已废弃)28 千米、西距海军胶州机场(已搬迁)6 千米,为 4F 级国际机场、区域性枢纽机场、面向日韩的门户机场。拥有 2 条跑道、1 座航站楼、机位 173 个。

青岛胶东国际机场是中国东方航空、山东航空和青岛航空的基地机场,42 家航空公司在此开通 12 个国家和地区的 198 条航线,共连通 119 座城市的 123 座机场。

2. 济南遥墙国际机场

济南遥墙国际机场(Jinan Yaoqiang International Airport,IATA 代码为 TNA,ICAO 代码为 ZSJN,见图 4-50),位于济南市历城区和章丘区交界处,距市中心 30 千米,为 4E 级民用国际机场,是中国重要的入境门户和干线机场之一,山东第二大民用机场。由于济南遥墙国际机场地处山东腹地,位于中国最繁忙的京沪、京广航路的中部,又在沿海地区和西部地区结合部分,因此是中国重要的干线机场及空中交通枢纽。对于山东省内来说,它是山东中西部济南、淄博、泰安、聊城、德州、滨州、济宁、菏泽等地市联用的具有国际通航条件的航空港。现拥有 1 条跑道、1 座航站楼,是山东航空、东航、深圳航空的基地机场。

图 4-49　青岛胶东国际机场

图 4-50　济南遥墙国际机场

（五）主要航空企业

山东航空股份有限公司(Shandong Airlines CO.,LTD.,IATA 代码为 SC,ICAO 代码为 CDG,其标志见图 4-51)简称山东航空,成立于 1999 年 12 月 13 日,其前身是 1994 年成立的山东航空有限责任公司,由山东航空集团有限公司、浪潮集团有限公司、山东华鲁集团有限公司、山东省水产企业集团总公司和鲁银投资集团股份有限公司发起重组而成,2004 年,山东航空集团有限公司与中国航空集团有限公司进行股权转让,国航同时持有山东航空集团有限公司和山东航空的股权,成为山东航空的实际控制人。

图 4-51　山东航空股份有限公司的标志

山东航空总部位于济南,在济南、青岛、烟台、厦门、重庆、北京、乌鲁木齐、贵阳等地设有分公司和飞行基地,形成了以山东、厦门、重庆为支点,"东西串联、南北贯通"的航线网络布局。机队结构持续优化,建立起波音 737 单一机队,飞机总数达到 132 架,目前经营国内、国际、地区航线共 290 多条,每周 4 300 多个航班飞往全国 80 多个大中城市,并开通韩国、日本、泰国、印度、柬埔寨等周边国家及中国台湾、中国香港等地区的航线。

（六）旅游景点

山东共有 6 处国家重点风景名胜区、10 座国家历史文化名城(济南、曲阜、青岛、聊城、邹城、临淄、泰安、蓬莱、青州、烟台)、2 座中国历史文化名村(济南市章丘区官庄乡朱家峪村、荣成市宁津街道办事处东楮岛村)、97 处全国重点文物保护单位(包括齐长城和京杭大运河的山东段)。

泰山(见图 4-52),又名岱山、岱宗、岱岳、东岳、泰岳,为五岳之一,有"五岳之首""五岳之长""五岳之尊""天下第一山"之称,是世界文化与自然双重遗产,世界地质公园,中国 5A 级旅游景区。泰山位于山东省中部,绵亘于泰安、济南、淄博三市之间。泰山被古人视为"直通帝座"的天堂,成为百姓崇拜、帝王告祭的神山,有"泰山安,四海皆安"的说法。自秦始皇开始到清代,先后有 13 位帝王依次亲登泰山封禅或祭祀,另外有 24 位帝王遣官祭祀 72 次。山体上留下了 20 余处古建筑群,2 200 余处碑碣石刻。泰山风景旅游区包括幽区、旷区、奥区、妙区、秀区、丽区六大风景区。泰山 4 个奇观,即泰山日出、云海玉盘、晚霞夕照、黄河金带。

趵突泉(见图 4-53),济南三大名胜之一,位于济南市历下区,东临泉城广场,北望五龙潭,面积达 10.5 公顷,位居济南七十二名泉之冠。乾隆皇帝南巡时因趵突泉水泡茶味醇甘美,曾册封趵突泉为"天下第一泉",也是最早见于古代文献的济南名泉。趵突泉泉眼位于趵突泉公园内的泺源堂前。泉水从地下石灰岩溶洞中涌出,泉水有 3 个出水口。趵突泉水一年四季恒定在 18 ℃左右。趵突泉周边的名胜古迹有泺源堂、观澜亭、尚志堂、李清照纪念堂、李苦禅纪念馆等景点。趵突泉与千佛山、大明湖并称为济南三大名胜。

山东济宁曲阜是孔子的故乡,曲阜的孔府、孔庙、孔林,统称曲阜"三孔"(见图 4-54),是中国历代纪念孔子,是历代儒客朝拜之圣地,推崇儒学的表征,以丰厚的文化积淀、悠久历史、宏大规模、丰富文物珍藏,以及科学艺术价值而著称,为国家 5A 级旅游景区。孔庙是孔子去世后的第二年,即公元前 478 年,由鲁哀公在孔子生前的故宅基础上改建而成的,后经历代王朝,特别是唐宋,以后不断扩建和整修,规模越来越大,现已成为占地 40 多公顷的古代杰出建筑。孔府即"衍圣公府",是孔子嫡系长子长孙居住的府地,规模宏大,占地 16 公顷。前为官衙,后为内宅,是中国封建社会中典型的衙宅合一的建筑。孔林亦称"至圣林",是孔子及其家族的专用墓地,也是世界上延续时间最长的家族墓地,是一处古老的人造园林,现孔林内有树木10万多株,成为中国最大的人工园林。1994年孔庙、孔林、孔府被联合国教科文组织列入《世界遗产名录》。

蓬莱阁(见图4-55)位于烟台市蓬莱区西北的丹崖山上,始建于北宋嘉祐年间,距今已有900多年的历史,现已经成为面积32 000多平方米、庙宇和园林交错的宏丽建筑群,是国家5A级旅游景区。它主要由吕祖殿、蓬莱阁、三清殿、天后宫、龙王宫、弥陀寺等建筑组成。主体建筑蓬莱阁雄居丹崖之顶,处在众星拱月的位置上。与滕王阁、岳阳楼、黄鹤楼齐名。

图4-52　泰山

图4-53　天下第一泉风景区

图4-54　曲阜"三孔"

图4-55　蓬莱阁风景区

四、福建省

(一)基本概况

福建省简称"闽",省会为福州市(三字代码为FOC),土地总面积12.4万平方千米,全省常住人口4 187万人(2021年)。福建位于东海与南海的交通要冲,由海路可以到达南亚、西亚、东非,是历史上海上丝绸之路的起点,也是海上商贸的集散地。和中国其他地方不同,福建沿海的文明是海洋文明,而内地客家地区是农业文明。依山傍海的特点也造就了福建丰富的旅游资源,除了武夷山、鼓浪屿、清源山、太姥山等自然风光外,还有土楼、安平桥等人文景观。

福建省下辖福州、厦门、泉州、漳州、莆田、龙岩、三明、南平、宁德9个地级市。

（二）自然地理

福建地处中国东南部、东海之滨,东隔台湾海峡与台湾省相望,东北与浙江省毗邻,西北横贯武夷山脉与江西省交界,西南与广东省相连,连接长江三角洲和珠江三角洲,是中国大陆重要的出海口,也是中国与世界交往的重要窗口和基地。

福建境内峰岭耸峙,丘陵连绵,河谷、盆地穿插其间,山地、丘陵占全省总面积的80%以上,素有"八山一水一分田"之称。地势总体上西北高、东南低,横断面略呈马鞍形。因受新华夏构造体系的控制,在西部和中部形成北东向斜贯全省的闽西大山带和闽中大山带。两大山带之间为互不贯通的河谷、盆地,东部沿海为丘陵、台地和滨海平原。

福建陆地海岸线长达3 752千米,仅次于广东的4 100多千米,位居全国第二,以海岸侵蚀地貌为主,堆积性海岸为次,岸线十分曲折。潮间带滩涂面积约20万公顷,底质以泥、泥沙或沙泥为主。港湾众多,自北向南有沙埕港、三都澳、罗源湾、湄洲湾、厦门港和东山湾六大深水港湾。岛屿星罗棋布,共有岛屿1 500多个,平潭岛现为全省第一大岛,原有的厦门岛、东山岛等岛屿已筑有海堤与陆地相连而形成半岛。

福建水系密布,河流众多,水力资源丰富。流域面积在50平方千米以上的河流共有683条,其中流域面积在5 000平方千米以上的主要河流有闽江、九龙江、晋江、交溪、汀江5条。闽江为全省最大河流,全长577千米,多年平均径流量为575.78亿立方米,流域面积为60 992平方千米,约占全省面积的一半。福建森林覆盖率为63.1%,居全国首位,林地面积617.9万公顷,是全国六大林区之一,有的已辟为自然保护区。

福建靠近北回归线,受季风环流和地形的影响,气候属亚热带海洋性季风气候,但气候区域差异较大,闽东南沿海地区属南亚热带气候,闽东北、闽北和闽西属中亚热带气候,各气候带内水热条件的垂直分异也较明显。福建是中国雨量最丰富的省份之一,年平均气温为17~21 ℃,平均降雨量为1 400~2 000毫米,气候条件优越,适宜人类聚居以及多种作物生长。

（三）经济地理

自古以来,福建百姓就不是靠山吃山,而是靠海吃海。渔业、盐业、贸易成为福建古代经济发展的三大产业。改革开放后,福建的优势得以充分展示出来。1979年,厦门成为经济特区,是中国第一批开放的城市。1984年,福州成为24个沿海开放城市之一。1985年,闽中南成为全国四大沿海开放区之一。从此,大量的资金、技术流入了福建,福建成为中国最重要的轻工业制造基地之一。

随着21世纪海上丝绸之路核心区、自贸试验区、福厦泉国家自主创新示范区等建设的不断推进,福建"多区叠加"优势逐渐转化为发展优势,为高质量发展提供有力支撑。2020年,福建省的国内生产总值为43 904亿。而人均国内生产总值达到了110 506元,高居全国前列。

福建是中国森林覆盖率最高的省份,这些森林资源成为福建的生态优势。如今的福建,其经济发展的核心都位于沿海地区,形成了"一条线"的产业群,而福建的内陆山区则配合沿海的产业,发展果蔬业、种植业、旅游业,沿海和山区形成了良好的互补。

　　福建是中国发展热带、亚热带经济作物的重要基地之一,甘蔗亩产与含糖率均居全国之冠。福建省属于环太平洋成矿带中的重要成矿区之一,矿产资源比较丰富。福建工业以轻型为主,门类齐全,形成了以福州、厦门、泉州、漳州、三明、莆田、南平、邵武、永安、龙岩、漳平等为中心的工业区,以轻工、电子、食品、水产加工为骨干的沿海工业和以原材料、纺织、森工、化工为骨干的内地铁路沿线工业配置的格局。

（四）主要空港城市及机场

　　福建现正在运营7座民用机场,分别为福州长乐国际机场、厦门高崎国际机场、泉州晋江国际机场、武夷山机场、连城冠豸山机场、三明沙县机场。另有正在建设中的厦门翔安国际机场(4F级)。

1. 福州长乐国际机场

　　福州简称"榕",别称榕城、闽都等,是福建省的省会。位于福建东部、闽江下游沿岸,与台湾省隔海相望,是东南沿海的重要都市,海峡西岸经济区的政治、经济、文化、科研及现代金融服务业中心,首批14个对外开放的沿海港口城市之一。福州具有2 200多年的建城史,是近代中国最早开放的5个通商口岸之一。它不仅是中国东南沿海重要的贸易港口和"海上丝绸之路"的门户,更是重要的经济、文化中心,是中国市场化程度和对外开放度较高的地区之一。

　　福州长乐国际机场(Fuzhou Changle International Airport,IATA代码为FOC,ICAO代码为ZSFZ,见图4-56),位于福州市长乐区,距离福州市区约39千米,为4E级民用国际机场、区域枢纽机场、"海上丝绸之路"门户枢纽机场、华东机场群成员。机场拥有1条跑道、1座候机楼。该机场是福建主要的国际机场,华东地区重要的航空国际口岸之一,东南沿海最繁忙机场之一,也是重要的航空客货集散地。

图4-56　福州长乐国际机场

　　福州长乐国际机场共有43家航空公司运营;通航点达89个,其中,国际城市16个,地区城市4个,境内城市69个;开通航线122条,其中,国际航线21条,地区航线5条,境内航线96条,是北方地区前往东南亚的重要中转地之一,基本形成了由福州向全国辐射、向东亚及东南亚延伸的空中交通网络。厦门航空以该机场为基地机场。

2.厦门高崎国际机场

厦门简称"厦"或"鹭",别称鹭岛,是福建省辖地级市、副省级市、计划单列市,国务院批复确定的中国经济特区,东南沿海重要的中心城市、港口及风景旅游城市。厦门是国家综合配套改革试验区、国家物流枢纽、东南国际航运中心、自由贸易试验区、国家海洋经济发展示范区、两岸新兴产业和现代服务业合作示范区、两岸区域性金融服务中心和两岸贸易中心。

厦门高崎国际机场(Xiamen Gaoqi International Airport,IATA 代码为 XMN,ICAO 代码为 ZSAM,见图 4-57)位于厦门市湖里区高崎,距市中心 10 千米,为 4E 级民用国际机场,是中国东南沿海重要的区域性航空枢纽,为中国十二大干线机场之一。机场拥有 1 条跑道、3 座航站楼、停机位 89 个。共通航 109 个城市,其中,国内 83 个,国际 20 个,地区 6 个。境内外航线 182 条,其中,境内航线 145 条,国际及地区航线 37 条。运营的航空公司有 40 家,其中,境内航空公司 25 家,境外航空公司 15 家。

图 4-57　厦门高崎国际机场

（五）主要航空企业

厦门航空有限公司(XIAMEN AIR,IATA 代码为 MF;ICAO 代码为 CXA,其标志见图 4-58),简称厦航,成立于 1984 年 7 月 25 日,是由中国民用航空总局与福建省合作创办的中国首家按现代企业制度运营的航空公司,截至 2022 年 7 月,现股东为中国南方航空股份有限公司(55%)、厦门建发集团有限公司(34%)和福建省投资开发集团有限责任公司(11%)。厦航是天合联盟的成员。

图 4-58　厦门航空有限公司的标志

厦门航空下辖福州、杭州、南昌、天津、北京、长沙、重庆、泉州、上海 9 个分公司。以厦门、福州、杭州、长沙、北京为运营基地,重庆、天津、长沙、南昌、泉州、武夷山为第二枢纽,经营至全国各大中城市以及中国港澳台地区,新加坡、马来西亚、泰国、日本、韩国、印度尼西亚等 400 多条国内、国际和地区航线,航线网络覆盖全中国、辐射东南亚和东北亚,随着阿姆斯特丹、悉尼、纽约、洛杉矶等洲际航线的陆续开通,实现了航线网络对欧洲、美洲和大洋洲的全覆盖,并借助天合联盟将航线网络延伸至全球。

截至 2021 年 1 月,厦航的机队规模达到 210 架飞机,平均机龄 7 年,是年轻的机队。

（六）旅游景点

福建的旅游资源丰富而且独特,是全国第二个每个设区市都有国家 5A 级旅游景区的省份,包括厦门市鼓浪屿、南平市武夷山、福建土楼(永定、南靖)、三明市泰宁风景名胜区、泉州市清源山、宁德市白水洋鸳鸯溪、宁德市福鼎太姥山、龙岩市古田旅游区、福州市三坊七巷景区、湄洲岛妈祖文化旅游区 10 个国家 5A 级旅游景区。

鼓浪屿(见图 4-59)位于厦门市西南隅,原名"圆沙洲",别名"圆洲仔",明朝改称"鼓浪屿"。因岛的西南方海滩上有一块 2 米多高、中有洞穴的礁石,每当涨潮水涌,浪击礁石,声似擂鼓,故称"鼓浪石",鼓浪屿也因此而得名,有"海上花园"之誉。主要观光景点有日光岩、菽庄花园、皓月园、毓园、鼓浪石、钢琴博物馆、郑成功纪念馆、厦门海底世界和天然海滨浴场等,融历史、人文和自然景观于一体。由于历史原因,岛上中外风格各异的建筑物均被完好地汇集、保留,有"万国建筑博览"之称。岛上钢琴拥有密度居全国之冠,因此得美名"钢琴之岛""音乐之乡"。

武夷山(见图 4-60)通常指位于武夷山市西南 15 千米的小武夷山,属典型的丹霞地貌,有"碧水丹山""奇秀甲东南"的美誉,天游峰有"天下第一险峰"之称。赤壁、奇峰、曲流、幽谷、险壑、洞穴、怪石构成了独树一帜的自然地貌,具有突出的地学价值和美学价值。著名景点有九曲溪、流香涧、玉女峰、大王峰、三仰峰、天心岩、虎啸岩、鹰嘴岩、水帘洞、桃源洞、云窝、慧苑、天游观、万年宫、一线天、九龙寨、卧龙潭、芙蓉滩、武夷精舍等。武夷山是座历史文化名山,早在新石器时期,古越人就已在此繁衍生息,如今悬崖绝壁上遗留的"架壑船"和"虹桥板"就是古越人特有的葬俗。武夷山还是三教名山。1999 年,被联合国教科文组织列入《世界自然与文化遗产名录》。

图 4-59 鼓浪屿

图 4-60 武夷山风景区

永定土楼(见图 4-61)位于福建省龙岩市,世界上独一无二的山区民居建筑。土楼千姿百态,种类繁多。现存著名圆楼 360 座,著名的方楼 4 000 多座,最具代表性的是五凤楼、大的方楼和圆楼。土楼的外墙是用糯米、石灰、蛋清和泥土混合而成,内部用黄木和杉木构造,夏可抵暑气,冬可抵洌风,还可自动调节室内温度。土楼的建造工艺世所罕见。永定土楼以历史悠久、种类繁多、规模宏大、结构奇巧、功能齐全、内涵丰富著称,具有极高的历史、艺术和科学价值,被誉为"东方古城堡""世界建筑奇葩""世界上独一无二的、神话般的山区建筑模式"。

泰宁世界地质公园(见图 4-62)位于三明市泰宁县,主要由石网、大金湖、八仙崖、金饶山 4个园区和泰宁古城浏览区组成,以典型的青年期丹霞地貌为主体,兼有火山岩、花岗岩等多种地质遗迹,是集科学考察、科普教育、观光览胜、休闲度假于一体的综合性地质公园。泰宁丹霞地貌区森林覆盖率高、水源充沛,丹崖瀑布极为发育,只要有断崖切割溪流的地方,都发育有瀑布。瀑布规模大小不等,形态各异,以线瀑、叠瀑为多且最美。其中最为壮观的当属金饶山景区白石顶西南山麓的龙井瀑布,总落差达 300 多米,常年流水不断,是地质公园的一道靓丽的风景线。泰宁古城历史悠久,文化积淀深厚,文化景观资源十分丰富。古建筑、摩崖石刻、碑刻、古墓葬和名人遗迹、遗址广为分布,县博物馆内藏有文物 3 000 余件,还有大量的文学遗产、诗词歌赋、神话传说、风土民情记录等,这些都是中华民族的宝贵财富,也为泰宁提供了得天独厚的历史文化遗产。

图 4-61　永定土楼

图 4-62　泰宁世界地质公园

五、江苏省

(一)基本概况

江苏,简称"苏",是中国省级行政区,省会为南京(三字代码为 NKG),总面积 10.72 万平方千米,常住人口 8 505.4 万(2021 年)。1667 年,因江南布政使司东西分置而建省,省名为"江南江淮扬徐海通等处承宣布政使司"与"江南苏松常镇太等处承宣布政使司"合称之简称。江苏省地跨长江、淮河南北,是中国古代文明的发祥地之一,1993 年发现的南京汤山直立南京猿人化石表明,距今 50 万年前就有古人类在此活动。吴韵汉风是形象表达江苏文化的一种说法,江苏文化主要由"吴文化""金陵文化""淮扬文化""徐淮文化""海洋文化"等组成。江苏自古经济繁荣,教育发达,文化昌盛,共拥有国家历史文化名城 13 座和江苏省历史文化名城 5 座,中国历史文化名镇和江苏省历史文化名镇 32 座,中国历史文化街区 5 处,拥有的国家历史文化名城、中国历史文化名镇和中国历史文化街区的数量均列全国首位。

江苏地处长江经济带,下辖 13 个地级行政区,分别是南京、徐州、连云港、宿迁、淮安、盐城、扬州、泰州、镇江、常州、南通、无锡、苏州。

(二)自然地理

江苏位于长江三角洲地区,中国大陆东部沿海地区中部,长江、淮河下游,东濒黄海,北接山东,西连安徽,东南与上海、浙江接壤。

江苏地形以平原为主,主要由苏北平原、黄淮平原、江淮平原、滨海平原、长江三角洲平原组成。江苏是中国地势最低的一个省区,绝大部分地区在海拔 50 米以下,低山丘陵集中在西南部。江苏跨江滨海,湖泊众多,地势平坦,地貌由平原、水域、低山丘陵构成;东临黄海,地跨长江、淮河两大水系。江苏省地理上跨越南北,气候、植被同时具有南方和北方的特征。

江苏位于亚洲大陆东岸中纬度地带,属东亚季风气候区,处在亚热带和暖温带的气候过渡地带。一般以淮河、苏北灌溉总渠一线为界,以北地区属暖温带湿润、半湿润季风气候;以南地区属亚热带湿润季风气候。江苏拥有1 000多千米长的海岸线,海洋对江苏的气候有着显著的影响。在太阳辐射、大气环流以及江苏特定的地理位置、地貌特征的综合影响下,江苏基本气候特点是:气候温和、四季分明、季风显著、冬冷夏热、春温多变、秋高气爽、雨热同季、雨量充沛、降水集中、梅雨显著、光热充沛。江苏受季风影响,春秋较短,冬夏偏长,南北温差明显。

(三) 经济地理

江苏省域经济综合竞争力居全国前列,实际使用外资规模居全国前列,是中国经济最活跃的省份之一,与上海、浙江、安徽共同构成的长江三角洲城市群已成为六大世界级城市群之一。

(四) 主要空港城市及机场

江苏省目前主要有9个民用机场在运营,分别是南京禄口国际机场、苏南硕放国际机场、常州奔牛国际机场、徐州观音国际机场、南通兴东国际机场、扬州泰州国际机场、连云港白塔埠国际机场、盐城南洋国际机场、淮安涟水国际机场。其中,苏南硕放国际机场、盐城南洋国际机场、常州奔牛国际机场、连云港白塔埠国际机场为军民合用机场,另外,2021年12月,连云港花果山国际机场正式通航,为连云港白塔埠国际机场的民用迁建机场。

2019年,江苏省的机场保持了稳中有进、稳中提质的良好发展态势,航空客运增速升至华东六省一市首位。全省200万级以上机场已达8家,居国内各省区第一。从公布的旅客吞吐量和货邮吞吐量数据看,在国内238个机场(不含港、澳、台地区)中,南京机场位列全国第11、12位,首次跻身国际大型机场行列;苏南硕放国际机场位列全国第42、22位;常州奔牛国际机场位列全国第50、45位;南通兴东国际机场位列全国第51、42位;徐州观音国际机场位列全国第55、52位;扬州泰州国际机场位列全国第57、51位;淮安涟水国际机场位列全国第67、57位;盐城南洋国际机场位列全国第72、64位;连云港白塔埠国际机场位列全国第75、84位。

南京简称"宁",古称金陵、建康,江苏省省会、副省级市、特大城市、南京都市圈核心城市,国务院批复确定的中国东部地区重要的中心城市、全国重要的科研教育基地和综合交通枢纽。南京地处中国东部、长江下游、濒江近海,是国务院规划定位的长三角辐射带动中西部地区发展的重要门户城市,也是东部沿海经济带与长江经济带战略交汇的重要节点城市。

南京是首批国家历史文化名城,中华文明重要的发祥地之一,历史上长期是中国南方的政治、经济、文化中心。南京是国家重要的科教中心,自古以来就是一座崇文重教的城市,有"天下文枢""东南第一学"之称,明清中国一半以上的状元均出自南京江南贡院。

南京禄口国际机场(Nanjing Lukou International Airport, IATA代码为NKG, ICAO代码为ZSNJ,见图4-63)位于南京市江宁区禄口街道,是江苏省和南京市的门户,是国家主要干线机场、一类航空口岸,华东地区的主要货运机场,与上海虹桥国际机场、上海浦东国际机场互为备降机场,是国家大型枢纽机场、

图4-63　南京禄口国际机场

中国航空货物中心和快件集散中心,国家区域交通枢纽。

南京禄口国际机场为 4F 级机场,有 2 条跑道、2 座航站楼、2 座货运站和 1 座交通中心,机坪面积近 110 万平方米,规模居华东地区第二名。南京禄口国际机场定位为"长三角世界级机场群重要枢纽"。拥有 135 条国内航线和 23 条国际航线,通达国内外 115 个航点,覆盖国内、辐射亚洲、连接欧美、通达大洋洲的航线网络布局已初步建成。

(五)主要航空企业

江苏的航空运输企业主要是中国东方航空江苏有限公司,简称"东航江苏",是由中国东方航空股份有限公司和江苏省共同投资组建的江苏省第一家大型航空公司。公司成立于 1993 年 4 月 7 日,2004 年完成与南京航空有限公司的联合重组。

中国东方航空江苏有限公司是南京禄口国际机场最大的基地航空公司,占有南京近三分之一的市场份额。公司立足江苏,以南京禄口国际机场、苏南硕放国际机场、常州奔牛国际机场和淮安涟水国际机场为基地,先后开辟国内、国际、地区的航线 100 余条,航线网络覆盖东南亚,中国港澳台,中国内地大中城市,拥有 57 架飞机。

(六)旅游景点

江苏旅游资源丰富,自然景观与人文景观相互交融,有古镇水乡,有千年名刹,有古典园林,有湖光山色,有帝王陵寝,有都城遗址,可谓是"吴韵汉风,各擅所长"。江苏有 4 处世界遗产、24 家国家 5A 级旅游景区、国家 4A 级旅游景区超 100 家、4 处国家级旅游度假区、3 处国家级自然保护区、4 处国家地质公园、21 处国家森林公园、3 处国家海洋公园、27 处国家湿地公园、60 处国家级水利风景区、5 处国家重点风景名胜区、28 座全国优秀旅游城市、120 处全国重点文物保护单位、645 处省级文物保护单位。

明孝陵(见图 4-64)位于南京市玄武区紫金山南麓独龙阜玩珠峰下,东毗中山陵,南临梅花山,位于钟山风景名胜区内,是明太祖朱元璋与其皇后的合葬陵寝。因皇后马氏谥号"孝慈高皇后",又因奉行孝治天下,故名"孝陵",为国家 5A 级旅游景区。明孝陵占地面积达 170 余万平方米,是中国规模最大的帝王陵寝之一,是中国传统建筑艺术文化与环境美学相结合的优秀典范。2003 年 7 月,明孝陵及明功臣墓被列为世界文化遗产。

图 4-64　明孝陵

苏州古典园林(见图 4-65)位于苏州市境内,溯源于春秋,发展于晋唐,繁荣于两宋,全盛于明清。素有"园林之城"的美誉,始建于前 6 世纪,清末时城内外有园林 170 多处,现存 50 多处。苏州古典园林宅园合一,可赏,可游,可居,园林所蕴含的中华哲学、历史、人文习俗是江南人文历史传统、地方风俗的一种象征和浓缩,展现了中国文化的精华,在世界造园史上具有独特的历史地位和重大的艺术价值,为国家 5A 级旅游景区。以拙政园、留园为代表的苏州古典园林被誉为"咫尺之内再造乾坤",是中华园林文化的翘楚和骄傲。1997 年,苏州古典园林中的拙政园、留园、网师园和环秀山庄被列入《世界文化遗产名录》;2000 年,沧浪亭、狮子林、耦园、艺圃和退思园作为苏州古典园林的扩展项目也被列为世界文化遗产。

钟山风景名胜区(见图 4-66)位于南京市玄武区紫金山,简称钟山风景区,它以中山陵园为中心,明孝陵和灵谷寺为依托,分布各类名胜古迹多达 200 多处,84 个可供游览景点,为国家 5A级旅游景区。风景区分为明孝陵景区、中山陵景区、灵谷景区、头陀岭景区和其他景点五大部分。钟山因山顶常有紫云萦绕,又得名紫金山。钟山与后湖相依相望,奠定南京先天形胜。其间龙蟠虎踞,山水城林浑然一体,可谓南京山水人文之钟萃。故诸葛亮有"钟山龙蟠,石头虎踞,此帝王之宅也"的盛赞。钟山以"龙蟠"之势,屹立于扬子江畔,饮霞吞雾,历经千年而郁郁葱葱,纳数朝君王和英雄豪杰而松青柏翠,融多元文化和数种天工而卓然于众山之中,囊六朝文化、明朝文化、民国文化、山水城林文化、生态休闲文化于一山之中,是为"中华城中人文第一山"。

图 4-65　苏州古典园林

图 4-66　钟山风景名胜区

六、江西省

(一)基本概况

江西,简称赣,省会为南昌市(三字代码为 KHN),其区位优越、交通便利,地处江南,自古为"干越之地""吴头楚尾、粤户闽庭",乃"形胜之区",素有"文章节义之邦,白鹤鱼米之国"之美称。江西的红色文化驰名中外,井冈山是中国革命的摇篮,南昌是中国人民解放军的诞生地,瑞金是中华苏维埃共和国临时中央政府成立的地方,安源是中国工人运动的策源地。

江西部分地区属海峡西岸经济区,境内有中国第一大淡水湖——鄱阳湖,也是亚洲超大型的铜工业基地之一,有"世界钨都""稀土王国""中国铜都""有色金属之乡"的美誉。

江西下辖 11 个设区市,分别是南昌、九江、上饶、抚州、宜春、吉安、赣州、景德镇、萍乡、新余、鹰潭。截至 2021 年,江西省常住人口为 4 517.4 万人。

(二)自然地理

江西位于中国东南部,长江中下游南岸,属于华东地区,东邻浙江、福建;南连广东;西靠湖南;北毗湖北、安徽而共接长江。

　　江西地形以江南丘陵、山地为主;盆地、谷地广布,略带鄱阳湖平原。地貌上属江南丘陵的主要组成部分。省境东、西、南三面环山地,中部丘陵和河谷平原交错分布,北部则为鄱阳湖平原。气候属亚热带温暖湿润季风气候,年平均气温为 16.3～19.5 ℃,一般自北向南递增。夏季较长,冬季较短。全省冬暖夏热,对于发展以双季稻为主的三熟制及喜温的亚热带经济林木均甚有利。

　　江西为中国多雨省区之一,地区分布上是南多北少、东多西少;山地多,盆地少。降水季节分配不均,其中 4～6 月的降水量占全年降水量的 42%～53%,降水的年际变化也很大,多雨与少雨年份相差几近一倍,二者是导致江西旱涝灾害频繁发生的原因之一。

(三) 主要航空港及机场

　　江西民用航空运输形成了一个以南昌为核心,赣州、九江、井冈山、景德镇、宜春等城市连接全国和世界各地的航空运输网,南昌昌北国际机场、赣州黄金国际机场是中国及国际客运及货运的航空枢纽,江西还有井冈山机场、景德镇罗家机场、宜春明月山机场、上饶三清山机场、九江庐山机场等民航机场。

　　南昌地处中国华东地区、江西省中部偏北,赣江、抚河下游,鄱阳湖西南岸,是江西省的政治、经济、文化、科教和交通中心,有“粤户闽庭,吴头楚尾”“襟三江而带五湖”之称,“控蛮荆而引瓯越”之地,是中国唯一一个毗邻长江三角洲、珠江三角洲和海峡西岸经济区的省会中心城市,也是中国华东地区重要的中心城市之一、长江中游城市群中心城市之一。南昌是国家历史文化名城,因“昌大南疆、南方昌盛”而得名,“初唐四杰”王勃在《滕王阁序》中称其为“物华天宝、人杰地灵”之地;南唐时期南昌府称为“南都”;1927 年“八一”南昌起义,是著名的革命英雄城市,被誉为军旗升起的地方;新中国成立后,南昌制造了新中国第一架飞机、第一批海防导弹、第一辆摩托车和拖拉机,是中国重要的制造中心、新中国航空工业的发源地。

　　南昌昌北国际机场(Nanchang Changbei International Airport,IATA 代码为 KHN,ICAO 代码为 ZSCN)距南昌市区约 28 千米,为 4E 级民用运输机场,是中国重要的枢纽干线机场、国际客货运枢纽。拥有 1 条跑道,2 座航站楼。在机场运营的中国国内外航空公司有 48 家(含 2 家货运航空公司),通航 68 个城市,经营航线 132 条,是东航、厦航和江西航空有限公司的基地机场。

(四) 旅游景点

　　庐山(见图 4-67)又名匡山、匡庐,位于九江市庐山市境内。东偎婆源鄱阳湖,南靠南昌滕王阁,西邻京九铁路,北枕滔滔长江,耸峙于长江中下游平原与鄱阳湖畔。山体呈椭圆形,典型的地垒式断块山。庐山以雄、奇、险、秀闻名于世,素有“匡庐奇秀甲天下”之誉,为国家 5A 级旅游景区。水流在河谷发育裂点,形成许多急流与瀑布,最为著名的三叠泉瀑布,有“不到三叠泉,不算庐山客”之美句。1996 年 12 月 6 日,被列为世界文化遗产。2003 年,庐山成为中华十大名山之一。

　　三清山(见图 4-68)又名少华山、丫山,位于上饶市玉山县与德兴市交界处。因玉京、玉虚、玉华三峰宛如道教玉清、上清、太清三位尊神列坐山巅而得名。三清山是道教名山,三清山不同成因的花岗岩微地貌密集分布,展示了世界上已知花岗岩地貌中分布最密集、形态最多样的峰林。三清山按八卦布局的三清宫古建筑群,被国务院文物考证专家组评价为“中国古代道教建筑的露天博物馆”,为国家 5A 级旅游景区。三清山在一个相对较小的区域内展示了独特花岗岩石柱与山峰,丰富的花岗岩造型石与多种植被、远近变化的景观及震撼人心的气候奇观相结合,创造了世界上独一无二的景观美学效果,呈现了引人入胜的自然美。《中国国家地理》杂志推选其为“中国最美的五大峰林”之一;中美地质学家一致认为它是“西太平洋边缘最美丽的花岗岩”。

图 4-67　庐山风景区

图 4-68　三清山风景区

七、安徽省

(一) 基本概况

安徽,简称"皖",乾隆年间,《清会典》从法律层面确定了顺治末、康熙初江南等三省分省的结果,乾隆《清一统志》将江苏与安徽两省分开,目录中已经全部为"以上某某省"。省名取当时安庆、徽州两府首字合成,因境内有皖山、春秋时期有古皖国而简称皖。省会合肥(三字代码为HFE)位于长江三角洲地区,中国华东地区,总面积 14.01 万平方千米,截至 2021 年末,安徽省常住人口 6 113 万人。

安徽省是长三角的重要组成部分,处于全国经济发展的战略要冲和国内几大经济板块的对接地带,经济、文化和长江三角洲其他地区有着历史和天然的联系。安徽文化发展源远流长,由徽州文化、淮河文化、皖江文化、庐州文化 4 个文化圈组成。

安徽省下辖 16 个地级市,分别是:合肥、芜湖、蚌埠、淮南、马鞍山、淮北、铜陵、安庆、黄山、阜阳、宿州、滁州、六安、宣城、池州、亳州。

(二) 自然地理

安徽地处中国华东地区,经济上属于中国东部经济区。地处长江、淮河中下游,长江三角洲腹地,居中靠东、沿江通海,东连江苏,西接湖北,东南接浙江,南邻江西,北靠山东,东西宽 450 千米,南北长 570 千米。

安徽省平原、台地(岗地)、丘陵、山地等类型齐全,可将全省分成淮河平原区、江淮台地丘陵区、皖西丘陵山地区、沿江平原区、皖南丘陵山地 5 个地貌区,有天目-白际、黄山和九华山,三大山脉之间为新安江、水阳江、青弋江谷地,地势由山地核心向谷地渐次下降,分别由中山、低山、丘陵、台地和平原组成层状地貌格局。山地多呈北东向和近东西向展布,其中最高峰为黄山莲花峰海拔 1 873 米。山间大小盆地镶嵌其间,其中以休歙盆地为最大。

安徽省在气候上属暖温带与亚热带的过渡地区。在淮河以北属暖温带半湿润季风气候,淮河以南属亚热湿润季风气候。其主要特点是:季风明显,四季分明,春暖多变,夏雨集中,秋高气爽,冬季寒冷。安徽又地处中纬度地带,随季风的递转,降水发生明显季节变化,是季风气候明显的区域之一。

(三)经济地理

安徽濒江近海,有 400 千米的沿江城市群和皖江经济带,内拥长江水道,外承沿海地区经济辐射。

安徽是中国重要的农产品生产、能源、原材料和加工制造业基地,汽车、机械、家电、化工、电子、农产品加工等行业在全国占有重要位置。

(四)主要机场

合肥新桥国际机场(Hefei Xinqiao International Airport,IATA 代码为 HFE,ICAO 代码为 ZSOF,见图 4-69),2013 年 5 月 30 日正式建成通航,位于安徽省合肥市蜀山区高刘街道,距合肥市中心 31.8 千米,为 4E 级国际机场,区域枢纽机场,华东机场群成员。拥有 1 条跑道,1 座航站楼。合肥新桥国际机场共有 26 家航空公司投入航班运力,基地航空有东航,共开通国内航线 51 条,开通中国港澳台及韩国、日本、泰国、柬埔寨、德国等国际及地区航线 13 条。

图 4-69　合肥新桥国际机场

(五)旅游景点

黄山(见图 4-70),古称黟山,地处安徽省南部、黄山市北部,以奇松、怪石、云海、温泉、冬雪"五绝"及历史遗存、书画、文学、传说、名人"五胜"著称于世,素有"天下第一奇山""天开图画""松海云川"之称,是中华十大名山之一、古代道教名山之一、中国最著名的山岳之一,是国家 5A 级旅游景区。黄山境内分为温泉、云谷、玉屏、北海、松谷、钓桥、浮溪、洋湖、福固九个管理区,有千米以上高峰 88 座,其中"莲花""光明顶""天都"为黄山三大主峰。黄山境内有大量的文化遗存,如古蹬道、古楹联、古桥、古亭、古寺、古塔等,另有现存摩崖石刻 300 余处,孕育了中国山水画"黄山画派"。黄山是安徽省旅游的标志、安徽人民热情友好的象征,世有"五岳归来不看山,黄山归来不看岳"之名。

皖南古村落(见图 4-71)位于黟县东,以西递村、宏村为代表。西递、宏村古民居村落位于黟县境内的黄山风景区。西递村面积近 13 公顷,已有 950 多年的历史,现有 14 ~ 19 世纪的祠堂 3 幢、牌楼 1 座、古民居 224 幢。西递村至今完好地保存着典型的明清古村落风格,有"活的古民居博物馆"之称。宏村始建于 1131 年,现存明、清古建筑 137 幢,是中国封建社会后期文化的典型代表——徽州文化的载体,集中体现了工艺精湛的徽派民居特色。

图 4-70　黄山

图 4-71　皖南古村落(西递-宏村)

　　九华山(见图 4-72),古称陵阳山、九子山,为"中国佛教四大名山"之一,位于池州市青阳县境内,素有"东南第一山"之称,传说因唐朝李白《望九华赠青阳韦仲堪》诗:"昔在九江上,遥望九华峰。天河挂绿水,秀出九芙蓉。"而更名为"九华山"。相传为地藏菩萨应化的道场,佛教认为地藏菩萨是"大孝"和"大愿"的象征。九华山自山麓至天台峰,名刹古寺林立,文物古迹众多,尚存化城寺、月身宝殿、慧居寺、百岁宫等古刹 78 座,佛像 1 500 余尊,藏有明万历皇帝颁赐的圣旨、藏经及其他玉印、法器等文物 1 300 余件。

图 4-72　九华山

第三节　中南区航空运输地理

　　中南区包括广东省(粤)、广西壮族自治区(桂)、湖北省(鄂)、湖南省(湘)、河南省(豫)、海南省(琼)。中南地区是中国机场数量较多、空运业务量较大的地区,特别是珠三角一带,空运最发达。

　　根据《全国民用机场布局规划》,至 2030 年,布局规划新增周口、荆州、湘西、韶关、贺州、儋州等 24 个机场,总数达 60 个。《规划》中提到,要推进广州、深圳等地机场资源共享、合作共赢、协同发展,提升国际枢纽竞争力,共同打造珠三角地区世界级机场群;增强武汉、长沙、郑州机场的枢纽作用,培育海口、三亚、南宁、桂林等机场的区域枢纽功能;提升揭阳、柳州、洛阳、宜昌、张家界等其他既有机场的发展水平,稳步推进信阳、岳阳等机场的建设。

　　中南区主要机场如表 4-3 所示。

表 4-3　中南区主要机场

机场名称	机场三字代码	机场四字代码	所属省区市
广州白云国际机场	CAN	ZGGG	广东
深圳宝安国际机场	SZX	ZGSZ	广东
珠三角新干线机场	—	—	广东(在建)
珠海金湾国际机场	ZUH	ZGSD	广东
惠州平潭机场	HUZ	ZGHZ	广东
揭阳潮汕国际机场	SWA	ZGOW	广东
韶关丹霞机场	HSC	—	广东
湛江机场	ZHA	ZGZJ	广东
梅州梅县机场	MXZ	ZGMX	广东
佛山沙堤机场	FUO	ZGFS	广东
海口美兰国际机场	HAK	ZJHK	海南
三亚凤凰国际机场	SYX	ZJSY	海南
琼海博鳌机场	BAR	ZJQH	海南
三沙永兴机场	XYI	ZJYX	海南
郑州新郑国际机场	CGO	ZHCC	河南
洛阳北郊机场	NNY	ZHNY	河南
南阳姜营机场	NNY	ZHSS	河南
信阳明港机场	XAI	ZGXY	河南
武汉天河国际机场	WUH	ZHHH	湖北
荆州沙市机场	SHS	ZHJZ	湖北
襄阳刘集机场	XFN	ZHXF	湖北
宜昌三峡国际机场	YIH	ZHYC	湖北
恩施许家坪机场	ENH	ZHES	湖北
神农架红坪机场、	HPG	ZHSN	湖北
十堰武当山机场	WDS	ZHSY	湖北
长沙黄花国际机场	CSX	ZGHA	湖南
张家界荷花国际机场	DYG	ZGDY	湖南
常德桃花源机场	CGD	ZGCD	湖南
衡阳南岳机场	HNY	ZGHY	湖南
永州零陵机场	LLG	ZGLG	湖南
怀化芷江机场	HJJ	ZGCJ	湖南

机场名称	机场三字代码	机场四字代码	所属省区市
邵阳武冈机场	WGN	ZGSY	湖南
岳阳三荷机场	YYA	ZGYY	湖南
郴州北湖机场	HCZ	ZGCZ	湖南
南宁吴圩国际机场	NNG	ZGNN	广西
桂林两江国际机场	KWL	ZGKL	广西
北海福成机场	BHY	ZGBH	广西
柳州白莲机场	LZH	ZGZH	广西
梧州西江机场	WUZ	ZGWZ	广西
河池金城江机场	HCJ	ZGHC	广西
百色巴马机场	AEB	ZGBS	广西
玉林福绵机场	YLX	ZGYL	广西

一、广东省

（一）基本概况

广东省简称"粤"，因古地名广信之东，故名"广东"，省会为广州（三字代码为 CAN），是中国大陆南端沿海的一个省份。省内土地丰足、水资源丰富，其所在的珠江三角洲地区是世界上最大的都会区和大都市区之一。

截至 2021 年，广东省常住人口 12 684 万人。广东有广府、客家、潮汕等民系，是岭南文化的重要传承地，在语言、风俗、生活习惯和历史文化等方面都有着独特的风格。广东的社会、文化也最为开放，居住在广东的外国人士达百万。

广东省下辖 21 个地级市，划分为珠三角、粤东、粤西和粤北 4 个区域。珠三角：广州、深圳、佛山、东莞、中山、珠海、江门、肇庆、惠州；粤东：汕头、潮州、揭阳、汕尾；粤西：湛江、茂名、阳江、云浮；粤北：韶关、清远、梅州、河源。广州是国家中心城市，深圳为副省级市及计划单列市，深圳、珠海和汕头为经济特区，广州和湛江为中国首批沿海开放城市。

（二）自然地理

广东地处中国大陆最南部。东邻福建，北接江西、湖南，西连广西，南临南海，珠江口东西两侧分别与香港特别行政区、澳门特别行政区接壤，西南部雷州半岛隔琼州海峡与海南相望。北回归线从南澳—从化—封开一线横贯广东。

广东境内陆地面积为 17.98 万平方千米，约占全国陆地面积的 1.87%。全省沿海共有面积 500 平方米以上的岛屿 759 个，数量仅次于浙江、福建两省，居中国第三位，另有明礁和干出礁 1 631 个。

广东地势北高南低，山脉大多与地质构造的走向一致，以北东—南西走向居多，北部、东北部和西部有较高山脉，中部和南部沿海地区多为低丘、台地或平原，山脉之间有大小谷地和盆地分布。平原以珠江三角洲平原最大,潮汕平原次之,此外还有高要、清远、杨村和惠阳等冲积平原。

广东境内主要河系为珠江的西江、东江、北江和三角洲水系及韩江水系,其次为粤东的榕江、练江、螺河、黄岗河,以及粤西的漠阳江、鉴江、九洲江和南渡河等独流入海河流。广东的水资源时空分布不均。珠江的通航能力仅次于长江,居中国的第二位,居中国江河水系的第二位,长度及流域面积均居中国第四位。

广东位于东亚季风区,夏天炎热多雨,冬天温和干燥,从北到南分别为中亚热带、南亚热带和热带气候,是中国光、热、水资源最丰富的地区之一。年平均气温为 19~24 ℃,其中,1 月平均气温为 16~19 ℃,7 月平均气温为 28~29 ℃。年平均降水量在 1 300~2 500 毫米,分布基本上也呈南多北少的趋势。广东洪涝和干旱灾害经常发生,台风影响较为频繁。春季的低温阴雨、秋季的寒露风和秋末至春初的寒潮和霜冻,也是广东多发的灾害性天气。

(三)经济地理

广东是中国的经济强省,在许多经济指标上,广东都位列前茅,如地区生产总值、社会消费品零售总额、居民储蓄存款、专利申请量、税收、进出口总额、旅游总收入、移动电话拥有量、互联网用户、货物运输周转总量等。广东充分发挥毗邻港澳的优势,深化区域金融合作,全力建设金融强省,对周边地区的金融辐射力越来越强。广东已基本形成了以货币、外汇、产权等市场为主体的金融市场体系。广东的广州、深圳、珠海、佛山、惠州、东莞、中山、江门、肇庆 9 市和香港、澳门两个特别行政区联手打造粤港澳大湾区,建设世界级城市群,成为与美国纽约湾区、美国旧金山湾区、日本东京湾区并肩的世界四大湾区之一。

(四)主要空港城市及机场

广东省现有 9 个骨干机场在运营,与新建的珠三角新干线机场一同构成广东省重点打造的“5+4”骨干机场。“5+4”指的是珠三角地区的广州白云国际机场、深圳宝安国际机场、珠三角新干线机场、珠海金湾国际机场、惠州平潭机场,以及粤东西北的揭阳潮汕国际机场、韶关丹霞机场、湛江机场(粤西国际机场)、梅州梅县机场。广东还有一个军民合用机场——佛山沙堤机场。

1. 广州白云国际机场

广州白云国际机场所在地广州是华南地区最大的进出口岸和重要的交通枢纽,凭借其得天独厚的地理位置及海陆空层次分明的交通体系,具有覆盖东南亚、连接欧美,辐射内地各主要城市的天然网络优势。作为粤港澳大湾区的核心枢纽机场,广州白云国际机场的发展“引擎”作用凸显,除了直接带动临空经济产业的发展,对社会商贸、旅游、酒店、文化、教育产业也具有显著的带动作用。未来,广州白云国际机场将打造集航空运输、高铁、地铁、城际轨道和高速公路多种交通方式于一体的综合交通中心和换乘枢纽,实现泛珠三角、珠三角地区城市之间的有效衔接。与广州港、广州南沙自贸区一道在国家“一带一路”倡议、粤港澳大湾区建设、珠三角世界级机场群建设、新一轮对外开放大格局中发挥更大的作用。

广州白云国际机场(Guangzhou Baiyun International Airport,IATA 代码为 CAN,ICAO 代码为 ZGGG,见图 4-73)位于广州市北部的白云区人和镇与花都区新华镇交界处,距广州市中心约 28 千米。始建于 20 世纪 30 年代,是中国三大国际航空枢纽机场之一、国家“一带一路”倡议和“空中丝绸之路”的重要国际航空枢纽、粤港澳大湾区核心枢纽机场。广州白云国际机场现有 2 座航站楼、3 条跑道,飞行区等级为 4F 标准,可满足 A380 等大型宽体客机的起降及停放需要,标准机位 269 个(含 FBO)。

广州白云国际机场是南方航空、海南航空、东方航空、深圳航空、九元航空有限公司(简称九元航空)、中原龙浩航空有限公司和长龙航空公司等基地机场。与近 80 家中外航空公司建立了业务往来,航线通达国内外 230 多个通航点,其中国际及地区航点超过 90 个,航线网络覆盖全球五大洲。广州与国内、东南亚主要城市形成"4 小时航空交通圈",与全球主要城市形成"12 小时航空交通圈"。

2. 深圳宝安国际机场

深圳宝安国际机场(IATA 代码为 SZX,ICAO 代码为 ZGSZ,见图 4-74)位于珠江口东岸,机场距离深圳市区 32 千米,是中国境内集海、陆、空、铁联运为一体的现代化大型国际枢纽机场,世界百强机场之一、中国十二大干线机场之一、中国四大航空货运中心及快件集散中心之一,也是中国境内第一个采用过境运输方式的国际机场。飞行区等级 4F,拥有 2 条跑道,1 座航站楼。

图 4-73　广州白云国际机场

图 4-74　深圳宝安国际机场

深圳宝安国际机场共有 44 家国内外航空公司开通深圳航线,航线总数为 188 条,其中,国内航线 154 条,港、澳、台地区航线 4 条,国际航线 30 条。

截至 2019 年,深圳宝安国际机场客运通航城市 190 个(国内 126 个,国际 60 个、地区 4 个),全货机通航城市 37 个(国内 19 个、国际 17 个、地区 1 个),新开通约翰内斯堡、特拉维夫、名古屋、罗马、德黑兰、内比都、加德满都、索契等 17 个国际客运通航城市。

深圳航空、南方航空深圳分公司、翡翠国际货运航空有限责任公司(简称翡翠货运)、东海航空货运 4 家航空公司以深圳宝安国际机场为基地机场。

深圳保安国际机场立足珠三角世界级城市群,依托深圳"特区、湾区、自贸区"三区叠加的独特区位优势,坚持服务城市发展,坚持客货运并举,构建发达高效的"海、陆、空、铁"综合交通运输体系,打造面向亚太、连接欧美的客货运输网络,将深圳宝安国际机场建设成为珠三角世界级机场群重要的核心机场和更具辐射力的重要国际航空枢纽。

(五)主要航空企业

1. 中国南方航空股份有限公司

中国南方航空股份有限公司(China Southern Air-lines,IATA 代码为 CZ,ICAO 代码为 CSN,其标志见图 4-75)简称南航,总部设在广州,隶属于中国南方航空集团有限公司,是中国运输飞机最多、航线网络最发达、年客运量最大的航空公司。机队规模居亚洲第

图 4-75　中国南方航空股份有限公司的标志

一、世界第四,是全球第一家同时运营空客 A380 和波音 787 的航空公司。

主运营基地:广州白云国际机场、北京大兴国际机场。

其他基地:深圳宝安国际机场、揭阳潮汕国际机场、粤西国际机场、厦门高崎国际机场、沈阳桃仙国际机场、乌鲁木齐地窝堡国际机场、武汉天河国际机场、郑州新郑国际机场、大连周水子国际机场。

南航先后联合重组、控股、参股多家国内航空公司。南航拥有厦门、河南、贵州、珠海等 8 家控股公共航空运输子公司,以及新疆、北方、北京等 20 家分公司,在杭州、青岛等地设有 23 个境内营业部,在新加坡、纽约、巴黎等地设有 54 个境外营业部。

在 2019 年和 2020 年,南航旅客运输量分别为 1.52 亿人次和 0.97 亿人次,连续 42 年居中国各航空公司之首。截至 2020 年 12 月,南航运营包括波音 787、777、737 系列,空客 A380、A330、A320 系列等型号客货运输飞机超过 860 架,是全球首批运营空客 A380 的航空公司。南航每天有 3 000 多个航班飞往全球 40 多个国家和地区、224 个目的地,航线网络 1 000 多条,提供座位数超过 50 万个。通过与美国航空、英国航空、卡塔尔航空等合作伙伴密切合作,南航航线网络延伸到全球更多目的地。

近年来,南航全力打造广州—北京"双枢纽",通过新开和优化航线网络,致力建设两大综合性国际航空枢纽。在广州,南航持续 10 年稳步建设"广州之路",服务"一带一路"和粤港澳大湾区。截至 2019 年末,南航在广州白云国际机场的通航点达 132 个,其中国际及地区通航点 51 个。南航广州枢纽已成为中国大陆至大洋洲、东南亚的第一门户。

在北京,作为北京大兴国际机场最大的主基地航空公司,南航拥有超过 50% 的时刻资源。2020 年 10 月,南航往返北京航班全部转至北京大兴国际机场。南航在北京大兴国际机场还运营着亚洲跨度最大的机库、亚洲最大的运行控制中心和航空食品生产基地。到 2025 年,南航预计将在北京大兴国际机场投入飞机超过 200 架,日起降航班超过 900 班次,与各方共同将北京大兴国际机场打造成为世界级航空枢纽的新标杆、世界一流便捷高效的新国门。

2. 深圳航空有限责任公司

深圳航空有限责任公司(Shenzhen Airlines,IATA 代码为 ZH,ICAO 代码为 CSZ,其标志见图 4-76)简称深圳航空,于 1992 年 11 月成立,1993 年 9 月 17 日正式开航。截至 2020 年,深圳航空机队规模达 222 架,其中,空客 106 架、波音 116 架,机队总规模居国内第五,形成东北、西北、西南、华东、华南 5 个重点发展区域布局。通航城市超过 80 个,航线 326 条,其中国际/地区航线 38 条,日总航班近 400 班,全年执行航班起落超 26 万架次,旅客运输量超 3 700 万人次。

图 4-76　深圳航空有限责任公司的标志

在粤港澳大湾区和深圳先行示范区"双区驱动"的历史重大机遇下,深圳航空"十四五"期间将继续扩大机队规模,持续优化航线网络,巩固京津冀、珠三角、长三角重点区域,加密东京、伦敦等国际航线,探索南亚新航点。

(六)旅游景点

广州旅游资源丰富,截至 2021 年 7 月,广州共有 68 个国家 A 级旅游景区,其中国家 5A 级旅游景区 2 家、国家 4A 级旅游景区 28 家、国家 3A 级旅游景区 37 家、国家 2A 级旅游景区 1 家。文物古迹众多,截至 2010 年,已公布国家级文物保护单位 24 处,省级文物保护单位 45 处,市级文物保护单位 253 处。

白云山(见图 4-77)位于广州市东北部,南粤名山之一,自古就有"羊城第一秀"之称。白云山是广东最高峰九连山的支脉,山体相当宽阔,由 30 多座山峰组成,主峰摩星岭高 382 米。白云山已建设成为的国家 5A 级旅游景区,从南至北共有 7 个游览区,依次是麓湖景区、三台岭景区、鸣春谷景区、摩星岭景区、明珠楼景区、飞鹅岭景区及荷依岭景区,区内有 3 个全国之最的景点,分别是:全国最大的园林式花园——云台花园;全国最大的天然式鸟笼——鸣春谷;全国最大的主题式雕塑专类公园——雕塑公园。

图 4-77 白云山

韶关丹霞山(见图 4-78)也叫中国红石公园,位于韶关市仁化县和浈江区境内,是广东面积最大、景色最美的以丹霞地貌景观为主的风景区、自然遗产地、世界地质公园。韶关丹霞山的风景以天然山水为主,集"雄、奇、险、秀、幽、旷、奥"于一身,与鼎湖山、罗浮山、西樵山合称为广东四大名山。它是全世界 1 200 余处丹霞地貌中发育最典型、类型最齐全、造型最丰富、景色最优美的丹霞地貌集中分布区。景区内主要分为丹霞景区、韶石景区、巴寨景区、仙人迹景区与锦江画廊游览区,有阳元石、阴元石、双乳石、睡美人等著名景点。

广州长隆旅游度假区(见图 4-79)位于广州市番禺区,是综合性主题旅游度假区,集旅游景区、酒店餐饮、娱乐休闲于一体,拥有长隆欢乐世界、长隆国际大马戏、长隆野生动物世界、长隆水上乐园、长隆飞鸟乐园、广州长隆酒店、香江酒店、长隆高尔夫练习中心和香江酒家等设施。2007 年,广州长隆旅游度假区被评为国家 5A 级旅游景区,是中华人民共和国文化和旅游部命名的"文化产业示范基地"。

图 4-78 韶关丹霞山

图 4-79 广州长隆旅游度假区

二、海南省

(一) 基本概况

海南省简称"琼",别称琼州,省会为海口市(三字代码为 HAK),位于中国最南端,岛屿轮廓形似一个椭圆形大雪梨,长轴呈东北至西南向。海南省行政区域包括海南岛和西沙群岛、南沙群岛、中沙群岛的岛礁及其海域,陆地(主要包括海南岛和西沙群岛、中沙群岛、南沙群岛)总面积 3.54 万平方千米,其中海南岛 3.39 万平方千米,海域面积约 200 万平方千米,是中国国土面积(陆地面积加海洋面积)第一大省,仅次于台湾岛的中国第二大岛,是中国的经济特区、自由贸易试验区,常住人口 1 020.46 万(2021 年)。

1988 年改革开放后,海南省成立了海南经济特区,是中国最大也是唯一的省级经济特区,经济得以快速发展。2018 年 10 月 16 日,国务院批复同意设立中国(海南)自由贸易试验区(以下简称海南自贸试验区)并印发《中国(海南)自由贸易试验区总体方案》。

海南省共辖 4 个地级市,分别是海口市、三亚市、三沙市、儋州市;15 个省直辖县级行政单位,包括 5 个县级市、4 个县、6 个自治县,分别是五指山市、文昌市、琼海市、万宁市、东方市、定安县、屯昌县、澄迈县、临高县、白沙黎族自治县、昌江黎族自治县、乐东黎族自治县、陵水黎族自治县、保亭黎族苗族自治县、琼中黎族苗族自治县。

(二) 自然地理

海南省位于中国最南端,以琼州海峡与广东划界,西临北部湾与中国广西、越南相对,东濒南海与中国台湾对望,东南和南部在南海与菲律宾、文莱、马来西亚为邻。

海南岛北与广东雷州半岛相隔的琼州海峡宽约 18 海里,是海南岛与大陆之间的"海上走廊",也是北部湾与南海之间的海运通道。从岛北的海口市至越南的海防市约 220 海里,从岛南的三亚港至菲律宾的马尼拉港航程约 650 海里。

西沙群岛和中沙群岛在海南岛东南面约 300 海里的南海海面上。中沙群岛大部分淹没于水下,仅黄岩岛露出水面。西沙群岛有岛屿 22 座,陆地面积 8 平方千米,其中的永兴岛面积最大(2.13 平方千米)。南沙群岛位于南海的南部,是分布最广和暗礁、暗沙、暗滩最多的一组群岛,陆地面积仅 2 平方千米,其中曾母暗沙是中国最南端的领土。

海南岛四周低平,中间高耸,呈穹隆山地形,以五指山、鹦哥岭为隆起核心,向外围逐级下降,由山地、丘陵、台地、平原构成环形层状地貌,梯级结构明显。

海南是中国最具热带海洋气候特色的地方,属热带季风海洋性气候,全年暖热,雨量充沛,干湿季节明显,台风活动频繁,气候资源多样。海南岛年日照时数为 1 750~2 550 小时,年平均气温为 23~26 ℃,全年无冬。全岛降雨充沛,年平均降雨量在 1 600 毫米以上,东多西少,中部和东部相对湿润,西南部沿海相对干燥。降雨季节分配不均匀,冬春雨少,夏秋雨多。

(三) 主要空港城市及机场

海南省现拥有海口美兰国际机场、三亚凤凰国际机场、琼海博鳌机场和三沙永兴机场 4 大国际机场,2019 年合计旅客吞吐量约 4 501.13 万人次,使海南省迈入民航大省行列。

1. 海口美兰国际机场

海口是海南省省会,别称"椰城",国际性综合交通枢纽城市,"一带一路"倡议支点城市,海南自由贸易试验区核心城市,地处海南岛北部,东邻文昌,西接澄迈,南毗定安,北濒琼州海峡,是海南省政治、经济、科技、文化中心和最大的交通枢纽。2018年被联合国国际湿地公约组织评定为全球首批"国际湿地城市"。

海口美兰国际机场（Haikou Meilan International Airport，IATA代码为HAK，ICAO代码为ZJHK，见图4-80），位于海口市东南方向18千米处，为4E级民用运输机场，是中国重要的干线机场之一。拥有1条跑道、1座航站楼、站坪机位67个，可满足波音747-400等大型飞机全载起降的要求。

2018年，海口美兰国际机场共通航国内外城市105个，共有40家航空公司在海口美兰国际机场运营169条航线。近年来，机场发展迅速，生产运输量逐年攀升，年旅客吞吐量增长率保持在10%左右，2019年跻身国内大型客运机场行列。

海口美兰国际机场作为通往海南的门户，有效地巩固了机场地位及寻求航空业务和航空业务的长期持续增长。以打造国际化、人性化管理品牌为目标，把海口美兰国际机场建设成为以现代企业制度为框架，具有国际中转能力的一流航空港。

2.三亚凤凰国际机场

三亚市（三字代码为SYX）简称崖，古称崖州，别称鹿城，地处海南岛的最南端，东邻陵水县，西接乐东县，北毗保亭县，南临南海。三亚是具有热带海滨风景特色的国际旅游城市，又被称为"东方夏威夷"。

三亚凤凰国际机场（Sanya Phoenix International Airport，IATA代码为SYX；ICAO代码为ZJSY，见图4-81）位于三亚市天涯区凤凰村，为4E级民用运输国际机场，是中国国内干线机场，承担着三亚通往国内乃至世界的重任。三亚凤凰国际机场拥有1条跑道、2座航站楼、停机位83个、登机廊桥18座，可满足波音747、空客340等大型飞机的全载起降要求。三亚凤凰国际机场的航线网络已覆盖全国所有省会城市，截至2021年，累计运行航线142条、通航城市81个，执飞航空公司达到43家。三亚凤凰国际机场致力于打造区域性枢纽机场，面向太平洋、印度洋的航空区域门户枢纽，航空物流支点机场。

图4-80 海口美兰国际机场　　　　图4-81 三亚凤凰国际机场

（四）主要航空企业

海南航空控股股份有限公司（Hainan Airlines，IATA代码为HU，ICAO代码为CHH，其标志见图4-82）简称海航，成立于1993年，总部位于海口市，是继国航、南航、东航后的第四大航空公司。截至2021年1月，海航拥有波音737、波音787系列和空客330、空客340系列为主的年轻豪华机队 226 架,其中主力机型为波音 737-800 型客机,宽体客机 73 架。

海航航线网络遍布中国,覆盖亚洲,辐射欧洲、北美洲,开通了国内外航线近 600 条,通航城市 90 个。

图 4-82　海南航空控股股份有限公司的标志

（五）旅游景点

亚龙湾（见图 4-83）位于三亚市,是海南岛最南端的一个半月形海湾,全长约 7.5 千米,是海南名景之一,被誉为"天下第一湾"。亚龙湾集中了现代旅游五大要素:海洋、沙滩、阳光、绿色、新鲜空气于一体,呈现明显的热带海洋性气候,适宜四季游泳和开展各类海上运动。海水清澈见底,可以清晰地看见 10 米以下的海底景观。8 千米长的海滩宽阔平缓,沙粒洁白细腻,海底资源丰富,生长众多原始热带植被,自然资源国内绝无仅有,可与国际上任何著名的热带滨海旅游度假胜地相媲美。

天涯海角（见图 4-84）位于海南省三亚市三亚湾和红塘湾之间的岬角上。因景区两块巨石分别刻有"天涯""海角"及郭沫若先生题写的"天涯海角游览区"而得名。天涯海角的自然景观由大型海滩岩、下马岭、天涯湾以及沙滩和海水组成。游览区主要有"天涯"石、"海角"石、"南天一柱"等景点。1994 年,天涯海角游览区获称国家重点风景名胜区;2001 年,天涯海角游览区成为国家 4A 级旅游景区。

图 4-83　亚龙湾

图 4-84　天涯海角

三、湖北省

（一）基本概况

湖北省简称"鄂",省会为武汉市,面积为 18.59 万平方千米,2021 年全省常住人口 5 830 万人。因在洞庭湖北侧而得名湖北,也有"千湖之省"的称号。它是国家"中部崛起"战略的支点和中心,也是全国交通航运枢纽,科教、文化实力位居全国前列。

湖北省共辖 13 个地级行政区,包括 12 个地级市、1 个自治州,分别是武汉市、黄石市、十堰市、宜昌市、襄阳市、鄂州市、荆门市、孝感市、荆州市、黄冈市、咸宁市、随州市、恩施土家族苗族自治州;4 个省直辖县级行政单位,包括 3 个县级市、1 个林区,分别是仙桃市、潜江市、天门市、神农架林区。

（二）自然地理

湖北省位于中国中部，长江中游，东邻安徽，西连重庆，西北与陕西接壤，南接江西、湖南，北与河南毗邻。

湖北省处于中国地势第二级阶梯向第三级阶梯过渡的地带，地势呈三面高起、中间低平、向南敞开、北有缺口的不完整盆地状。地貌类型多样，山地、丘陵、岗地和平原兼备。地势高低相差悬殊，西部号称"华中屋脊"的神农架最高峰神农顶，海拔达 3 105 米。主要平原有江汉平原和鄂东沿江平原，湖北素有"千湖之省"之称，境内湖泊主要分布在江汉平原上。江汉平原由长江及其支流汉江冲积而成，是典型的河积-湖积平原，面积 4 万多平方千米，大部分地面海拔 20～100米，是著名的"鱼米之乡"。鄂东沿江平原也是江湖冲积平原，主要分布在嘉鱼至黄梅沿长江一带，为长江中下游平原的组成部分。长江横穿湖北全省，水网纵横，长江三峡中的巫峡、西陵峡在湖北境内，其中一段是弯道最多的"荆江河曲"。

湖北省地处亚热带，位于典型的季风区内，除高山地区外，大部分为亚热带季风性湿润气候，光能充足，热量丰富，无霜期长，降水充沛，雨热同季。

（三）主要空港城市及机场

湖北省现有武汉天河国际机场、宜昌三峡国际机场、襄阳刘集机场、恩施许家坪机场、神农架红坪机场、十堰武当山机场 6 座民航机场以及正在建设中的荆州沙市机场和鄂州花湖机场。

武汉（三字代码为 WUH）简称"汉"，湖北省省会，副省级市，因武昌、汉口、汉阳三地合称而得名，位于中国腹地中心、长江与汉江交汇处、江汉平原东部，是中部六省（中部六省指山西、河南、安徽、湖北、江西、湖南）中唯一的副省级城市，国家区域中心城市，是中国航空运输中心之一。

武汉天河国际机场（Wuhan Tianhe International Airport, IATA 代码为 WUH，ICAO 代码为 ZHHH，见图 4-85）位于武汉市黄陂区天河街，为中国中部首家 4F 级民用国际机场，对外开放的一类航空口岸，是华中地区规模最大、功能最齐全的现代化航港，是全国十大机场之一，中国民用航空总局指定的华中地区唯一的综合枢纽机场和最大的飞机检修基地，也是中部地区唯一能够起降空客 A380 这类大型飞机的机场。

图 4-85 武汉天河国际机场

武汉天河国际机场现拥有 2 条跑道、1 座航站楼，拥有基地航空 4 家，分别为东航、南航、国航、友和道通航空，通达国内外航点总数 119 个，其中，国内城市 72 个，国际及地区城市 47 个。拥有国内外航线总数 175 条，其中，国内航线 117 条，国际及地区航线 53 条，货运航线 5 条。有30 家中外客货运航空公司在此运营。

（四）旅游景点

武当山（见图 4-86），中国道教圣地，又名太和山、谢罗山、参上山、仙室山，古有"太岳""玄岳""大岳"之称。武当山位于十堰市丹江口市，东接襄阳市，西靠十堰市，南望神农架，北临南水北调中线源头丹江口水库，以"四大名山皆拱揖，五方仙岳共朝宗"的"五岳之冠"地位闻名于世，是道教名山和武当武术的发源地,被称为"亘古无双胜境,天下第一仙山"。1994 年,武当山古建筑群入选《世界遗产名录》,之后,被整体列为"全国重点文物保护单位",入选"欧洲人最喜爱的中国十大景区"和最美"国家地质公园",是国家 5A 级旅游景区。

三峡大坝旅游区(见图 4-87)位于西陵峡中段、湖北省宜昌市境内的三斗坪,距下游宜昌葛洲坝水利枢纽工程 38 千米,是当今世界上最大的水利枢纽工程。现拥有坛子岭园区、185 园区及截流纪念园等园区,是国家 5A 级旅游景区,为游客提供游览、科教、休闲、娱乐为一体的多功能服务,将现代工程、自然风光和人文景观有机结合,使之成为国内外友人向往的旅游胜地。

图 4-86   武当山

图 4-87   三峡大坝

神农架自然保护区(见图 4-88)位于湖北省西部一片群峰耸立的高大山地,横亘于长江、汉水之间,相传因上古的神农氏在此搭架上山采药而得名。景区山峰均在海拔 3 010 米以上,堪称"华中屋脊"。主要景点有神农顶、风景垭、板壁岩、瞭望塔、小龙潭、大龙潭、金猴岭等,以原始、神秘闻名于世,区内山高谷深,林木茂密,气候复杂多变,四季景色迷人,是国家 5A 级旅游景区。神农架自然保护区独特的自然环境、人文历史,造就了极其丰富、珍贵的自然和人文景观,也孕育了景色宜人、钟灵毓秀的旅游环境,有"神农天园"之称。2016 年被列入《世界遗产名录》。

图 4-88   神农架自然保护区

图 4-89   黄鹤楼

黄鹤楼(见图 4-89)位于湖北省武汉市武昌区,地处蛇山之巅,濒临万里长江,为武汉市地标建筑;始建于三国吴黄武二年(223 年),历代屡加重修,现存建筑以清代"同治楼"为原型设计,重建于 1985 年。黄鹤楼因唐代诗人崔颢登楼所题《黄鹤楼》一诗而名扬四海。自古有"天下绝景"之美誉,与晴川阁、古琴台并称为"武汉三大名胜",与湖南岳阳的岳阳楼、江西南昌的滕王阁并称为"江南三大名楼",是"武汉十大景"之首、中国古代四大名楼之一、"中国十大历史文化名楼"之一,世称"天下江山第一楼"。

四、湖南省

(一)基本概况

湖南省,简称"湘",地处中国中部、长江中游,因大部分区域处于洞庭湖以南而得名"湖南",因省内最大河流湘江流贯全境而简称"湘",省会为长沙市。湖南自古盛植木芙蓉,五代时就有"秋风万里芙蓉国"之说,因此又有"芙蓉国"之称。总面积 21.18 万平方千米,2021 年,全省常住人口 6 622 万,有汉、土家、苗、侗、回等 50 多个民族,少数民族人口约占总人口的 10%。

湖南省共辖 14 个地级行政区,包括 13 个地级市、1 个自治州,分别是长沙市、株洲市、湘潭市、衡阳市、邵阳市、岳阳市、常德市、张家界市、益阳市、郴州市、永州市、怀化市、娄底市、湘西土家族苗族自治州。

(二)自然地理

湖南东以幕阜、武功诸山系与江西交界,西以云贵高原东缘连贵州,西北以武陵山脉毗邻重庆,南枕南岭与广东、广西相邻,北以滨湖平原与湖北接壤,地处云贵高原向江南丘陵和南岭山脉向江汉平原过渡的地带,在自西向东呈梯级降低的云贵高原东延部分和东南山丘转折线南端。

湖南地势呈三面环山、朝北开口的马蹄形地貌,类型多样,由平原、盆地、丘陵地、山地、河湖构成,可划分为 6 个地貌区:湘西北山原山地区、湘西山地区、湘南丘山区、湘东山丘区、湘中丘陵区、湘北平原区。东面有山脉与江西相隔;西为北东—南西走向的雪峰武陵山脉,跨地广阔,成为湖南省东西自然景观的分野;湘中大部分为断续红岩盆地、灰岩盆地及丘陵、阶地,海拔在 500 米以下;北部是湖南地势最低、最平坦的洞庭湖平原。

湖南地跨长江、珠江两大水系,湘江是湖南最大的河流,也是长江七大支流之一;洞庭湖是湖南最大的湖泊,跨湘、鄂两省。

湖南属亚热带季风湿润气候,气候具有三个特点:第一,光、热、水资源丰富,三者的高值又基本同步;第二,气候年内变化较大,冬寒冷而夏酷热,春温多变,秋温陡降,春夏多雨,秋冬干旱,气候的年际变化也较大;第三,气候垂直变化最明显的地带为三面环山的山地,尤以湘西与湘南山地更为显著。

(三)经济地理

湖南是全国重要的粮食生产基地,自古就有"鱼米之乡"和"湖广熟,天下足"一说。主要农副产品,如粮食、棉花、油料、苎麻、烤烟以及猪肉等的产量均位居全国前列,其中稻谷产量多年为全国之冠,湘莲、苎麻产量居全国第一位,茶叶产量居全国第二位。安化黑茶是中国世博会十大名茶之一,君山银针是中国黄茶的珍品。

湖南工业门类齐全,形成了工程机械、电子信息及新材料、石油化工、汽车及零部件、铅锌硬质合金及深加工等 10 个优势产业集群。第三产业发展较快,广播影视、动漫卡通、文化创意、出版、旅游等产业迅速崛起,特别是广播电视、出版等优势产业在全国保持领先地位,广电湘军、出版湘军、动漫湘军全国驰名。

（四）主要空港城市及机场

湖南拥有长沙黄花国际机场、张家界荷花国际机场 2 个国际机场，以及常德桃花源机场、永州零陵机场、怀化芷江机场、衡阳南岳机场、邵阳武冈机场、岳阳三荷机场、郴州北湖机场和湘西里耶机场 8 个国内机场，其中常德桃花源机场为临时口岸机场，另有铜仁凤凰机场为贵州省与湖南省共有机场，规划中还有娄底新化机场。

长沙（三字代码为 CSX）是湖南省政治、经济、文化中心，亦是中部地区的核心城市之一，位于湖南东部偏北，湘江下游和长浏盆地西缘，东邻江西省宜春、萍乡两市，南接株洲、湘潭两市，西连娄底、益阳两市，北抵岳阳、益阳两市。长沙是中国首批历史文化名城，有 3 000 年悠久的历史文化，有"屈贾之乡""楚汉名城""潇湘洙泗"之称，有马王堆汉墓、四羊方尊、三国吴简、岳麓书院、铜官窑等历史遗迹，凝练出"经世致用、兼收并蓄"的湖湘文化。

长沙黄花国际机场（Changsha Huanghua International Airport，IATA 代码为 CSX，ICAO 代码为 ZGHA，见图 4-90）位于长沙市城东，距城区约 22 千米，4E 级国际机场、中国十二大干线机场之一、国际定期航班机场、对外开放的一类航空口岸、中国十大区域性国际航空枢纽之一、中国（湖南）自由贸易试验区门户机场。拥有 2 座航站楼，2 条跑道。

长沙黄花国际机场拥有基地航空公司 11 家，分别是湖南航空（主运营枢纽）、快线航空（主运营枢纽）、南方航空、海南航空、厦门航空、奥凯航空、北部湾航空、成都航空、昆明航空、深圳航空、杭州圆通货运航空、湖南金鹿公务航空，是中国飞往东南亚航点覆盖最广、航班密度最高的机场。

2019 年，长沙黄花国际机场运营航线 295 条，其中国际及地区航线 51 条，通航国内外 156 个机场。未来，黄花国际机场将以覆盖中国所有省会城市及大型人口中心、三大洲主要核心枢纽的成熟网络结构，而成为大型国际枢纽机场。

张家界荷花国际机场（Zhangjiajie Hehua International Airport；IATA 代码为 DYG，ICAO 代码为 ZGDY，见图 4-91）地处世界知名旅游胜地张家界，是中国自然风景最漂亮的机场之一，4D 级干线机场，湖南第二大国际机场。现有 1 条跑道，1 座航站楼，开通国内外通航城市 28 个。

图 4-90　长沙黄花国际机场

图 4-91　张家界荷花国际机场

（五）主要航空企业

湖南航空股份有限公司（AIR Travel Co.，Ltd.IATA 代码为 A6，ICAO 代码为 OTC，其标志见

图 4-92)简称湖南航空,其前身为云南红土航空股份有限公司,成立于 2014 年 4 月 16 日。湖南航空主要经营国内干线市场,构建通达全国主要城市的航线网络,已通航昆明、长沙、南京、成都、无锡、乌鲁木齐、吐鲁番、张家界、青岛等 33 个国内城市,通航航线达 37 条,主运营基地为长沙黄花国际机场,并在昆明、南京、无锡设有运营基地。公司致力于融入长沙 4 小时航空经济圈,着重打造湖南本土的特色航空、"互联网+"精品航空、文旅航空三大特色。截至 2021 年 9 月,运营 16 架 A320 系列飞机,为全空客 A320 系列机型,平均机龄 3 年左右,2019 年全年营业收入突破 10 亿元。

图 4-92 湖南航空股份有限公司的标志

(六)旅游景点

张家界武陵源风景名胜区(见图 4-93)位于湖南省西北部,由张家界市的张家界国家森林公园、慈利县的索溪峪自然保护区和桑植县的天子山自然保护区组合而成,后又发现了杨家界新景区。由于武陵源地处石英砂岩与石灰岩结合部,景区北部大片石灰岩喀斯特地貌,经亿万年河流变迁降位侵蚀溶解,形成了无数的溶洞、落水洞、天窗、群泉。武陵源被称为自然的迷宫、地质的博物馆、森林的王国、植物的百花园、野生动物的乐园。1992 年被列入《世界自然遗产》,2004 年被列为国家首批《世界地质公园》,为国家 5A 级旅游景区。

图 4-93 张家界武陵源风景名胜区

岳阳楼(见图 4-94)位于岳阳市岳阳楼区洞庭北路,地处岳阳古城西门城墙之上,紧靠洞庭湖畔,下瞰洞庭,前望君山;始建于东汉建安二十年(215 年),历代屡加重修,现存建筑沿袭清光绪六年(1880 年)重建时的形制与格局;因北宋滕宗谅重修岳阳楼,邀好友范仲淹作《岳阳楼记》使得岳阳楼著称于世。自古有"洞庭天下水,岳阳天下楼"之美誉,与湖北武汉的黄鹤楼、江西南昌的滕王阁并称为"江南三大名楼",是"中国十大历史文化名楼"、古代四大名楼之一,世称"天下第一楼",为国家 5A 级旅游景区。

衡山(见图 4-95)又名南岳、寿岳、南山,为中国"五岳"之一,位于湖南省中部偏东南部,绵亘于衡阳、湘潭两盆地间,主体部分位于衡阳市南岳区、衡山县和衡阳县东部。据战国时期《甘石星经》记载,因其位于星座二十八宿的轸星之翼,"变应玑衡""铨德钧物",犹如衡器,可称天地,故名衡山。衡山是中国著名的道教、佛教圣地,是南中国的宗教文化中心,是南禅、北禅、曹洞宗和禅宗南岳、青原两系的发源地,环山有寺、庙、庵、观 200 多处。衡山的主要山峰有回雁峰、祝融峰、紫盖峰、岳麓山等,最高峰祝融峰海拔 1 300.2 米,衡山为国家 5A 级旅游景区。

图 4-94 岳阳楼

图 4-95 衡山

五、河南省

(一)基本概况

河南省,简称"豫",省会为郑州市(三字代码为 CGO),位于中国中部,素有"九州腹地、十省通衢"之称,是全国重要的综合交通枢纽和人流物流信息流中心。河南省因历史上大部分位于黄河以南,故名河南。远古时期,黄河中下游地区河流纵横,森林茂密,野象众多,河南被描述为人牵象之地,是象形字"豫"的来源,也是河南简称"豫"的由来。河南面积 16.7 万平方千米,常住人口为 9 883 万(2021 年)。

河南下辖 17 个地级市,1 个省直辖县级市,分别是:郑州、开封、洛阳、平顶山、安阳、鹤壁、新乡、焦作、濮阳、许昌、漯河、三门峡、商丘、周口、驻马店、南阳、信阳、济源。

(二)自然地理

河南省位于华北平原南部的黄河中下游地区,东连山东、安徽,西邻陕西,北与河北、山西相接,南临湖北,地跨长江、淮河、黄河、海河四大流域。河南省地势呈望北向南、承东启西之势,地势西高东低,北、西、南三面由太行山、伏牛山、桐柏山、大别山沿省界呈半环形分布。中、东部为黄淮海冲积平原;西南部为南阳盆地。

河南省大部分地处暖温带,南部跨亚热带,属北亚热带向暖温带过渡的大陆性季风气候,同时还具有自东向西由平原向丘陵山地气候过渡的特征,具有四季分明、雨热同期、复杂多样和气象灾害频繁的特点。

(三)主要空港城市及机场

河南省有郑州新郑国际机场、洛阳北郊机场、南阳姜营机场、信阳明港机场。

郑州,古称商都,是河南省省会、中原城市群核心城市、中国中部地区重要的中心城市、国家重要的综合交通枢纽,也是华夏文明的重要发祥地。郑州是全国重要的铁路、航空、电力、邮政、电信主枢纽城市。郑州航空港区是中国唯一一个国家级航空港经济综合实验区。

郑州新郑国际机场(Zhengzhou Xinzheng International Airport,IATA 代码为 CGO,ICAO 代码为 ZHCC)位于郑州市新郑市和中牟县交界处,为 4F 级国际民用机场,是中国首个国家级航空港郑州航空港经济综合实验区核心组成部分、国际航空货运枢纽机场、中国八大区域性枢纽机场之一。拥有 2 条跑道,2 座航站楼(1 座停用),有 55 家客运航空公司,208 条客运航线,116 个客运通航城市。21家货运航空公司,34条货运航线,40个货运通航城市。

郑州新郑国际机场拥有基地航空公司5家,分别为中国南方航空河南航空、西部航空、东海航空、祥鹏航空、卢森堡国际货运航空公司。

(四)主要航空企业

中国南方航空河南航空有限公司(Henan Airlines Co.,Ltd.IATA代码为VD,ICAO代码为KPA)简称河南航空,由河南民航发展投资有限公司和中国南方航空股份有限公司共同出资组建。2014年9月19日正式独立运营,主运营基地为郑州新郑国际机场。

河南航空使用南航企业标识、维持原有航班号不变,以充分利用南航网络规模优势,形成协同效应,把河南市场作为南航中部地区的核心航空市场,持续投入运力等核心优质资源,完善发展规划,积极构建以郑州为中心,密集覆盖国内,通达中国港澳台,日韩,东南亚,连接欧洲、美洲、大洋洲的完善网络,充分满足河南经济社会发展的需要。

目前,河南航空执管25架客机,航线通达北京、上海、广州以及首尔、曼谷等51个国内、地区和国际城市。河南航空独立运营后,加大运力投入,把郑州作为重要的货运枢纽和主要货机运营基地,充分利用南航丰富的客运腹舱资源和货机航线网络,打通河南与海外的货运往来渠道。借助南航庞大的国际国内航线网络,河南的电子产品等货物,将更快捷地抵达全球各目的地。河南航空还将加快机队结构优化调整,借助广州枢纽,开辟河南始发的国际航线,更好地发挥基地公司对河南经济建设的突出作用。

(五)旅游景点

截至2020年,河南省共有国家A级旅游景区519处,其中国家5A级旅游景区14处,4A级以上旅游景区171处。

嵩山(见图4-96)位于河南省西部,地处登封市西北部,西邻古都洛阳,东临古都郑州,古称"外方",夏商时称"崇高""崇山",西周时称为"岳山",以嵩山为中央左岱(泰山)右华(华山),定嵩山为中岳,始称"中岳嵩山"。嵩山是中华文明的重要发源地,也是中国名胜风景区,国家5A级旅游景区,为五岳中的中岳,被列为世界地质公园。2010年8月,坐落在嵩山腹地及周围的天地之中历史建筑群(少林寺、东汉三阙、中岳庙、嵩岳寺塔、会善寺、嵩阳书院、观星台)被列为世界文化遗产。

图4-96　嵩山

图4-97　洛阳龙门石窟

龙门石窟(见图4-97)位于洛阳市,是世界上造像最多、规模最大的石刻艺术宝库,被联合国教科文组织评为"中国石刻艺术的最高峰",位居中国各大石窟之首,现为世界文化遗产、国家 5A 级旅游景区。与莫高窟、云冈石窟、麦积山石窟加并称中国四大石窟。龙门石窟使石窟艺术呈现出了中国化的趋势,是中国石窟艺术的"里程碑"。又经历天竺、新罗、吐火罗、康国等国家营造,发现有欧洲纹样、古希腊石柱等,堪称全世界国际化水平最高的石窟。

六、广西壮族自治区

（一）基本概况

广西壮族自治区简称"桂",首府为南宁市,位于中国华南地区,陆地面积 23.76 万平方千米,海域面积约 4 万平方千米,常住人口 5 037 万(2021 年)。

广西自古属于汉地十八省,是中华文明的发源地之一,唐为岭南西道,宋时改为广南西路,元设置广西行中书省,为广西建省之始。清朝时期设广西省,省会驻桂林府(今桂林市)。广西沿袭清朝称省,广西在民国新桂系统治时期是全国模范省,1958 年广西省改为"广西僮族自治区",1965 年经国务院批准,"广西僮族自治区"改名为"广西壮族自治区"。

广西下辖 14 个地级市,分别是:南宁、柳州、桂林、梧州、北海、崇左、来宾、贺州、玉林、百色、河池、钦州、防城港、贵港。

（二）自然地理

广西地处祖国南疆,北回归线横贯中部,东连广东,南临北部湾并与海南隔海相望,西与云南毗邻,东北接湖南,西北靠贵州,西南与越南接壤,地跨珠江、长江、红河、滨海四大水系。行政区域土地面积 23.76 万平方千米,管辖北部湾海域面积约 4 万平方千米。

广西地处中国地势第二台阶中的云贵高原东南边缘,两广丘陵西部,地势西北高、东南低,呈西北向东南倾斜状。山岭连绵、山体庞大、岭谷相间,四周多被山地、高原环绕,中部和南部多丘陵平地,呈盆地状,有"广西盆地"之称。

广西地处低纬度,南临热带海洋,北接南岭山地,西延云贵高原,属亚热带季风气候区和热带季风气候。气候温暖,雨水丰沛,光照充足。夏季日照时间长、气温高、降水多,冬季日照时间短、天气干暖。受西南暖湿气流和北方变性冷气团的交替影响,干旱、暴雨、热带气旋、大风、雷暴、冰雹、低温冷(冻)害气象灾害较为常见。

（三）主要空港城市及机场

桂林两江国际机场(Guilin Liangjiang International Airport,IATA 代码为 KWL,ICAO 代码为 ZGKL)位于桂林市临桂区两江镇,距桂林市中心 28 千米,为 4E 级民用国际干线机场,是国际旅游航空枢纽,是衔接"一带一路"南北陆路新通道和面向东盟国家的重要国际性机场。拥有 2 座航站楼,1 条跑道,是桂林航空有限公司的主运行基地,停机机位 51 个(其中 4F 机位 2 个),登机桥 31 个。

截至 2018 年 1 月,桂林两江国际机场飞行航线达到 112 条,通航城市 76 个,飞行桂林的航空公司达到 38 家。

（四）主要航空企业

桂林航空有限公司(Air Guilin,IATA 代码为 GT,ICAO 代码为 CGH,其标志见图 4-98)简称桂林航空,

图 4-98　桂林航空有限公司的标志

是一家以知名旅游目的地为主运营基地、以地级市城市命名的航空公司，2015 年 6 月 17 日正式注册成立。2016 年 6 月 25 日，桂林航空实现盛大开航。桂林航空的组建，有利于促进桂林地区旅游业、航空业的发展，助推桂林旅游产业升级。

（五）旅游景点

桂林漓江风景区（见图 4-99）位于广西壮族自治区北部，以喀斯特峰丛、河流、洞穴为主要景观，号称"水绕青山山绕水，山浮绿水水浮山"，是中国山水景观的代表，世界罕见的山水画廊，为国家 5A 级旅游景区。漓江风景区的主要景点有象鼻山、九马画山、伏波山、叠彩山、芦笛岩、七星岩等。漓江发源于桂林市资源县，向南流经桂林、阳朔等地，过荔浦后称桂江，然后在梧州与西江汇合，全长 426 千米。漓江从桂林至阳朔一段两岸峰丛密布，自古就有"桂林山水甲天下，阳朔山水甲桂林"一说。

图 4-99　漓江风景区

涠洲岛（见图 4-100）位于广西壮族自治区北海市北部湾海域中部，北临北海市，东望雷州半岛，东南与斜阳岛毗邻，南与海南岛隔海相望，西面面向越南。总面积 24.74 平方千米，岛的最高海拔 79 米。岛内景区包括鳄鱼山景区、滴水丹屏景区、石螺口景区、天主教堂景区和五彩滩景区等。涠洲岛是火山喷发堆凝而成的岛屿，有海蚀、海积及溶岩等景观，有"蓬莱岛"之称，是中国地质年龄最年轻的火山岛，也是广西最大的海岛，是国家 5A 级旅游景区。

龙脊梯田（见图 4-101）是指在龙脊山上开发出的梯田，从广义说叫做龙胜梯田，从狭义上称为龙脊梯田，位于广西龙胜县龙脊镇平安村龙脊山是国家 4A 级旅游景区。梯田如链似带，把一座座山峰环绕成一只只巨大的螺蛳，有的像巨扇一样半摺半开，斜叠成一个个狭长的扇；有的则像天镜被分割，然后有层次地镶嵌成多种图形的碎块。在这个广袤的范围内，小路悠悠地蜿蜒在跌宕有致的梯田里，飘忽成一根根细绳。2018 年 4 月 19 日，中国南方稻作梯田（包括广西龙胜龙脊梯田、福建尤溪联合梯田、江西崇义客家梯田、湖南新化紫鹊界梯田）在第五次全球重要农业文化遗产国际论坛上，获得了全球重要农业文化遗产的正式授牌。

图 4-100　涠洲岛

图 4-101　龙脊梯田

第四节　西北区航空运输地理

西北区包括陕西省(陕)、甘肃省(甘)、青海省(青)、宁夏回族自治区(宁),是中国机场数量相对较少、航空运输业也不是很发达的地区。因此本节主要介绍航空运输发展相对较好的陕西省和甘肃省。

根据《全国民用机场布局规划》,对于机场群的划分,新疆区和西北区共同划为西北机场群,因此,至2030年,布局规划新增宝鸡、平凉、共和、石嘴山、塔什库尔干、且末(兵团)等28个机场,总数达73个。《规划》中提出,要逐步提升西安、乌鲁木齐机场国际枢纽的竞争力;培育兰州、银川、西宁等机场的区域枢纽功能;增加机场密度,提升延安、敦煌、格尔木、中卫、喀什等其他既有机场的发展水平,稳步推进陇南、祁连、莎车、图木舒克等机场的建设。

西北区的主要机场如表4-4所示。

表4-4　西北区的主要机场

机场名称	机场三字代码	机场四字代码	所属省区市
西安咸阳国际机场	XIY	ZLXY	陕西
汉中城固机场	HZG	ZLHZ	陕西
延安南泥湾机场	ENY	ZLYA	陕西
安康富强机场	AKA	ZLAK	陕西
榆林榆阳机场	UYN	ZLYL	陕西
兰州中川国际机场	ZGC	ZLLL	甘肃
敦煌机场	DNH	ZLDH	甘肃
嘉峪关机场	JGN	ZLJQ	甘肃
庆阳西峰机场	IQN	ZLQY	甘肃
张掖甘州机场	YZY	ZLZY	甘肃
金昌金川机场	JIC	ZLJC	甘肃
陇南成县机场	LNL	ZLLN	甘肃
天水麦积山机场	THQ	ZLTS	甘肃
甘南夏河机场	JXH	ZLXH	甘肃
西宁曹家堡机场	XNN	ZLXN	青海
格尔木机场	GOQ	ZLGM	青海
玉树巴塘机场	YUS	ZLYS	青海
银川河东机场	INC	ZLIC	宁夏

一、陕西省

(一)基本概况

陕西省简称"陕"或"秦",又称三秦、古朴秦川,省会为六大古都之一的西安市(三字代码为SIA),是中华民族及华夏文明的重要发祥地之一,有西周、秦、汉、唐等 14 个政权在陕西建都。

早在 80 万年前,蓝田猿人就生活在这里。1953 年在西安城东发现的半坡村遗址,展示出6 000 年前母系氏族社会的进步和文明。坐落在陕北黄陵县的中华民族始祖轩辕黄帝陵,是凝聚中华民族的精神象征。历史上,先后有西周、秦、西汉、前赵、前秦、后秦、西魏、北周、大夏、隋、唐等十余个政权在陕西建都,时间长达 1 000 余年,是中国历史上建都朝代最多、时间最长的省份,因陕西长期是中国政治、经济、文化中心,留下了极为丰富的历史文化遗产。

陕西省总面积 20.56 万平方千米,常住人口 3 954 万人(2021 年)。陕西省下辖 10 个地级市,分别是西安、宝鸡、咸阳、铜川、渭南、延安、榆林、汉中、安康、商洛。

(二)自然地理

陕西位于中国内陆腹地,东邻山西、河南,西连宁夏、甘肃,南抵四川、重庆、湖北,北接内蒙古,与内蒙古同是中国邻省最多的省份,也是连接中国东、中部地区和西北、西南的重要枢纽。中国大地原点就在陕西省泾阳县永乐镇。

陕西地域狭长,地势南北高、中间低,有高原、山地、平原和盆地等多种地形,从北到南可以分为陕北高原、关中平原、秦巴山地 3 个地貌区。主要山脉有秦岭、大巴山等。秦岭是中国南北气候的分界线,秦岭以北为黄河水系,秦岭以南属长江水系。黄土高原占全省土地面积的40%。

陕西横跨 3 个气候带,南北气候差异较大,陕南属北亚热带气候,关中及陕北大部分属暖温带气候,北部长城沿线属中温带气候。总特点是春暖干燥,降水较少,气温回升快而不稳定,多风沙天气;夏季炎热多雨,间有伏旱;秋季凉爽较湿润,气温下降快;冬季寒冷干燥,气温低,雨雪稀少。年平均降水量南多北少,陕南为湿润区,关中为半湿润区,陕北为半干旱区。

(三)经济地理

与其他省份的经济发展速度相比,陕西属中等发展省份,经济总量居全国中等水平。八大支柱工业为计算机、通信和其他电子设备制造业,能源化工工业,装备制造工业,医药制造业,食品工业,纺织服装工业,非金属矿物制品业和有色冶金工业。

陕西省是中国矿产资源大省,它地跨黄河、长江两大流域,水能资源丰富;生物资源同样丰富,多样性突出,秦岭巴山素有"生物基因库"之称,其生态系统、物种和遗传基因的多样性,在中国乃至东亚地区具有典型性和代表性;渭北是中国主要的优质绿色苹果出产地,陕西苹果种植面积和产量均居中国第一。

(四)主要空港城市及机场

陕西省有 5 个民用运输机场,即西安咸阳国际机场、榆林榆阳机场、延安南泥湾机场、汉中城固机场和安康富强机场。2019 年,旅客吞吐量增速排名为中国第 20 位,年货邮吞吐量增速高居中国第 4 位,西安的"国际运输走廊"和面向"一带一路"相关国家国际航空枢纽建设效益初步显现。

西安,古称长安、镐京,地处关中平原中部、北濒渭河、南依秦岭,八水润长安,是关中平原城市群核心城市,国家重要的科研、教育、工业基地。西安与雅典、开罗、罗马并称世界四大古都,是古丝绸之路的起点,是世界上历史文化内涵最丰富、文化遗存最厚重、古代城池系统保存最完整的历史文化名城,1981 年被联合国教科文组织列为"世界历史名城"。西安有 7 000 多年的文明史、3 100 多年的建城史和 1 100 多年的建都史,历史上先后有十多个王朝在此建都,丰镐都城、秦阿房宫、兵马俑、汉未央宫、长乐宫、隋大兴城、唐大明宫、兴庆宫等勾勒出"长安情结",有"天然历史博物馆"之称。

西安地处中国陆地版图中心和中国中西部两大经济区域的结合部,是西北通往中原、华北和华东各地市的必经之路。在全国区域经济布局上,西安作为新亚欧大陆桥中国段——陇海兰新铁路沿线经济带上最大的西部中心城市,是国家实施西部大开发战略的桥头堡,具有承东启西、连接南北的重要战略地位,是全国干线公路网中最大的节点城市之一。

西安咸阳国际机场(Xi'an Xianyang International Airport,IATA 代码为 XIY,ICAO 代码为 ZLXY,见图 4-102)位于咸阳市底张镇境内,距西安市中心 47 千米,距咸阳市 13 千米。该机场以其"承接东西,联结南北"的区位优势成为国内干线重要的航空港和国际定期航班机场,是中国民用航空总局规划建设的八大区域性枢纽机场之一。

图 4-102　西安咸阳国际机场

西安咸阳国际机场飞行区等级 4F 级,拥有 2 条跑道,可满足世界上载客量最大的 A380 客机起降,停机位 127 个,登机桥 44 个。有 3 座航站楼,总面积 35 万平方米,值机柜台 140 个,安检通道 36 条。拥有 8 万平方米的综合交通枢纽,2.5 万平方米的货运区,1.2 万平方米的集中商业区。西安咸阳国际机场基地航空公司共有 6 家,分别是东方航空、海南航空、南方航空、天津航空、幸福航空、深圳航空。

2019 年,西安咸阳国际机场全年完成起降航班 34.5 万架次,旅客吞吐量 4 722.1 万人次,货邮吞吐量 38.2 万吨,年旅客吞吐量排名全国第七位。目前,机场国际(地区)通航点总量达到 67 个,航线 75 条,联通全球 36 个国家、74 个主要枢纽和旅游城市,成为服务陕西"三个经济"发展的新引擎,构建起陕西对外开放和走向世界的航空大通道。

(五)主要航空企业

幸福航空有限责任公司(Joyair Co., Ltd. IATA 代码为 JR,ICAO 代码为 JOY,其标志见图 4-103)简称"幸福航空",于 2008 年由中国航空工业集团发起组建,2018 年 11 月起由西安航空航天投资股份有限公司控股,是由西安国资控股的航空公司。幸福航空自成立以来一直承担着支持中国国产民用飞机发展的重任,为国产民用飞机的推广和应用做出了巨大的贡献。目前,幸福航空是全球最大且唯一形成商业规模的国产民用飞机运营商,拥有 24 架新舟 60 飞机,4 架波音 737-800 飞机,开通航线 40 余条,通达城市涵盖西安、哈尔滨、长沙、昆明、合肥、湛江、福州、天津等。幸福航空以西安咸阳国际机场为主运营基地的支线网

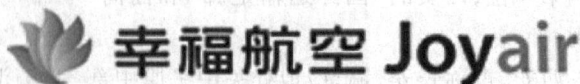

图 4-103　幸福航空有限责任公司的标志

络,辐射中西部地区的中小城市,并通过在国内重点区域设立分运营基地,以及干支联运模式逐步形成辐射全国的航线网络。

(六)旅游景点

陕西省国家 A 级以上旅游景区总数已达到 257 家,其中国家 5A 级旅游景区 8 家,即秦始皇兵马俑博物馆、华清池景区、黄帝陵景区、大雁塔-小雁塔景区、华山景区、法门寺佛文化景区、金丝峡景区、宝鸡太白山景区。

在自然景观方面,有位于华阴市的西岳华山、宝鸡眉县的太白山,还有西安周边的临潼骊山华清池、终南山、翠华山,秦晋交界处的黄河壶口瀑布等。

陕西西安有六处遗产被列入《世界遗产名录》,分别是:秦始皇陵及兵马俑、大雁塔、小雁塔、唐长安城大明宫遗址、汉长安城未央宫遗址、兴教寺塔。另有西安城墙、钟鼓楼、华清池、终南山、大唐芙蓉园、陕西历史博物馆、碑林等景点。

秦始皇陵及兵马俑坑位于西安临潼区,中国历史上第一位皇帝嬴政(前 259—前 210 年)的陵寝,是中国历史上,也是世界上规模最大、结构最奇特、内涵最丰富的帝王陵墓之一。四周分布着大量形制不同、内涵各异的陪葬坑和墓葬,已探明的有 400 多个,秦始皇陵及兵马俑坑(见图 4-104)被誉为“世界第八大奇迹”“二十世纪考古史上的伟大发现之一”。1987 年 12 月,联合国教科文组织将秦始皇陵及兵马俑坑列入《世界文化遗产名录》。秦始皇陵及兵马俑坑充分表现了 2 000 多年前中国古代汉族劳动人民的艺术才能,是中华民族的骄傲和宝贵的财富。

华山(见图 4-105)古称“西岳”,雅称“太华山”,为五岳之一,位于渭南市华阴市,南接秦岭,北瞰黄渭,自古以来就有“奇险天下第一山”的说法。中华之“华”源于华山,由此,华山有了“华夏之根”之称。华山是道教主流全真派圣地,为“第四洞天”,也是中国民间广泛崇奉的神祇,即西岳华山君神,共有 72 个半悬空洞,道观 20 余座,其中玉泉院、都龙庙、东道院、镇岳宫被列为全国重点道教宫观,华山还是神州九大观日处之一,观日处位于华山东峰朝阳峰,最佳观日点为朝阳台。

图 4-104 秦始皇陵及兵马俑坑

图 4-105 华山

壶口瀑布(见图 4-106)西临延安市宜川县壶口乡,东濒山西省临汾市吉县壶口镇。因黄河奔流至此,两岸石壁峭立,河口收束狭如壶口,故名壶口瀑布,是黄河上的著名瀑布、中国第二大瀑布、世界上最大的黄色瀑布,其奔腾汹涌的气势是中华民族精神的象征。瀑布上游黄河水面宽300米,在不到500米长的距离内,被压缩到20~30米的宽度。1 000立方米/秒的河水,从20多米高的陡崖上倾注而泻,形成"千里黄河一壶收"的气概。壶口瀑布有两大著名奇景"旱地行船"和"水里冒烟"。

大雁塔(见图4-107)位于唐长安城晋昌坊(今陕西省西安市南)的大慈恩寺内,又名"慈恩寺塔"。唐永徽三年(652年),玄奘为保存由天竺经丝绸之路带回长安的经卷佛像主持修建了大雁塔,最初五层,后加盖至九层,再后层数和高度又有数次变更,最后固定为所看到的七层塔身。大雁塔作为现存最早、规模最大的唐代四方楼阁式砖塔,是佛塔这种古印度佛寺的建筑形式随佛教传入中原地区,并融入华夏文化的典型物证,是凝聚了中国古代劳动人民智慧结晶的标志性建筑。2014年6月22日,大雁塔作为中国、哈萨克斯坦和吉尔吉斯斯坦三国联合申遗的"丝绸之路:长安—天山廊道的路网"中的一处遗址点成功列入《世界遗产名录》。

图4-106　壶口瀑布

图4-107　大雁塔

二、甘肃省

(一)基本概况

甘肃简称"甘"或"陇",位于黄河上游。省名是取甘州(今张掖)、肃州(今酒泉)二地的首字。西夏曾置甘肃军司,元代设甘肃省,简称甘,又因省境大部分在陇山(六盘山)以西,而唐代曾在此设置过陇右道,故又简称为陇。

甘肃像一块瑰丽的宝玉,镶嵌在中国西部的黄土高原、青藏高原和内蒙古高原上,东西蜿蜒1 600多千米,面积为45.37万平方千米,占全国总面积的4.72%,省会为兰州市(三字代码为LHW)。

甘肃省下辖12个地级市、2个自治州,分别是兰州、嘉峪关、金昌、白银、天水、武威、张掖、平凉、酒泉、庆阳、定西、陇南、临夏回族自治州、甘南藏族自治州。常住人口为2 490.02万(2021年)。

(二)自然地理

甘肃省位于中国西部地区,地处黄河中上游,地域辽阔,大部分位于中国地势二级阶梯上。

东接陕西,南邻四川,西连青海、新疆,北靠内蒙古、宁夏并与蒙古国接壤,是古丝绸之路的锁匙之地和黄金路段。

甘肃地处黄土高原、青藏高原和内蒙古高原三大高原的交汇地带,境内地形复杂,山脉纵横交错,海拔相差悬殊,高山、盆地、平川、沙漠和戈壁等兼而有之,是山地型高原地貌。地势自西南向东北倾斜,地形狭长,东西长1 659千米,南北宽530千米,大致可分为各具特色的六大区域,海拔大多在1 000米以上,四周为群山峻岭所环抱。甘肃是个多山的省份,最主要的山脉有祁连山、乌鞘岭、六盘山,其次有阿尔金山、马鬃山、合黎山、龙首山、西倾山、子午岭山等,多数山脉属西北—东南走向。省内的森林资源多集中在这些山区,大多数河流也都从这些山脉形成各自分流的源头。

甘南高原是"世界屋脊"——青藏高原东部边缘一隅,地势高耸,平均海拔超过3 200米,是典型的高原区。这里草滩宽广,水草丰美,牛肥马壮,是甘肃省主要畜牧业基地之一。

祁连山地大部分海拔在3 500米以上,终年积雪,冰川逶迤,是河西走廊的天然固体水库,荒漠、草场、森林、冰雪等植被垂直分布明显。

河西走廊位于祁连山以北,北山以南,东起乌鞘岭,西至甘新交界,是块自东向西、由南而北倾斜的狭长地带。地势平坦,机耕条件好,光热充足,水资源丰富,是著名的戈壁绿洲,农业发展前景广阔,是甘肃主要的商品粮基地。

河西走廊以北,人们习惯称之为北山山地,近腾格里沙漠和巴丹吉林沙漠,风急沙大,山岩裸露,荒漠连片,是难以耕作之地,人烟稀少。

甘肃各地气候类型多样,从南向北包括了亚热带季风气候、温带季风气候、温带大陆性(干旱)气候和高原高寒气候四大气候类型。年平均气温为0～15 ℃,大部分地区气候干燥,干旱、半干旱区占总面积的75%。主要气象灾害有干旱、暴雨洪涝、冰雹、大风、沙尘暴和霜冻等。

(三)经济地理

甘肃是国家建设丝绸之路经济带主要省份,具有承东启西、南拓北展的区位优势,与中西亚地区有源远流长的传统联系,具有高度的经济互补性和深化合作的广阔空间。

甘肃有中国科学院、石油化工、生物医药等一批科研机构和制造业。广袤的甘肃大地物产丰富,具有潜在的矿产资源和石油资源,新能源产业逐渐崛起,西部大开发带动了特色农产品走出国门,享誉海内外。以敦煌为品牌的甘肃旅游业形成了十多条观光线路,甘肃的饮食文化也吸引了中外游客,清真餐饮、敦煌菜系、陇菜精品逐步形成,兰州蜜瓜、白凤桃、软儿梨、敦煌葡萄、李广杏、静宁苹果、天水花牛果把甘肃营造为瓜果长廊,留住了观光者的脚步。

(四)主要空港城市及机场

目前甘肃有兰州中川国际机场、敦煌机场、庆阳西峰机场和嘉峪关机场等机场。

兰州,简称"兰"或"皋",古称金城,是甘肃省的省会,位于西部三大高原交会处,是甘肃的政治、经济、文化中心,西部地区重要的中心城市。兰州是中国陆域版图的几何中心,是西陇海兰新线经济带的重要支撑点和辐射源,也是新亚欧大陆桥通往中亚、西亚和欧洲的国际大通道和陆路口岸。

兰州自秦朝设县以来已有2 200多年的建城史,自古就是"联络四域、襟带万里"的交通枢纽和军事要塞,以"金城汤池"之意命名金城,素有"黄河明珠"的美誉。兰州得益于丝绸之路,成为重要的交通要道、商埠重镇。后成为中国最早接受近代工业文明的城市之一,新中国成立后被国家确定为重点建设的工业基地之一,成为国家重要的石油化工基地、生物制药基地和装备制造基地。2012年,西北第一个国家级新区兰州新区获批。

兰州中川国际机场(Lanzhou Zhongchuan International Airport,IATA代码为LHW,ICAO代码为ZLLL,见图4-108)位于兰州市永登县,距市中心约75千米,为4E级国际机场,是西北地区主干机场之一,甘肃省省会兰州市的空中门户、西北地区的重要航空港、国际备降机场,也是国家实施西部大开发战略后改扩建的第一座西部地区机场。拥有1条跑道,2座航站楼,38个停机位,可满足B747、A330等大型飞机的安全起降要求。截至2019年12月,机场运营航空公司达到43家,驻场运力达到29架,国内外通航点达到119座,客运航线达到212条。

图4-108　兰州中川国际机场

2019年,甘肃省民航机场集团管理运营的兰州中川国际机场、嘉峪关机场、敦煌莫高国际机场、庆阳机场、金昌机场、张掖机场、陇南机场等机场累计通航城市123座(其中,国际地区城市23座),执行客运航线246条(其中,国际地区客运航线24条),货运航线10条(其中,国际地区货运航线5条),累计执飞航空公司46家(含6家货运航空公司)。基本形成了以北京、上海、广州、深圳等骨干航线为核心,通达至欧洲、西亚、东南亚等国家和地区,干线与支线、国际与国内航线协调发展的航空网络布局。

(五)主要航空企业

国航、东航、南航、海航、中国联航、山东航空、厦门航空、四川航空、天津航空、首都航空、华夏航空、春秋航空等43家航空公司在甘肃运营航线,其中东航和海航以兰州中川国际机场为基地机场。

(六)旅游景点

莫高窟(见图4-109),俗称千佛洞,坐落在河西走廊西端的敦煌。它始建于前秦宣昭帝苻坚时期,后历经北朝、隋朝、唐朝、五代十国、西夏、元朝等历代的兴建,形成巨大的规模,有洞窟735个,壁画4.5万平方米、泥质彩塑2 415尊,是世界上现存规模最大、内容最丰富的佛教艺术地。1987年,莫高窟被列为世界文化遗产。莫高窟与河南洛阳龙门石窟、山西大同云冈石窟、麦积山石窟并称中国四大石窟。

嘉峪关(见图4-110),号称"天下第一雄关",位于嘉峪关市西5千米处最狭窄的山谷中部,城关两侧的城墙横穿沙漠戈壁,北连黑山悬壁长城,南接天下第一墩,是明长城最西端的关口,历史上曾被称为河西咽喉,因地势险要、建筑雄伟,有连陲锁钥之称。嘉峪关是古代"丝绸之路"的交通要塞,中国长城三大奇观之一(东有山海关、中有镇北台、西有嘉峪关)。

图 4-109 敦煌莫高窟

图 4-110 嘉峪关

月牙泉(见图 4-111),古称沙井,俗名药泉,位于敦煌市西南 5 千米的鸣沙山北麓。月牙泉南北长近 100 米,东西宽约 25 米,泉水东深西浅,最深处约 5 米,弯曲如新月,因而得名,有"沙漠第一泉"之称,自汉朝起即为"敦煌八景"之一。月牙泉内生长有眼子草和轮藻植物,南岸有茂密的芦苇,四周被流沙环抱,虽遇强风而泉不为沙所掩盖。因"泉映月而无尘""亘古沙不填泉,泉不枯竭"而成为奇观。古往今来以"沙漠奇观"著称于世,被誉为"塞外风光之一绝"。月牙泉、莫高窟九层楼和莫高窟艺术景观融为一体,是敦煌城南一脉相连的"三大奇迹",成为中国乃至世界人民向往的旅游胜地。

张掖丹霞地貌群(见图 4-112),俗称"张掖丹霞",由"七彩丹霞"和"冰沟丹霞"组成。气势磅礴、场面壮观、造型奇特、色彩斑斓,大自然的鬼斧神工,令人惊叹。它不仅具有一般丹霞的奇、险,而且更美的在于色。在方圆 10 多平方千米的范围内,随处可见有红、黄、橙、绿、白、青灰、灰黑、灰白等多种鲜艳的色彩,把无数沟和山丘装点得绚丽多姿。张掖丹霞地貌以它那层理交错的线条、色彩斑斓的色调、灿烂夺目的壮美画图,形成一个彩色的童话世界。

图 4-111 敦煌月牙泉

图 4-112 张掖丹霞地貌群

第五节　西南区航空运输地理

西南区包括重庆市(渝或巴)、四川省(川或蜀)、贵州省(贵)、云南省(云或滇)、西藏自治区(藏)。西南区受地面交通的制约,是中国西部机场数量最多的地区。

　　根据《全国民用机场布局规划》,至 2030 年,规划新增武隆、甘孜、威宁、楚雄等 29 个机场,总数达 78 个。《规划》中提出,要逐步提升昆明、成都和重庆机场国际枢纽的竞争力;培育贵阳、拉萨等机场的区域枢纽功能;大幅增加区域机场密度,优化布局结构,提升万州、九寨、黄平、丽江、林芝等其他既有机场发展水平,稳步推进巫山、巴中、仁怀、澜沧等机场的建设。

　　表 4-5 为西南区的主要机场。

表 4-5　西南区的主要机场

机场名称	机场三字代码	机场四字代码	所属省区市
成都双流国际机场	CTU	ZUUU	四川
成都天府国际机场	TFU	ZUTF	四川
达州河市机场	DAX	ZUDX	四川
广元盘龙机场	GYS	ZUGU	四川
绵阳南郊机场	MIG	ZUMY	四川
宜宾五粮液机场	YBP	ZUYB	四川
泸州云龙机场	LZC	ZULZ	四川
九寨沟黄龙机场	JZH	ZUJZ	四川
攀枝花保安营机场	PZI	ZUZH	四川
西昌青山机场	XIC	ZUXC	四川
南充高坪机场	NAO	ZUNC	四川
甘孜康定机场	KGT	ZUKD	四川
稻城亚丁机场	DCY	ZUDC	四川
阿坝红原机场	AHJ	ZUHY	四川
巴中恩阳机场	BZX	ZUBZ	四川
甘孜格萨尔机场	GZG	ZUGZ	四川
广汉市广汉机场(通用)	GHN	ZUGH	四川
重庆江北国际机场	CKG	ZUCK	重庆
重庆巫山机场	WSK	ZUWS	重庆
重庆仙女山机场	CQW	ZUWL	重庆
重庆万州五桥机场	WXN	ZUWX	重庆
黔江武陵山机场	JIQ	ZUQJ	重庆
贵阳龙洞堡国际机场	KWE	ZUGY	贵州
黎平机场	HZH	ZUNP	贵州
凯里黄平机场	KJH	ZUKJ	贵州
黔南州荔波机场	LLB	ZULB	贵州
铜仁凤凰机场	TEN	ZUTR	贵州
遵义茅台机场	WMT	ZUMT	贵州

机场名称	机场三字代码	机场四字代码	所属省区市
遵义新舟机场	ZYI	ZUZY	贵州
安顺黄果树机场	AVA	ZUAS	贵州
毕节飞雄机场	BFJ	ZUBJ	贵州
六盘水月照机场	LPF	ZUPS	贵州
兴义万峰林机场	ACX	ZUYI	贵州
昆明长水国际机场	KMG	ZPPP	云南
丽江三义机场	LJG	ZPLJ	云南
西双版纳嘎洒机场	JHG	ZPJH	云南
大理机场	DLU	ZPDL	云南
德宏芒市机场	LUM	ZPMS	云南
迪庆香格里拉机场	DIG	ZPDQ	云南
普洱思茅机场	SYM	ZPSM	云南
保山云瑞机场	BSD	ZPBS	云南
昭通机场	ZAT	ZPZT	云南
澜沧景迈机场	JMJ	ZPJM	云南
临沧博尚机场	LNJ	ZPLC	云南
文山砚山机场	WNH	ZPWS	云南
腾冲驼峰机场	TCZ	ZPTC	云南
沧源佤山机场	CWJ	ZPCW	云南
宁蒗泸沽湖机场	NLH	ZPNL	云南
拉萨贡嘎机场	LXA	ZULS	西藏
昌都邦达机场	BDU	ZUBD	西藏
林芝米林机场	LZY	ZUNZ	西藏
阿里昆莎机场	NGQ	ZUAL	西藏
日喀则和平机场	RKZ	ZURK	西藏

一、重庆市

(一)基本概况

重庆(三字代码 CKG)简称"巴"或"渝",别称巴渝、山城、渝都、桥都。1189 年,宋光宗赵惇先封恭王再即帝位,自诩"双重喜庆",重庆由此得名,是中国四大中央直辖市之一,面积 8.24 万平方千米,常住人口为 3 212.43 万(2021 年)。

重庆地处中国内陆西南部,是长江上游地区的经济、金融、科创、航运和商贸物流中心,国家物流枢纽,西部大开发重要的战略支点、"一带一路"和长江经济带重要联结点以及内陆开放高地、山清水秀美丽之地。既以江城、雾都、桥都著称,又以山城扬名。重庆以汉族为主,少数民族主要有土家族、苗族等。

重庆是国家历史文化名城,是"红岩精神"起源地,巴渝文化发祥地,"火锅""吊脚楼"等影响深远。重庆现辖 26 个区、8 个县、4 个自治县。

（二）自然地理

重庆位于长江上游地区,处于青藏高原与长江中下游平原的过渡地带,东邻湖北、湖南,南靠贵州,西接四川,北连陕西,是中国面积最大的城市。

重庆地势由南北向长江河谷逐级降低,西北部和中部以丘陵、低山为主,东南部靠大巴山和武陵山两座大山脉,坡地较多,有"山城"之称。总的地势是东南部、东北部高,中部和西部低,由南北向长江河谷逐级降低。

长江干流自西向东横贯全境,流程长达 665 千米,横穿巫山三个背斜,形成著名的瞿塘峡、巫峡和湖北的西陵峡,即举世闻名的长江三峡;嘉陵江自西北而来,三折于渝中区入长江,乌江于涪陵区汇入长江,有沥鼻峡、温塘峡、观音峡,即嘉陵江小三峡。

重庆属亚热带季风性湿润气候,冬暖春早,夏热秋凉,四季分明,无霜期长;空气湿润,降水丰沛;太阳辐射弱,日照时间短,多云雾,少霜雪;光温水同季,立体气候显著,气候资源丰富,气象灾难频繁。年日照时数 1 000～1 400 小时,日照百分率仅为 25%～35%,是中国年日照最少的地区之一。

（三）经济地理

重庆是中西部地区唯一的直辖市,是长江上游地区经济中心、国家重要现代制造业基地、西南地区综合交通枢纽、全国统筹城乡综合配套改革试验区。成为直辖市以来,重庆经济社会发展取得了显著成就。

重庆经济建设基本形成大农业、大工业、大交通、大流通并存的格局,是西南地区和长江上游地区最大的经济中心城市。

重庆是中国老工业基地之一和国家重要的现代制造业基地,形成了全球最大电子信息产业集群和中国国内最大汽车产业集群,亦形成了装备制造、综合化工、材料、能源和消费品制造等千亿级产业集群。

重庆是中国重要的现代服务业基地,已形成了金融、商贸物流、服务外包等现代服务业。拥有中国(重庆)自由贸易试验区、中新(重庆)战略性互联互通示范项目、内陆首个国家级新区——两江新区、重庆两路寸滩保税港区、重庆西永综合保税区、重庆铁路保税物流中心、重庆南彭公路保税物流中心、万州保税物流中心,过境 72 小时内免签,进口整车、水果、肉类、生鲜海产等口岸。以长江黄金水道、渝新欧国际铁路联运大通道等为支撑的"一江两翼三洋"国际贸易大通道骨架基本形成。

（四）主要空港城市及机场

重庆的地形复杂,大山大水,自古就有"蜀道难"之说。重庆地处中西部地区结合部,也是长江上游地区唯一汇集水、陆、空交通资源的超大型城市,西南地区综合交通枢纽,以长江黄金水道、渝新欧国际铁路等为支撑,构建起航空、铁路、内河港 3 个交通枢纽。重庆现有重庆江北国际机场、重庆万州五桥机场、黔江武陵山机场、重庆仙女山机场和重庆巫山机场共 5 个机场。

重庆江北国际机场(Chongqing Jiangbei International Airport,IATA 代码为 CKG,ICAO 代码为 ZUCK,见图 4-113),位于渝北区,距离市中心 19 千米,为 4F 级民用国际机场,是中国八大区域枢纽机场之一。该机场拥有 3 条跑道、3 座航站楼，是西部地区率先实现三跑道、三航站楼运行的机场。截至 2020 年底，重庆江北国际机场拥有 68 家航空公司运营，其中基地航空公司 7 家，分别为国航重庆分公司、川航重庆分公司、重庆航空（南航控股）、西部航空有限责任公司（简称西部航空）、厦门航空重庆分公司、山东航空重庆分公司和华夏航空。

图 4-113 重庆江北国际机场

近年来，重庆江北国际机场运输生产快速增长，航线网络日趋完善，机场通达性大幅提升。2019 年，重庆江北国际机场旅客吞吐量跻身全球机场 50 强，累计开通国内外航线 338 条，其中国际（地区）95 条，与世界互联互通的空中桥梁越发宽广。2020 年，在疫情对全球民航业产生巨大冲击的情况下，重庆江北国际机场旅客吞吐量排名全国第四，货邮吞吐量全国第八。基本构建起重庆至欧洲、北美洲、中亚、东南亚等地较为完善的货运航线网络，对重庆产业结构调整、经济社会发展起到了积极的推动作用。

（五）主要航空企业

1. 重庆航空有限责任公司

重庆航空有限责任公司（Chongqing Airlines，IATA 代码为 OQ，ICAO 代码为 CQN，其标志见图 4-114）简称重庆航空，是重庆市人民政府和南航的合办企业，由南航与重庆城市交通开发投资（集团）有限公司共同出资组建，主运营基地设在重庆江北国际机场，成立于 2007 年 6 月 16 日。

目前，重庆航空共运营 30 架空客 A320 系列飞机，包括中国民航首架空客 A321neo ACF 构型飞机。重庆航空国内通航点覆盖北京、上海、广州、深圳、成都、杭州、南京、南昌、宁波、温州、青岛、哈尔滨、大连、呼和浩特、武汉、长沙、昆明、惠州、珠海、汕头等主要公商务航线城市，以及三亚、西双版纳、赤峰、通辽等主要旅游航线城市，并开通了重庆直飞新加坡、曼谷、河内、胡志明、科伦坡等多条国际航线，负责母公司

图 4-114 重庆航空有限责任公司的标志

南航重庆航线的管理运营，并有效衔接南航广州、北京等其他枢纽网络，为地区之间的互联互通提供空中快捷通道。

未来，重庆航空将进一步服务于重庆，统筹布局重庆江北国际机场和万州五桥机场、黔江武陵山机场、重庆巫山机场、重庆仙女山机场"一大四小"机场，打造重庆"小钻石"市场格局；持续拓展成渝地区双城经济圈至粤港澳大湾区、长三角、京津冀等地航线，实施国内"大钻石"战略布局；稳步开拓重庆至日韩、东南亚、南亚等各国航线。通过服务国内经济大循环建设，持续打造多基地、多航点的航线网络，积极投身国际航线运营，逐步构建起国内转高原、国内转国内、国内转

国际、国际转国际的综合航线网络。

2. 西部航空有限责任公司

西部航空有限责任公司(IATA 代码为 PN,ICAO 代码为 CHB,其标志见图 4-115)简称西部航空,成立于 2006 年,是一家经中国民用航空总局批准成立的位于中国西部地区的民营航空公司,目前坐拥重庆和郑州两大基地。

2013 年 6 月,西部航空正式由传统航空模式转型为低成本航空运营,它是继春秋航空之后国内的第二家低成本航空公司。2017~2019 年,西部航空连续三年被国际权威机构 SKYTRAX 评为"中国领先低成本航空"。

图 4-115　西部航空有限责任公司的标志

自 2007 年 6 月 14 日成功首航以来,西部航空陆续在海口、广州、上海、深圳、济州、曼德勒等 52 个国内外城市开通共计 87 条航线。截至目前,西部航空共有空客 A319/320 飞机 35 架。

（六）旅游景点

重庆旅游资源丰富,拥有山、水、林、泉、瀑、峡、洞等自然景色,共有自然、人文景点 300 余处,其中有"大足石刻"世界文化遗产,有重庆武隆喀斯特旅游区、重庆金佛山喀斯特世界自然遗产,国家重点风景名胜区 6 个,国家森林公园 24 个,国家地质公园 6 个,国家级自然保护区 4 个,全国重点文物保护单位 20 个。

大足石刻(见图 4-116)位于重庆市大足区境内,是唐、五代、宋时所凿造,明、清两代亦续有开凿。现为世界文化遗产,世界八大石窟之一。大足石刻分布于大足区西南、西北和东北的扇区,共 23 处。较集中的有宝顶山、北山等 19 处。其中以宝顶山摩崖造像规模最大,造像最精美。除佛像和道教造像外,也有儒、佛、道同在一龛窟中的三教造像,而以佛教造像所占比例最大。大足石刻代表了 9~13 世纪世界石窟艺术的最高水平,是人类石窟艺术史上最后的丰碑。它从不同侧面展示了唐、宋时期中国石窟艺术风格的重大发展和变化,具有前期石窟不可替代的历史、艺术、科学价值。

图 4-116　大足石刻

并以规模宏大、雕刻精美、题材多样、内涵丰富、保存完好而著称于世。

武隆喀斯特旅游区(见图 4-117)位于重庆市武隆区境内,拥有罕见的喀斯特自然景观,包括溶洞、天坑、地缝、峡谷、峰丛、高山草原等,形态全面;兼具丰富多彩的度假、休闲、娱乐、运动项目,以及土家族、苗族、仡佬族等少数民族独特的民俗风情。2011 年,被评为国家 5A 级旅游景区。武隆喀斯特旅游区包括重庆武隆旅游景点天生三桥、仙女山、芙蓉洞这三部分。2020 年 11 月 18 日,当选为"巴蜀文化旅游走廊新地标"。

龙门巴雾连滴翠,奇山秀水胜三峡。巫山小三峡(见图 4-118)由龙门峡、巴雾峡、滴翠峡组成,南起巫山县,北至大昌古城,也称大宁河小三峡。龙门峡长约 3 千米,两岸峰峦叠翠,江中水流湍急,是巫山小三峡的门户,游客在这里大都是步行观赏景致。与长江三峡的宏伟壮观、雄奇险峻相比,巫山小三峡则显得秀丽别致,精巧典雅,故人们赞誉巫山小三峡可谓"不是三峡,胜似三峡"。巫山小三峡特色为秀美、神奇,有山奇雄、水奇清、峰奇秀、滩奇险、景奇幽、石奇美的"六奇",可称"天下奇峡"。

图 4-117 武隆喀斯特旅游区之芙蓉洞

图 4-118 巫山小三峡

二、四川省

(一)基本概况

四川,简称川或蜀,省会为成都市(三字代码为 CTU),位于中国西南地区内陆,地处长江上游,素有"天府之国"的美誉。北宋咸平四年(1001 年),将地处今四川盆地一带的川峡路分为益州路、梓州路、利州路和夔州路,合称为"川峡四路"或"四川路"。其间设四川安抚制置使、四川宣抚使等官职,后来简称"四川",四川由此得名。

四川为古蜀文明的发祥地,全世界最早的纸币"交子"的出现地。四川盐业文化、酒文化源远流长,三国文化、红军文化、巴人文化异彩纷呈。

四川现辖 21 个地级行政区,其中 18 个地级市、3 个自治州,分别是成都市、自贡市、攀枝花市、泸州市、德阳市、绵阳市、广元市、遂宁市、内江市、乐山市、南充市、眉山市、宜宾市、广安市、达州市、雅安市、巴中市、资阳市、阿坝藏族羌族自治州、甘孜藏族自治州、凉山彝族自治州。全省面积 48.6 万平方千米,仅次于新疆、西藏、内蒙古和青海,居全国第五位,常住人口 8 372 万(2021年),是中国的人口大省。

(二)自然地理

四川省位于中国西南,东西长 1 075 千米,南北宽 900 多千米。北连陕西、甘肃、青海,南接云南、贵州,东邻重庆,西衔西藏,是承接华南、华中,连接西南、西北,沟通中亚、南亚、东南亚的重要交汇点和交通走廊。

四川位于中国大陆地势三大阶梯中的第一级和第二级,即处于第一级青藏高原和第三级长江中下游平原的过渡带,高低悬殊,西高东低的特点特别明显。西部为高原、山地,海拔多在3 000 米以上;东部为盆地、丘陵,海拔多在500~2 000 米。全省可分为四川盆地、川西高山高原区、川西北丘状高原山地区、川西南山地区、米仓山大巴山中山区五大部分,四川盆地是中国的四大盆地之一。四川地貌复杂,以山地为主要特色,具有山地、丘陵、平原和高原4种地貌类型。

四川河流众多,以长江水系为主。黄河一小段流经四川西北部,为四川和青海两省交界,支流包括黑河和白河;长江上游金沙江为四川和西藏、四川和云南的边界,在攀枝花流经四川南部,在宜宾流经四川东南部,较大的支流有雅砻江、岷江、大渡河、理塘河、沱江、涪江、嘉陵江、渠江、赤水河。四川主要的湖泊有邛海、泸沽湖和马湖。

四川气候的区域差异显著,东部冬暖、春旱、夏热、秋雨、多云雾、少日照;西部则寒冷、冬长、基本无夏、日照充足、降水集中、干雨季分明;气候垂直变化大,气候类型多;气象灾害种类多,发生频率高,范围大,主要是干旱、暴雨、洪涝和低温等经常发生。

川东四川盆地及周围山地属亚热带湿润季风气候,又兼有海洋性气候特征。冬暖夏热,温暖湿润,大部分地区年降水量为900~1 200毫米。川西北高原属高原高寒气候,海拔高差大,气候立体变化明显,从河谷到山脊依次出现亚热带、暖温带、中温带、寒温带、亚寒带、寒带和永冻带,总体上以寒温带气候为主,冬寒夏凉,水热不足,年平均气温为4~12 ℃,年降水量为500~900毫米。川西南山地属亚热带半湿润气候,全年气温较高,年平均气温为12~20 ℃,年较差小,日较差大,但干湿季分明;年降水量为900~1 200毫米,90%集中在5~10月,其余月份均为旱季。

(三)经济地理

自古以来,四川就享有"天府之国"的美誉。优越的地理条件和经济条件,使四川成为中国经济开发最早的地区之一。据考古证明,今四川境内在旧石器时期就有人类活动,成都平原地区是长江上游区域文化的起源中心。其中广汉三星堆和成都金沙遗址,是古蜀国的政治、经济、文化中心。四川农业文明和城市文明很早兴起,农业、冶金、丝织、建筑等都得到了一定的发展。

四川交通干线密集,是"西部综合交通枢纽""西部经济发展高地"。四川的产业体系完备,是全国三大动力设备制造基地和四大电子信息产业基地之一。

四川矿产资源丰富且种类比较齐全,能源、黑色、有色、稀有、贵金属、化工、建材等矿产均有分布。现拥有已探明储量的矿产资源132种,占全国资源种数的70%,是川气东输的起点,为全国资源、能源大省。

四川是中国西部工业门类最齐全,优势产品最多实力最强的工业基地。机械、电子、冶金、化工、航空航天、核工业、建筑材料、食品、丝绸、皮革等行业在西部地区乃至全国占有重要地位。新一代信息技术、高端装备制造、新能源、新材料、生物、节能环保等战略性新兴产业快速发展。

四川农业经济比较发达,属农业大省,经济作物有油菜、花生、蔬菜、水果等,资源丰富、种类繁多,其中粮食、油料、蔬菜及生猪供应在国内有重大影响。

四川在国内最具有优势的产业为白酒饮料业、装备制造业、水电和天然气,其他发展得比较好的有化肥工业、电子信息业、中药材、软件业、航空航天制造业。

对外贸易方面,四川是西部(特别是西南地区)各种生产、生活要素和商品的重要集散地。2017年4月,中国(四川)自由贸易试验区挂牌成立,中国(四川)自由贸易试验区整体分为成都、泸州两个部分,涵盖3个片区:中国(四川)自由贸易试验区成都天府新区片区,中国(四川)自由贸易试验区成都青白江铁路港片区,中国(四川)自由贸易试验区川南临港片区,总面积为119.99平方千米。中间(四川)自由贸易试验区主要任务是落实中央关于加大西部地区门户城市开放力度以及建设内陆开放战略支撑带的要求,打造内陆开放型经济高地,实现内陆与沿海沿边沿江协同开放。

（四）主要空港城市及机场

截至 2021 年 6 月 27 日，四川目前通航的民用机场有 16 个：成都双流国际机场、成都天府国际机场、宜宾五粮液机场、泸州云龙机场、绵阳南郊机场、南充高坪机场、西昌青山机场、达州河市机场、攀枝花保安营机场、九寨黄龙机场、广元盘龙机场、甘孜康定机场、稻城亚丁机场、阿坝红原机场、巴中恩阳机场、甘孜格萨尔机场。其中，稻城亚丁机场是目前世界上海拔最高的民用机场。

成都位于四川中部，是西南地区的科技、商贸、金融中心和交通、通信枢纽，也是四川的政治、经济、文教中心。成都是历史文化名城，古为蜀国地。秦并巴、蜀为蜀郡并建城，汉因织锦业发达专设锦官管理，故有"锦官城"之称。五代蜀时遍种芙蓉，故别称"芙蓉城"，简称"蓉"。地理上，成都位于四川盆地西部的岷江中游地段，东界龙泉山脉，西靠邛崃山，西部为纵贯南北的龙门山脉。成都的河网密度大，有岷江、沱江等 12 条干流及几十条支流，河流纵横，沟渠交错；水质优良，受人为污染极小，绝大部分指标都符合国家地面水二级标准。

成都双流国际机场（Chengdu Shuangliu International Airport，IATA 代码为 CTU，ICAO 代码为 ZUUU，见图 4-119）位于成都市双流区与武侯区交界处，东北距成都市中心约 16 千米，为 4F 级国际航空枢纽，是中国第四大航空港、中国中西部地区最繁忙的国际机场，同时也是中国西南地区的航空枢纽和最重要的客货集散地。

成都双流国际机场现有 2 条平行跑道，2 座航站楼，停机位 228 个，可供 A380 飞机起降。该机场是前往拉萨贡嘎国际机场、昌都邦达机场和林芝米林机场等高原机场的最大中转机场。2019 年，成都双流国际机场完成旅客吞吐量全国排名第 4 位，货邮吞吐量全国排名第 6 位，飞机起降架次全国排名第 5 位。

截至 2019 年 9 月，成都双流国际机场已开通航线 349 条（其中，国际和地区航线 121 条，国内航线 228 条）。通航国内外城市 209 个（其中，国际和地区城市 78 个，国内城市 131 个），是四川航空、成都航空的基地机场，国航、东航、南航、祥鹏航空、深圳航空等均在成都设立分公司。

成都天府国际机场（Chengdu Tianfu International Airport，IATA 代码为 TFU，ICAO 代码为 ZUTF，见图 4-120）位于成都市简阳市芦葭镇空港大道，北距成都市中心 50 千米、西北距成都双流国际机场 50 千米、东北距简阳市中心约 14.5 千米，为 4F 级国际机场、国际航空枢纽、丝绸之路经济带中等级最高的航空港之一、成都国际航空枢纽的主枢纽。2021 年 6 月 27 日，成都天府国际机场正式通航。截至 2021 年 6 月，成都天府国际机场有 2 座航站楼，站坪 210 个机位，跑道共 3 条，可满足年旅客吞吐量 6 000 万人次、货邮吞吐量 130 万吨的使用需求。

图 4-119　成都双流国际机场

图 4-120　成都天府国际机场

成都天府国际机场是四川航空、中国国际航空、成都航空、中国东方航空、中国南方航空、西藏航空和祥鹏航空的基地机场。

（五）主要航空企业

1. 四川航空股份有限公司

四川航空股份有限公司（Sichuan Airlines，IATA 代码为 3U，ICAO 代码为 CSC，其标志见图 4-121）简称川航，其前身是四川航空公司，该公司成立于 1986 年 9 月 19 日，1988 年 7 月 14 日正式开航营运。四川航空集团有限责任公司成立于 2002 年 8 月 29 日，四川航空集团有限责任公司持有四川航空股份有限公司 40% 的股份，为第一大股东。其他股东分别为南航、东航、山东航空、成都银杏金阁投资有限公司。

川航的总部设在成都双流国际机场，截至 2021 年 5 月，川航机队规模达 170 架，为中国国内最大的全空客机队航空公司。除成都总部以外，川航已设有重庆、云南、北京、浙江、黑龙江、陕西、海南、新疆、西昌、天津、南宁、深圳、绵阳等分公司、基地，形成覆盖全国 80 多个大中城市的航线网络布局。航线从最初的 7 条发展到 200 多条，并已开通温哥华、墨尔本、悉尼、莫斯科、迪拜、东京、大阪、新加坡、布拉格、洛杉矶、奥克兰、圣彼得堡、苏黎世、特拉维夫、开罗、哥本哈根、伊斯坦布尔、罗马、赫尔辛基等国际航线，形成了国内主次干线、支线网络与国际地区航线的有机组合。

2. 成都航空有限公司

成都航空有限公司（Chengdu Airlines，IATA 代码为 EU，ICAO 代码为 UEA，其标志见图 4-122）简称成都航空，由中国商用飞机有限责任公司、四川航空集团有限责任公司、成都交通投资集团有限公司于 2010 年 1 月成立的，总部设在成都，主运营基地设在成都双流国际机场，经营范围包括国内航空客货运输业务和航空器材进出口业务等。

图 4-121　四川航空股份有限公司的标志　　　　　图 4-122　成都航空有限公司的标志

截至 2021 年 5 月 20 日，成都航空机队规模达 61 架（其中，39 架空客 A320 系列飞机，22 架 ARJ21-700 飞机），先后开通运营了 110 余条国内外航线。成都航空建立以国内网络为依托，开通辐射中国港澳、东亚、南亚、东南亚的国际和地区航线，将公司打造成为国内著名、亚洲知名的综合性航空品牌，为国产飞机成功商业运营，建设成都大型国际航空枢纽贡献力量。

（六）旅游景点

四川有世界遗产 7 处，列居全国第二位，其中，世界自然遗产 3 处（九寨沟、黄龙、四川大熊猫栖息地），世界文化与自然双重遗产 1 处（峨眉山—乐山大佛），世界文化遗产 1 处（青城山—都江堰），世界灌溉工程遗产 2 处（东风堰、都江堰）。列入世界《人与生物圈保护网络》的保护区有 4 处（九寨、卧龙、黄龙、稻城亚丁）。

自古历来有"天下山水在于蜀"之说，并有"峨眉天下秀，青城天下幽，剑门天下险，九寨天下奇"之誉。四川有贡嘎山（蜀山之王）、四姑娘山（蜀山皇后）、华蓥山（天下情山）、金城山（道教仙境)、青城山(四大道教名山之一)、峨眉山(四大佛教名山之一)、螺髻山、天台山、千佛山、蒙顶山、西岭雪山等著名山峰,有横断山系的雀儿山、大雪山、邛崃山、岷山,以及大凉山、小凉山、龙门山、丹景山、米仓山、大巴山、龙泉山等大小山脉。

峨眉山(见图4-123)位于四川省西南部,中国"四大佛教名山"之一,地势陡峭,风景秀丽,素有"峨眉天下秀"之称,自古就有"普贤者,佛之长子,峨眉者,山之领袖"一说。峨眉山文化遗产极其深厚,中国佛教圣地,被誉为"佛国天堂"。峨眉山是普贤菩萨的道场,主要崇奉普贤大士,有寺庙约26座,重要的有8座,分别为报国寺、伏虎寺、清音阁、万年寺、洪椿坪、仙峰寺、洗象池、华藏寺。峨眉山以其"雄、秀、神、奇、灵"的自然景观和深厚的佛教文化,被联合国教科文组织列入《世界文化与自然遗产名录》。峨眉山包括大峨、二峨、三峨、四峨4座大山。大峨山为主峰,是通常所指的峨眉山。峨眉山以多雾著称,常年云雾缭绕,雨丝霏霏,把峨眉山装点得婀娜多姿。峨眉山层峦叠嶂、山势雄伟,景色秀丽,气象万千,有"一山有四季,十里不同天"的妙喻。另外,峨眉山山路沿途有较多猴群,常结队向游人讨食,已成为峨眉山的一大特色。

九寨沟(见图4-124)的得名来自景区内有9个寨子的藏民世代居住于此,故名为"九寨沟"。是中国第一个以保护自然风景为主要目的自然保护区,位于四川西北部岷山山脉南段的阿坝藏族羌族自治州九寨沟县漳扎镇境内,系长江水系嘉陵江上游白水江源头的一条大支沟,九寨沟四季景色各异:仲春树绿花艳,盛夏幽湖翠山,金秋尽染山林,隆冬冰塑自然。以翠湖、叠瀑、彩林、雪峰、藏情、蓝冰的"六绝"著称于世。集原始美、自然美、野趣美为一体,具有极高的游览观赏价值和科普价值,被誉为"人间仙境""童话世界"。

图4-123 峨眉山　　　　图4-124 九寨沟

都江堰风景区位于都江堰市城西,它不仅是举世闻名的中国古代水利工程,也是著名的风景名胜区。主要有伏龙观、二王庙、安澜索桥、玉垒关、离堆公园、玉垒山公园、玉女峰、灵岩寺、普照寺、翠月湖、都江堰水利工程等。都江堰建于公元前256年,是目前全世界年代最久、唯一留存、以无坝引水为特征的宏大水利工程。2 000多年来,它一直发挥着防洪灌溉作用,使成都平原成为"水旱从人、沃野千里"的天府之国。

青城山(见图4-125)位于成都平原西北部,以"幽"享誉天下,是中国道教的发源地,中国著名道教名山。其地质地貌独特,植被茂密,气候适宜,林木葱翠,重峦叠嶂,曲径逶迤,古观藏趣。景区内有36峰、72洞、108景,依靠自然生态的美,构成了一幅幅幻化无穷,令人神往的精美画卷,更为生态旅游增添了无尽的情趣。

杜甫草堂(见图 4-126)坐落于成都市西门外的浣花溪畔,是中国唐代大诗人杜甫流寓成都时的故居。杜甫先后在此居住近 4 年,创作诗歌 240 余首。1985 年,更名为成都杜甫草堂博物馆,是中国规模最大、保存最完好、知名度最高且最具特色的杜甫行踪遗迹地。完整保留着明弘治十三年(公元 1500 年)和清嘉庆十六年(公元 1811 年)修葺扩建时的建筑格局,有古朴典雅的建筑、独特的"混合式"中国古典园林。工部祠东侧是"少陵草堂"碑亭,象征着杜甫的茅屋已成为杜甫草堂的标志性景点和成都的著名景观。

图 4-125 青城山

图 4-126 杜甫草堂

三、云南省

(一)基本概况

云南省简称"滇"或"云",位于中国西南边陲,省会为昆明市(三字代码为 KMG),是人类重要的发祥地之一。生活在距今 170 万年前的云南元谋猿人,是迄今为止发现的亚洲最早的人类。

西汉元封二年(前 109 年),武帝开西地南夷,置县 24,云南为其一。取县名为"云南"有 3 种说法,一是"彩云南现"说,建县时,县治驻地现云南驿村北面的龙兴和山出现五彩云霞,县城在彩云之南称"云南";二是"云山之南"说,云山即现在的宾川鸡足山,常凝云气高数丈,县城在云山之南称为"云南";三是"武帝追梦"说,相传汉武帝夜梦彩云,遣使追梦,在今祥云县境追到彩云,因置云南县。

云南是多民族的省份,截至 2021 年,云南省常住人口 4 690 万。

云南省下辖 16 个地级行政区,其中有 8 个地级市、8 个自治州,分别是:昆明市、曲靖市、玉溪市、昭通市、保山市、丽江市、普洱市、临沧市、德宏傣族景颇族自治州、怒江傈僳族自治州、迪庆藏族自治州、大理白族自治州、楚雄彝族自治州、红河哈尼族彝族自治州、文山壮族苗族自治州、西双版纳傣族自治州。

(二)自然地理

云南省东部与贵州省、广西壮族自治区为邻,北部与四川省相连,西北部紧依西藏自治区,西部与缅甸接壤,南部和老挝、越南毗邻,总面积为 39.41 万平方千米,占全国国土总面积的 4.1%,

居全国第 8 位。云南的边境线很长,有 8 个州(市)的 25 个边境县分别与缅甸、老挝和越南交界,其中,中缅边界为 1 997 千米,中老边界为 710 千米,中越边界为 1 353 千米。

北回归线横贯云南南部,云南属低纬度内陆地区,地势呈西北高、东南低,自北向南呈阶梯状逐级下降,为山地高原地形,山地面积占全省总面积的 88.64%,地跨长江、珠江、元江、澜沧江、怒江、大盈江六大水系。

云南气候基本属于亚热带高原季风型,立体气候特点显著,类型众多、年温差小、日温差大、干湿季节分明、气温随地势高低垂直变化异常明显。滇西北属寒带型气候,长冬无夏,春秋较短;滇东、滇中属温带型气候,四季如春,遇雨成冬;滇南、滇西南属低热河谷区,有一部分在北回归线以南,进入热带范围,长夏无冬,一雨成秋。

云南地质现象种类繁多,成矿条件优越,矿产资源极为丰富,尤以有色金属及磷矿著称,被誉为有色金属王国,是得天独厚的矿产资源宝地。

云南是全国植物种类最多的省份,被誉为植物王国。热带、亚热带、温带、寒温带等植物类型都有分布,古老的、衍生的、外来的植物种类和类群很多。在全国 3 万种高等植物中,云南占 60% 以上,列入国家一、二、三级重点保护和发展的树种有 150 多种。

云南动物种类数为全国之冠,素有动物王国之称。脊椎动物达 1 737 种,占全国的 58.9%。全国见于名录的 2.5 万种昆虫类中云南有 1 万余种。云南珍稀保护动物较多,许多动物在国内仅分布在云南。珍禽异兽如蜂猴、滇金丝猴、野象、野牛、长臂猿、印支虎、犀鸟、白尾梢虹雉等 46 种,均属国家一类保护动物;熊猴、猕猴、灰叶猴、穿山甲、麝、小熊猫、绿孔雀、蟒蛇等 154 种,属国家二类保护动物;此外,还有大量小型珍稀动物种类。

(三)经济地理

云南能源资源得天独厚,尤以水能、煤炭资源储量较大,地热能、太阳能、风能、生物能也有较好的开发前景。82.5% 蕴藏在金沙江、澜沧江、怒江三大水系,尤以金沙江蕴藏的水能资源最大,占全省水能资源总量的 38.9%。

云南是中国最大的硅生产基地,能源产业成为云南第一大支柱产业,电力总装机突破 1 亿千瓦,有 9 个国家级新型工业化产业示范基地,生物医药和大健康产业、旅游文化产业、信息产业、现代物流产业、高原特色现代农业产业、新材料产业、先进装备制造业、食品与消费品制造业为云南省八大重点产业。

(四)主要空港城市及机场

截至 2020 年,云南省共运营民用运输机场 15 个,机场数量居全国第 3 位。近年来,云南以昆明长水国际机场为核心的国际航空枢纽,与丽江、西双版纳、保山、腾冲、临沧等州市机场连成网络,基础建设不断完善,省内数个支线机场的建设也已提上日程。以滇西北、滇西南等 4 个区域为协同区的"航空市场协同区"建设,让省内各机场都搭上协同发展的快车,构筑起"一枢多场、协同发展"的科学架构。

昆明别称春城,云南省省会、西南地区的中心城市之一,国家级历史文化名城,云南的政治、经济、文化、科技、交通中心。昆明地处中国西南地区、云贵高原中部,具有"东连黔桂通沿海,北经川渝进中原,南下越老达泰柬,西接缅甸连印巴"的独特区位,处在南北国际大通道和以深圳为起点的第三座东西向亚欧大陆桥的交汇点,是中国面向东南亚、南亚开放的门户城市,位于东盟"10+1"自由贸易区经济圈、大湄公河次区域经济合作圈、泛珠三角区域经济合作圈的交汇点。

昆明是国家历史文化名城,早在 3 万年前就有人类在滇池周围生息繁衍。公元前 278 年滇国建立,定都于此。765 年南诏国筑拓东城,为昆明建城之始。明末时期,南明永历政权在昆明建都。昆明属北亚热带低纬高原山地季风气候,为山原地貌,三面环山,南濒滇池,沿湖风光绮丽,由于地处低纬高原而形成"四季如春"的气候,享有"春城"的美誉。

昆明长水国际机场(Kunming Changshui International Airport, ICAO 代码为 ZPPP, IATA 代码为 KMG,见图 4-127)位于昆明市官渡区长水村,在昆明市东北 24.5 千米处,为 4F 级国际机场,是中国八大区域枢纽机场之一、国际航空枢纽、中国两大国家门户枢纽机场之一,前身为昆明巫家坝国际机场。

昆明长水国际机场是中国面向东南亚、南亚和连接欧亚的国家门户枢

图 4-127　昆明长水国际机场

纽机场,也是西南部地区唯一的国家门户枢纽机场。现有两条跑道,机位数量 161 个。2019 年,昆明长水国际机场旅客吞吐量排名全国第六,货邮吞吐量排名全国第九。

截至 2018 年,昆明长水国际机场已开通国内外航线 348 条(国际和地区航线 78 条,其中南亚、东南亚航线 65 条)、通航城市 173 个(国内 122 个、国际 47 个、地区 4 个),其中南亚、东南亚通航点已达 41 个,位列中国首位,基本实现南亚、东南亚国家首都和重点旅游城市客运全覆盖。截至 2019 年 3 月,机场全货机航线达 10 条,南亚、东南亚每周航班量达 301 班,南亚、东南亚通航点 36 个。

共有 44 家航空公司在昆明长水国际机场运营,5 家基地航空公司的机队规模达到 120 余架;设有 7 家基地航空公司:东航云南有限公司、祥鹏航空、川航云南分公司、昆明航空有限公司、瑞丽航空有限公司、云南红土航空股份有限公司、南航云南分公司。

(五)主要航空企业

1. 云南祥鹏航空有限责任公司

云南祥鹏航空有限责任公司(Lucky Air, IATA 代码为 8L, ICAO 代码为 LKE,其标志见图 4-128)简称祥鹏航空,运营基地为云南昆明、丽江、西双版纳,四川成都、绵阳,河南郑州等。2006 年 2 月 26 日,祥鹏航空顺利开航。2016 年,祥鹏航空正式实施低成本战略转型,旨在为旅客提供更多差异化的优质服务。

图 4-128　云南祥鹏航空有限
责任公司的标志

截至 2018 年 10 月,祥鹏航空机队规模达 50 架,在飞航线 106 条(包括 91 条国内航线、15 条国际航线),通航城市 81 个(包括 68 个国内城市、13 个国际城市)。

目前,祥鹏航空建立了以昆明为中心,连通全国一、二线及各大省会城市,辐射东南亚、东亚的立体航线网络。

2. 昆明航空有限公司

昆明航空有限公司(Kunming Airlines,IATA 代码为 KY,ICAO 代码为 KNA,其标志见图 4-129)简称昆明航空,是 2007 年 2 月 25 日经中国民用航空局批准筹建的以昆明长水国际机场为运营基地的民用航空运输企业,主要经营范围是国内支线航空客货运输业务。

图 4-129　昆明航空有限公司的标志

截至目前,昆明航空机队规模达 30 架,运营全波音 737 机队,其中 737-700 飞机 9 架、737-800 飞机 19 架、737-MAX8 飞机 2 架,平均机龄 4.05 年。随着机队规模逐步扩大,昆明航空除了昆明主基地外,先后在太原、滇西(保山、腾冲、芒市一体化运行)、长沙设立了基地。初步形成了立足云南,打造滇西局部优势、省内省外联动的航线网络布局。截至目前,昆明航空累计通航点达 100 余个,航线 200 余条,每天运营航班 120 余班,在昆明的市场份额占比接近 10%。

(六) 旅游景点

云南历史文化悠久,自然风光绚丽,是人类文明重要发祥地之一。云南已建成一批以高山峡谷、现代冰川、高原湖泊、石林、喀斯特洞穴、火山地热、原始森林、花卉、文物古迹、传统园林及少数民族风情等为特色的旅游景区。全省有景区、景点 200 多个,国家 A 级以上旅游景区有 134 个,其中列为国家级风景名胜区的有 12 处,列为云南省级风景名胜区的有 53 处。

丽江古城(见图 4-130)又名大研镇,坐落在丽江坝中部,始建于宋末元初(13 世纪后期),地处云贵高原,是古代"南方丝绸之路"和"茶马古道"的重要通道。丽江古城未受方九里、旁三门、国中九经九纬、经涂九轨的中原建城复制影响,城中无规矩的道路网,无森严的城墙,古城布局中以三山为屏、一川相连;水系利用三河穿城、家家流水;街道布局经络设置有着曲、幽、窄、达的风格。丽江古城的格局是自发性的形成坐西北朝东南的朝向形式。古城内的街道依山傍水修建,以红色角砾岩铺就,有四方街、木府、五凤楼、丽江古城大水车、白沙民居建筑群、束河民居建筑群等景点,为中国历史文化名城之一,是中国以整座古城申报世界文化遗产获得成功的两座古城之一。丽江古城体现了中国古代城市建设的成就,是中国民居中具有鲜明特色和风格的类型之一。它与同为第二批国家历史文化名城的四川阆中、山西平遥、安徽歙县并称为"保存最为完好的四大古城"。

玉龙雪山(见图 4-131)在纳西语中被称为"欧鲁",意为"天山"。其十三座雪峰连绵不绝,宛若一条"巨龙"腾越飞舞,故称为"玉龙"。又因其岩性主要为石灰岩与玄武岩,黑白分明,所以又称为"黑白雪山"。是纳西人的神山,传说纳西族保护神"三朵"的化身。景观大致可分为高山雪域风景、泉潭水域风景、森林风景、草甸风景等。玉龙雪山也是动植物王国,生态类型齐备,是横断山脉中高山动植物生长最集中的地段,被誉为"天然高山动植物园"和"现代冰川博物馆",其特殊的地质构造和丰富的古生物化石,种类繁多的动植物群落,是科学考察研究取之不尽的丰富宝藏。已开发的旅游景区(点)主要有:冰川公园、甘海子、蓝月谷、云杉坪、牦牛坪等。

图 4-130　丽江古城

图 4-131　玉龙雪山

　　云南石林(见图 4-132)位于昆明市石林彝族自治县境内,素有"天下第一奇观""石林博物馆"的美誉。石林因其发育演化的古老性、复杂性、多期性和珍稀性以及景观形态的多样性,成为世界上反映此类喀斯特地质地貌遗迹的典型范例和"石林"二字的起源地,并具有很高的旅游地学科普价值。云南石林保存和展现了最多样化的喀斯特形态,高大的剑状、柱状、蘑菇状、塔状等石灰岩柱是石林的典型代表,此外,还有溶丘、洼地、漏斗、暗河、溶洞、石芽、钟乳、溶蚀湖、天生桥、断崖瀑布、锥状山峰等,几乎世界上所有的喀斯特形态都集中在这里,构成了一幅喀斯特地质地貌全景图。

　　三江并流(见图 4-133)是指金沙江、澜沧江和怒江这三条发源于青藏高原的大江在云南省境内自北向南并行奔流 170 多千米的区域。在此,三江并流形成世界上"江水并流而不交汇"的奇特自然地理景观。三江并流地区是世界生物多样性最丰富的地区之一,是北半球生物景观的缩影,是世界级物种基因库,是中国三大生态物种中心之一。这里集中了北半球南亚热带、中亚热带、北亚热带、暖温带、温带、寒温带、温带、寒带的多种气候和生物群落,是地球最直观的体温表和中国珍稀濒危动植物的避难所,使得遗产具有重要的价值。2003 年 7 月,根据世界自然遗产评选标准,三江并流被列入《世界遗产目录》。

图 4-132　云南石林

图 4-133　三江并流

第六节　东北区航空运输地理

东北区包括黑龙江省(黑)、吉林省(吉)、辽宁省(辽),是中国机场数量相对较少的地区。目前航空运输发展相对较好的主要在黑龙江省和辽宁省。东北地区四大国际机场是大连周水子国际机场、沈阳桃仙国际机场、哈尔滨太平国际机场、长春龙嘉国际机场。

根据《全国民用机场布局规划》,至2030年,规划新增铁岭、四平、绥化等23个机场,总数达50个。逐步提升哈尔滨机场国际枢纽的功能;培育大连、沈阳、长春等机场的区域枢纽功能,拓展机场服务范围;提升锦州、长白山、大庆等其他既有机场发展水平,稳步推进松原、五大连池等机场的建设。

东北区机场如表4-6所示。

表4-6　东北区机场

机场名称	机场三字代码	机场四字代码	所属省市
哈尔滨太平国际机场	HRB	ZYHB	黑龙江
齐齐哈尔三家子机场	NDG	ZYQQ	黑龙江
牡丹江海浪机场	MDG	ZYMD	黑龙江
黑河瑷珲机场	HEK	ZYHE	黑龙江
佳木斯东郊国际机场	JMU	ZYJM	黑龙江
大庆萨尔图机场	DQA	ZYDQ	黑龙江
伊春林都机场	LDS	ZYLD	黑龙江
加格达奇嘎仙机场	JGD	ZYJD	黑龙江
鸡西兴凯湖机场	JXA	ZYJX	黑龙江
漠河古莲机场	OHE	ZYMH	黑龙江
抚远东极机场	FYJ	ZYFY	黑龙江
建三江湿地机场	JSJ	ZYJS	黑龙江
五大连池德都机场	DTU	ZYDU	黑龙江
长春龙嘉国际机场	CGQ	ZYCC	吉林
延吉朝阳川国际机场	YNJ	ZYYJ	吉林
通化三源浦机场	TNH	ZYTN	吉林
白山长白山机场	NBS	ZYBS	吉林
白城长安机场	DBC	ZYBA	吉林
松原查干湖机场	YSQ	ZYSQ	吉林
沈阳桃仙国际机场	SHE	ZYTX	辽宁
大连周水子国际机场	DLC	ZYTL	辽宁

机场名称	机场三字代码	机场四字代码	所属省市
锦州湾机场	JNZ	ZYJZ	辽宁
丹东浪头机场	DDG	ZYDD	辽宁
营口兰旗机场	YKH	ZYYK	辽宁
朝阳机场	CHG	ZYCY	辽宁
鞍山腾鳌机场	AOG	ZYAS	辽宁
长海大长山岛机场	CNI	ZYCH	辽宁

一、黑龙江省

(一)基本概况

黑龙江,简称"黑",省会为哈尔滨市,是中国位置最北、纬度最高、经度最东的省份,因境内有黑龙江而得名。黑龙江省下辖12个地级市、1个地区,共54个市辖区、21个县级市、45个县、1个自治县,总面积47.3万平方千米,居全国第6位,常住人口3 125万(2021年)。

黑龙江省下辖13个地级行政区,其中12个地级市、1个地区,共54个市辖区、21个县级市、45个县、1个自治县。13个地级行政区分别是哈尔滨市、齐齐哈尔市、鸡西市、鹤岗市、双鸭山市、大庆市、伊春市、佳木斯市、七台河市、牡丹江市、黑河市、绥化市、大兴安岭地区。黑龙江省是一个多民族的省份,全省除汉族以外,共有53个少数民族。

(二)自然地理

黑龙江省东西跨14个经度,南北跨10个纬度,北部和东部与俄罗斯相邻,边境线长3 045千米,是亚洲与太平洋地区陆路通往俄罗斯远东地区和欧洲大陆的重要通道,西部与南部分别与内蒙古和吉林相邻,东部近日本海。

黑龙江省地貌特征为"五山一水一草三分田",地势大致是西北、北部和东南部高,东北、西南部低,主要由山地、台地、平原和水面构成。西北部、北部临外兴安岭等,西北部为东北—西南走向的大兴安岭山地,北部为西北—东南走向的小兴安岭山地,东南部为东北—西南走向的张广才岭、老爷岭、完达山脉。兴安山地与东部山地的山前为台地,东北部为三江平原(包括兴凯湖平原),西部是松嫩平原,是中国最大的东北平原的一部分。

黑龙江省属于寒温带与温带大陆性季风气候。全省从南向北,依温度指标可分为中温带和寒温带。从东向西,依干燥度指标可分为湿润区、半湿润区和半干旱区。全省气候的主要特征是春季低温干旱,夏季温热多雨,秋季易涝早霜,冬季寒冷漫长,无霜期短,气候地域性差异大。黑龙江省的降水表现出明显的季风性特征。夏季受东南季风的影响,降水充沛,冬季在干冷西北风的控制下,干燥少雨。

(三)经济地理

黑龙江以重工业为主,主要有木材、煤炭、石油、机械和食品工业。

黑龙江省是中国最大的林业省份之一,天然林资源主要分布在大小兴安岭和长白山脉及完达山,森林面积、森林总蓄积和木材产量均居全国前列,是国家最重要的国有林区和最大的木材生产基地。

黑龙江省是国家重要的能源工业基地,是主煤炭调出省之一。其中东部地区为优质煤炭产区,有鸡西、鹤岗、双鸭山及七台河四大煤矿,是中国煤油焦煤的重要产区之一,有中国最大的油田——大庆油田。

黑龙江土地肥沃,地广人稀,是中国粮食的重要产区,以玉米、高粱、黄豆为主。沿河平原出产东北稻米;东北平原的甜菜、亚麻产量居中国首位。但现在地力下降,正逐步向畜牧业转化。开放边境口岸进行对外贸易,绥芬河是中国对俄罗斯的贸易口岸。

(四)主要空港城市及机场

黑龙江现拥有哈尔滨、齐齐哈尔、牡丹江、佳木斯、黑河、漠河、伊春、大庆、鸡西、加格达奇、抚远、建三江、五大连池13个民用运输机场。

哈尔滨(三字代码为HRB)简称"哈",别称冰城,黑龙江省辖地级市,地处中国东北地区、东北亚中心地带,是中国黑龙江的政治、经济、文化中心,被誉为欧亚大陆桥的明珠,是第一条欧亚大陆桥和空中走廊的重要枢纽,哈大齐工业走廊的起点,国家战略定位的沿边开发开放中心城市、东北亚区域中心城市及"对俄合作中心城市"。

哈尔滨是国家历史文化名城,是"一国两朝"的发祥地,即金、清两代王朝的发祥地,金朝第一座都城就坐落在哈尔滨阿城,清朝肇祖猛哥帖木儿出生在哈尔滨依兰,金源文化由此遍布东北,发扬全国,是热点旅游城市和国际冰雪文化名城,素有"冰城"之称。

哈尔滨太平国际机场(Harbin Taiping International Airport,IATA代码为HRB,ICAO代码为ZY-HB,见图4-134)位于哈尔滨市道里区迎宾一路,东北距离哈尔滨市中心33千米,是4E级民用国际航空枢纽机场,东北四大国际航空港之一。哈尔滨太平国际机场是继大连、沈阳机场后,国家正式批复的东北地区第三座"门户机场",也是全国通航俄罗斯航线最多的机场。该机场拥有1条跑道、1座航站楼,2019年,共有53家国内外航空公司在哈尔滨太平国际机场运营,停放、过夜飞机的航空公司达到15家。共开通国内、国际航线201条,通航城市113个,旅客吞吐量连续四年位居东北四大机场首位。

哈尔滨太平国际机场有南航、川航、深圳航空、龙江航空和成都航空5家基地航空公司。

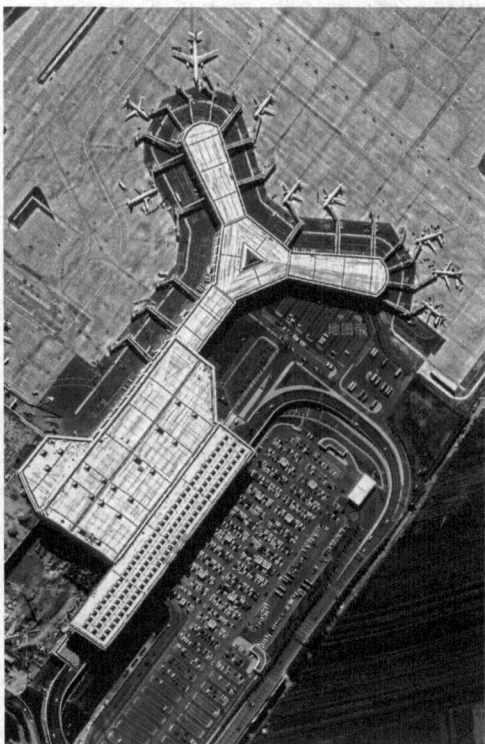

图4-134 哈尔滨太平国际机场

(五)旅游景点

五大连池风景区(见图4-135)位于五大连池市,距五大连池市区18千米,地处小兴安岭山地向松嫩平原的过渡地带。1719~1721年,火山喷发,熔岩阻塞白河河道,形成5个相互连接的湖泊,因而得名五大连池。五大连池风景区由五大连池湖区:莲花湖、燕山湖、白龙湖、鹤鸣湖、如意湖组成串珠状的湖群,以及周边火山群地质景观、相关人文景观、植被、水景等组成。景区内有植物

618 种、野生动物 397 种,与同纬度地区相比,动植物种类十分丰富,成为生态演变过程的主要见证,展示了大自然顽强的生命力,是世界上研究物种适应和生物群落演化的最佳地区。

图 4-135　五大连池风景区

镜泊湖(见图 4-136)是中国最大、世界第二大高山堰塞湖,位于牡丹江市宁安市境西南部的松花江支流牡丹江干流上,距宁安市 50 千米,海拔 351 米。湖水深度平均为 40 米。远在 1 000 年前的唐代,居住在这里的满族先民——靺鞨人称镜泊湖为忽汗海,辽称扑鷰水,金称必尔腾湖,清初宁古塔流入以湖水照人如镜而命名为镜泊湖。注入湖泊的河流除牡丹江干流外,还有大梨树沟河、尔站西沟河等小河流。镜泊湖国家级风景名胜区由百里长湖景区、火山口原始森林景区、渤海国上京龙泉府遗址景区三部分组成,以湖光山色为主,兼有火山口地下原始森林、地下熔岩隧道等地质奇观,及唐代渤海国遗址为代表的历史人文景观,是国家重点风景名胜区、国际生态旅游度假避暑胜地、世界地质公园。

哈尔滨太阳岛风景名胜区(见图 4-137)坐落在松花江北岸,位于哈尔滨新旧城区之间,总面积 88 平方千米,属江漫滩湿地草原型风景名胜区。太阳岛水域开阔,洲岛湿地景色秀美,湿地植被丰富,生态环境良好。由于地形变化,土壤和水分状况不同,形成了不同的天然植被群落。野生植被有 25 科、600 余种植物,同时栽培了 20 余种北方珍贵乔灌木。景区内动物种类繁多,有禽类 100 多种、鱼类 60 多种、哺乳动物 10 多种。

图 4-136　镜泊湖

图 4-137　哈尔滨太阳岛风景名胜区

二、辽宁省

(一)基本概况

辽宁省简称"辽",取辽河流域永远安宁之意而得其名,省会为沈阳市(三字代码为 SHE),位于东北地区南部,南濒黄海、渤海二海,西南与河北接壤,西北与内蒙古毗连,东北与吉林为邻,东南以鸭绿江为界与朝鲜隔江相望,总面积 14.8 万平方千米,常住人口 4 229.4 万(2021 年)。

据史书《禹贡》记载,辽宁建制于上古社会,夏商为幽州、营州之地,周分封属燕国。春秋时期,行政区划开始设郡、县,燕国置辽东、辽西两郡,秦置辽东、辽西、右北平三郡。公孙度置平州。伪满洲国期间,辽宁地区分为奉天、锦州、安东3省及关东州等。新中国成立后,辽宁是新中国工业的摇篮,被誉为"共和国长子"。

辽宁省是少数民族人口较多的省份之一,除汉族还有满族、蒙古族、回族、朝鲜族、锡伯族等51个少数民族。

辽宁省共辖14个地级市(其中两个为副省级市),分别是沈阳市、大连市、鞍山市、抚顺市、本溪市、丹东市、锦州市、营口市、阜新市、辽阳市、盘锦市、铁岭市、朝阳市、葫芦岛市。

(二)自然地理

辽宁南濒黄、渤二海,辽东半岛斜插于两海之间,隔渤海海峡,与山东半岛遥相呼应,西南与河北接壤,西北与内蒙古毗连,东北与吉林为邻,东南以鸭绿江为界与朝鲜隔江相望,是东北地区唯一的既沿海又沿边的省份,也是东北及内蒙古东部地区对外开放的门户。

辽宁省地形概貌大体是"六山一水三分田"。地势大致为自北向南,自东西两侧向中部倾斜,山地丘陵分列东西两厢,向中部平原下降,呈马蹄形向渤海倾斜。辽东、辽西两侧为平均海拔800米和500米的山地丘陵,中部为平均海拔200米的辽河平原,辽西渤海沿岸为狭长的海滨平原,称"辽西走廊"。省内有大小河流300余条,主要有辽河、浑河、大凌河、太子河、绕阳河以及中朝两国共有的界河鸭绿江等。

辽宁地处中纬度的南半部、欧亚大陆东岸,属温带大陆性季风气候,雨热同季,日照丰富,四季分明。冬季以西北风为主,漫长寒冷,夏季多东南风,炎热多雨,春季少雨多风,秋季短暂晴朗。阳光辐射年总在100~200卡/平方厘米,年日照时数为2 100~2 900小时,全年平均气温为5.2~11.7 ℃,最高气温为30 ℃左右,最低气温为-30 ℃左右。年平均降水量为400~970毫米,平均无霜期为130~200天,一般无霜期均在150天以上。

(三)经济地理

辽宁经济占东北经济比重最多,属于拉动东北经济增长的第一大经济体。辽宁区位优越、交通便利,是东北地区通往关内的交通要道和连接欧亚大陆桥的重要门户,是全国交通、电力等基础设施较为发达的地区。

辽宁是中国重要的工业基地之一。目前,全省工业有39个大类、197个中类、500多个小类,是全国工业行业最全的省份之一。装备制造业和原材料工业比较发达,冶金矿山、输变电、石化通用、金属机床等重大装备类产品和钢铁、石油化学工业在全国占有重要位置。辽宁也是中国最早实行对外开放政策的沿海省份之一。

(四)旅游景点

沈阳故宫博物院(见图4-138)又称盛京皇宫,位于沈阳市沈河区,为清朝初期的皇宫,始建于清太祖天命十年(1625年),建成于清崇德元年(1636年)。它不仅是中国仅存的两大皇家宫殿建筑群之一,也是中国关外唯一的一座皇家建筑群。清朝迁都北京后,故宫被称

图4-138　沈阳故宫博物院

作"陪都宫殿""留都宫殿",后来称之为沈阳故宫。共经历努尔哈赤、皇太极、乾隆 3 个建造时期,历时 158 年建成,建筑 100 余座、500 余间。入关以后,康熙、乾隆、嘉庆、道光诸帝,相继十次"东巡"时作为驻跸所在。沈阳故宫按照建筑布局和建造先后分为 3 个部分:东路、中路和西路。东路包括努尔哈赤时期建造的大政殿与十王亭,是皇帝举行大典和八旗大臣办公的地方。中路为清太宗时期续建,是皇帝进行政治活动和后妃居住的场所。西路则是清朝皇帝"东巡"盛京时,读书看戏和存放《四库全书》的场所。在建筑艺术上承袭了中国古代建筑传统,集汉、满、蒙古族建筑艺术为一体,具有很高的历史和艺术价值。2004 年 7 月 1 日,沈阳故宫博物院作为明清皇宫文化遗产扩展项目列入《世界遗产名录》。2017 年,沈阳故宫博物院成功晋级"国家一级博物馆"。

千山(见图 4-139)位于鞍山市东南 17 千米处,素有"东北明珠"之称。千山为长白山支脉,主峰高 708.3 米。山峰总数为 999 座,其数近千,故名"千山",又名"积翠山""千华山""千顶山""千朵莲花山",千山"无峰不奇,无石不峭,无庙不古,无处不幽",古往今来一直是吸引众多游人的人间胜境,千山正门就可以看见两行大字"南海八千路,辽东第一山"。千山由近千座状似莲花的奇峰组成,自然风光十分秀丽。它虽无五岳之雄峻,却有千峰之壮美,以独特的群体英姿,像一幅无穷无尽的天然画卷,展示在辽东大地上。"欲向青天数花朵,九百九十九芙蓉",这是清代诗人姚元之对千山的绝唱。千山亦是道教主流全真派圣地。有人云:"识得关东千山秀,不看五岳也无悔"。

本溪水洞(见图 4-140)位于本溪市东北 35 千米处,由水洞、温泉寺、汤沟、关门山、铁刹、庙后山 6 个景区组成,融山、水、洞、泉、湖、古人类文化遗址于一体,沿太子河呈带状分布,总面积 200 平方千米,是发现的世界第一长地下充水溶洞,被赞誉为"钟乳奇峰景万千,轻舟碧水诗画间;钟秀只应仙界有,人间独一此洞天"。水洞景区是数百万年前形成的大型石灰岩充水溶洞,洞内深邃宽阔,现开发地下暗河长 3 000 米,水流终年不竭,清澈见底,洞顶和岩壁钟乳石发育较好,千姿百态,泛舟游览,使人流连忘返。温泉寺景区,泉水温度可达 44 ℃,日流量 400 吨,有较高的医疗价值。庙后山的古文化遗址是中国东北地区旧石器时代早期洞穴遗址,对研究辽东古人类分布、古代地理有重要价值。

图 4-139　千山

图 4-140　本溪水洞

(五) 主要空港城市及机场

辽宁省现有沈阳桃仙国际机场、大连周水子国际机场、鞍山腾鳌机场、丹东浪头机场、锦州湾机场、营口兰旗机场、朝阳机场、长海大长山岛机场等民用机场。

沈阳,简称"沈",古称奉天、盛京,辽宁省省会,地处中国东北地区、辽宁中部,位于东北亚经济圈和环渤海经济圈的中心,是东北亚的地理中心,长三角、珠三角、京津冀地区通往关东地区的综合交通枢纽,一带一路向东北亚、东南亚延伸的重要节点,是东北地区的政治、经济、文化中心和交通枢纽。

沈阳是国家历史文化名城、清朝的发祥地,素有"一朝发祥地,两代帝王都"之称。1625年,清太祖努尔哈赤迁都于此,皇太极建盛京城,并在此建立清朝,这是沈阳历史的转折,从军事卫所一跃变为清代两京之一的盛京皇城,开始成为东北的中心城市。

新中国建立后,沈阳成为中国重要的以装备制造业为主的重工业基地。以沈阳为中心,半径150千米的范围内,集中了以基础工业和加工工业为主的八大城市,构成了资源丰富、结构互补性强、技术关联度高的辽宁中部城市群。凭借其得天独厚的地理区位优势,作为东北地区中心城市的沈阳,对周边乃至全国都具有较强的吸纳力、辐射力和带动力。

沈阳桃仙国际机场(Shenyang Taoxian International Airport,IATA 代码为 SHE,ICAO 代码为 ZYTX,见图 4-141)位于沈阳市南郊的桃仙镇,距市中心 20 千米,为 4E 级民用国际机场,是中国一级干线机场,中国八大区域性枢纽机场之一,东北地区航空运输枢纽。

该机场现有 1 条跑道、3 座航站楼,航线 149 条,其中,国内航线 126 条、国际及地区航线 23 条,航线网络覆盖国内除西藏以外的所有省市自治区的各主要城市,通达亚洲、欧洲、美洲、大洋洲。机场有基地航空三家:南方航空、深圳航空、春秋航空。

大连周水子国际机场(Dalian Zhoushuizi International Airport,IATA 代码为 DLC,ICAO 代码为 ZYTL,见图 4-142)位于大连市甘井子区,为 4E 级民用运输机场、国家一级民用国际机场,是国内主要干线机场和国际定期航班机场、东北地区四大机场之一。现有 1 条跑道,1 座航站楼,拥有基地航空 5 家,分别为国航、南航、海航、天津航空、华夏航空。

图 4-141　沈阳桃仙国际机场

图 4-142　大连周水子国际机场

2019 年,大连周水子国际机场旅客吞吐量达到 2 008 万人次,其中国际和地区旅客量突破200 万人次,成为东北地区首家出入境旅客达到 200 万量级的大型机场。截至 2019 年底,共有48 家航空公司在大连开通了 275 条国内外航线,与 8 个国家、2 个地区的 121 座城市通航,国内(不含港澳台)通航城市 102 个,国际通航城市 17 个,港澳台地区通航城市 2 个,形成了覆盖全国、辐射日韩俄、连接东南亚的航线网络。

在国际和地区航线方面,与日本东京、大阪、名古屋、福冈、广岛、富山、札幌、北九州和仙台9个城市通航。与韩国首尔、济州和清州3个城市通航。与东南亚的新加坡、吉隆坡、曼谷、雅加达、芽庄和暹粒通航。与中国香港和中国台北也保持通航。

在国内干线方面,大连周水子国际机场致力于提升机场通达性,加大航班密度,提升直航比例。现与全国排名前50位的机场全部通航(沈阳除外)。

在国内支线上,大连周水子国际机场基本摆脱了哈大高速铁路的冲击,实现了哈尔滨复航,与东北腹地和内蒙古东部地区的15个机场开通了定期航班,每周100班,与山东半岛全部10个机场开通了定期航班,每周约200班,并成功打造"烟大快线",正在打造"威大快线",与华北、西北和西南等地区的大部分中小机场保持通航。

(六)主要航空企业

大连航空有限责任公司(DALIAN AIRLINES,IATA 代码为 CA,ICAO 代码为 CCD,其标志见图 4-143)简称大连航空,是由国航、大连保税正通有限公司于 2011 年 8 月 1 日共同出资 10 亿元人民币组建的国有控股公司,其中,国航持股 80%,大连保税正通有限公司持股 20%。2011 年 12 月 31 日,大连航空成功实现首航。

图 4-143　大连航空有限责任公司的标志

大连航空航线网络布局不断得到丰富和优化。截至 2019 年 4 月,大连航空投入 12 架波音 737-800 型飞机进行航班运营,并陆续开通了以大连这一东北亚区域枢纽为中心的航线网络,运力已初步辐射到了华东、华南、华北、华中、西南、西北、东北等区域的 32 个大中城市。大连至北京的航线上推出精品快线品牌,每天往返于大连和北京两地之间的多个航班,以较高密度的航班和较好的航班时刻使"大连—北京"快线初具规模。

第七节　新疆维吾尔自治区航空运输地理

新疆维吾尔自治区的机场如表 4-7 所示。

表 4-7　新疆维吾尔自治区机场概况

机场名称	机场三字代码	机场四字代码	所属省区市
乌鲁木齐地窝堡国际机场	URC	ZWWW	新疆
和田机场	HTN	ZWTN	新疆
伊宁机场	YIN	ZWYN	新疆
克拉玛依机场	KRY	ZWKM	新疆
塔城机场	TCG	ZWTC	新疆
阿勒泰机场	AAT	ZWAT	新疆
阿克苏温宿机场	AKU	ZWAK	新疆

机场名称	机场三字代码	机场四字代码	所属省区市
库尔勒机场	KRL	ZWKL	新疆
库车龟兹机场	KCA	ZWKC	新疆
喀什国际机场	KHG	ZWSH	新疆
且末玉都机场	IQM	ZWCM	新疆
哈密机场	HMI	ZWHM	新疆
莎车叶尔羌机场	QSZ	ZWSC	新疆
图木舒克唐王城机场	TWC	ZWTS	新疆
若羌楼兰机场	RQA	ZWRQ	新疆
吐鲁番交河机场	TLQ	ZWTL	新疆
石河子花园机场	SHF	ZWHZ	新疆
那拉提机场	NLT	ZWNL	新疆
博乐阿拉山口机场	BPL	ZWBL	新疆
布尔津喀纳斯机场	KJI	ZWKN	新疆
富蕴可可托海机场	FYN	ZWFY	新疆
于田万方机场	YTW	ZWYT	新疆

一、新疆维吾尔自治区概况

新疆维吾尔自治区简称"新",首府为乌鲁木齐市(三字代码为 URC),位于中国西北地区,是中国 5 个少数民族自治区之一,面积为 166.49 万平方千米,是中国陆地面积最大的省级行政区,常住人口为 2 589 万(2021 年)。

新疆古称西域,"西域"一词特指新疆地域范围从古代一直延续至清朝中期乾隆帝统治时期。公元前 138 年,汉武帝派张骞出使西域,西汉政权与西域各城邦建立了联系。公元前 60 年,西汉政权在乌垒(今轮台县境内)设立西域都护府,自此西域正式列入汉朝版图。清军入关后,迅速统一了中国大部,清朝前期的几代皇帝,都视统一全中国为己任。到了乾隆皇帝(1736~1796 年)时,清政府的政令终于可以施行于全中国的每一个角落,乾隆皇帝将最后由自己所确立的清政府统治的地区称为新疆,清政府平定准噶尔部的叛乱之后,将古称西域的天山南北地区也称为新疆,1884 年正式建立新疆省,省会为迪化(今乌鲁木齐市),1949 年新疆和平解放,1955 年10 月 1 日成立新疆维吾尔自治区,首府设在乌鲁木齐市。

新疆这个名称有另外一层意思,继 1878 年左宗棠从阿古柏手中收复了新疆之后,1882 年沙俄侵略者也被迫归还了伊犁地区。于是,左宗棠力主在天山南北建省。他在给清朝皇帝的奏折中称新疆是"他族逼处,故土新归",于是以新疆为省名就有了一层新的意义,即新疆自古是中国固有的领土,但因为是新从阿古柏和沙俄手中收复的失地,故以新疆定为省名,有"故土新归"之意。

截至 2021 年 2 月,新疆辖 4 个地级市、5 个地区、5 个自治州,分别是:乌鲁木齐市、克拉玛依市、吐鲁番市、哈密市、阿克苏地区、喀什地区、和田地区、塔城地区、阿勒泰地区、昌吉回族自治州、博尔塔拉蒙古自治州、巴音郭楞蒙古自治州、克孜勒苏柯尔克孜自治州、伊犁哈萨克自治州。

新疆生产建设兵团是自治区的重要组成部分,辖有 14 个师、175 个农牧团场,总人口约 324.84 万。新疆生产建设兵团辖师与新疆维吾尔自治区直辖县级市实行"师市合一"管理体制。兵团的团级单位除了团场外,还有农场、牧场等,一般统称为"农牧团场",行政级别为县处级,团场编以数字番号。

新疆现有 56 个民族,主要居住有汉、维吾尔、哈萨克、回、蒙古、柯尔克孜、锡伯、塔吉克、乌孜别克、满、达斡尔、塔塔尔、俄罗斯等民族。

二、自然地理

新疆地处亚欧大陆腹地,周边与俄罗斯、哈萨克斯坦、吉尔吉斯斯坦、塔吉克斯坦、巴基斯坦、蒙古、印度、阿富汗八国接壤,陆地边境线长达 5 600 多千米,占全国陆地边境线的 1/4,是中国面积最大、交界邻国最多、陆地边境线最长的省区。新疆在历史上是古丝绸之路的重要通道,现在是第二座"亚欧大陆桥"的必经之地,战略位置十分重要。

新疆地形地貌可以概括为"三山夹两盆":北面是阿尔泰山,南面是昆仑山,中部横贯天山,把新疆分为南北两部分,习惯上称天山以南为南疆,天山以北为北疆。南疆塔里木盆地面积为53 万平方千米,是中国最大的内陆盆地。位于塔里木盆地中部的塔克拉玛干沙漠,面积约 33 万平方千米,是中国最大、世界第二大流动沙漠。贯穿塔里木盆地的塔里木河长约 2 100 千米,是中国最长的内陆河。北疆的准噶尔盆地面积约 38 万平方千米,是中国第二大盆地。准噶尔盆地中部的古尔班通古特沙漠面积约 4.8 万平方千米,是中国第二大沙漠。新疆水域面积为 5 500 平方千米,其中博斯腾湖水域面积为 980 平方千米,是中国最大的内陆淡水湖。在天山东、西部,有被称为"火洲"的吐鲁番盆地和被誉为"塞外江南"的伊犁谷地。位于吐鲁番盆地的艾丁湖,低于海平面 154 米,是中国陆地最低点。片片绿洲分布于吐鲁番盆地边缘和河流流域,总面积约占全区面积的 4.2%。

新疆属于典型的温带大陆性干旱气候,气温温差较大,日照时间充足,降水量少,气候干燥,年均天然降水量仅有 171 毫米。气候地区差异较大,南疆气温高于北疆,而北疆降水量高于南疆。准噶尔盆地最冷月平均气温为 −20 ℃ 以下,该盆地北缘的富蕴县绝对最低气温曾达到−50.15 ℃,是全国最冷的地区之一。最热月在号称"火洲"的吐鲁番盆地的平均气温达 33 ℃ 以上,绝对最高气温曾至 49.6 ℃,居全国之冠。新疆全年日照时间平均为 2 600~3 400 小时,居全国第二位。

三、经济地理

新疆农业经济效益显著提高,主要作物单产水平、人均农业产值和主要农产品的人均占有量均居全国中上水平。新疆盛产水果,包括葡萄和瓜类,此外还出产棉花、小麦、丝绸、胡桃和绵羊。新疆的棉花产量占全国棉花总产量的 1/3,为中国最大的商品棉生产基地;以环塔里木盆地为重要基地的林果园艺业快速发展,总面积已超过 1 000 万亩,哈密瓜、葡萄、香梨等"名特优"产品享誉国内外;新疆主要城市冬季鲜菜自给率达到 70%,无污染、无公害的绿色食品生产发展迅速,有

87 种食品获中国绿色食品中心认证的绿色食品标志;新疆"红色产业"发展迅猛,工业用番茄、枸杞等种植面积和产量均居全国第一;农产品商品率达 63% 以上,传统的自给自足农业正在向大规模商品经济转化。

在工业上,新疆形成了以矿产资源开发和农副产品深加工为主导力量,包括石油天然气开采、石油化工、钢铁、煤炭、电力、纺织、建材、化工、医药、制糖、造纸、皮革、卷烟、食品等门类基本齐全、具有一定规模的现代工业体系,在国民经济中占据了主导地位。在商业上,连锁经营向多业态、规范化发展,大型综合超市、专业店、仓储式商场、购物中心不断涌现。新型商业网点迅速发展,超级市场发展加快,消费品种繁多,货源充裕,极大地满足了社会生产和居民生活需要。

四、主要空港城市及机场

新疆拥有 22 座民航机场,即乌鲁木齐地窝堡国际机场、喀什国际机场、和田机场、莎车叶尔羌机场、图木舒克唐王城机场、且末玉都机场、若羌楼兰机场、阿克苏温宿机场、库车龟兹机场、库尔勒机场、吐鲁番交河机场、哈密机场、石河子花园机场、克拉玛依机场、伊宁机场、那拉提机场、博乐阿拉山口机场、塔城机场、阿勒泰机场、布尔津喀纳斯机场、富蕴可可托海机场、于田万方机场,为中国拥有民航机场数量最多的省份。

截至 2019 年底,全新疆机场运营定期航班的航空公司达到 35 家,共开通在飞航线 264 条(夏航季 309 条),其中,国内航线 236 条、国际航线 23 条、货运航线 5 条。有 19 个国家、23 个国际城市、84 个国内城市与乌鲁木齐机场通航;国际、国内通航点分别较 2018 年增加 3 个、10 个。

乌鲁木齐是新疆维吾尔自治区的首府,是新疆的政治、经济、文化中心,也是第二座亚欧大陆桥中国西部桥头堡和中国向西开放的重要门户。乌鲁木齐地处亚欧大陆中心,天山山脉中段北麓,准噶尔盆地南缘。

乌鲁木齐历史沿革源远流长,早在 2 000 多年前,这里就是古丝绸之路新北道上的重镇。在漫漫的历史长河中,乌鲁木齐成为东西方经济文化的交汇点,中原与西域经济文化的融合处。在中华五千年灿烂的文明中,乌鲁木齐作为祖国西北屯垦戍边的屏障,为发展中国对外经济、文化交流、建设边疆、巩固边疆、维护祖国统一做出了重要贡献。

乌鲁木齐自然资源储量丰富,东有吐哈油田,南有塔里木油田,北有准东油田,西有克拉玛依油田。地下煤炭储量在百亿吨以上,可采煤层总厚度 80 米,有"油海上的煤城"之称。湖盐、芒硝、石膏、油页岩、铜、锰、铁矿也有很大储量。拥有耕地 6.8 万公顷、牧草场 60 万公顷、野生草原植物 300 余种、可养殖水面 1 604 公顷。热力、风力资源极为丰富,拥有西部最大的风力发电厂。

乌鲁木齐地窝堡国际机场(Urumchi Diwopu International Airport,IATA 代码为 URC,ICAO 代码为 ZWWW,见图 4-144)始建于 1931 年,位于乌鲁木齐西北郊的小地窝堡,距离市中心 16.8 千米,是中国面向中亚、西亚和连接欧亚的国家门户枢纽机场。该机场拥有 1 条跑道、3 座航站楼。

目前,乌鲁木齐地窝堡国际机场运营航班有国内航线 184 条、国际航线 27 条、地区航线 1条,通航 15 个国家、81 个城市,目前已有南航新疆分公司、海航新疆分公司、天津航空、乌鲁木齐航空、山东航空、四川航空 6 家航空公司先后在乌鲁木齐地窝堡国际机场设立基地公司和运行基地,已基本形成以乌鲁木齐区域性枢纽机场为核心的航线网络布局。乌鲁木齐地窝堡国际机场作为西部门户枢纽的各项服务保障功能正逐步趋向完善。

图 4-144　乌鲁木齐地窝堡国际机场

五、主要航空企业

乌鲁木齐航空有限责任公司（Urumqi Airlines Co.Ltd.IATA 代码为 UQ，ICAO 代码为 CUH，见图 4-145）简称乌鲁木齐航空，总部及运营基地位于乌鲁木齐地窝堡国际机场。

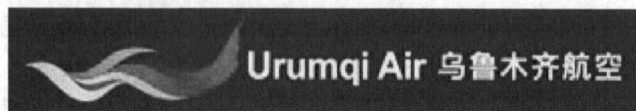

图 4-145　乌鲁木齐航空有限责任公司的标志

2013 年 11 月，乌鲁木齐航空经中国民用航空局批准筹建，注册资本 30 亿元人民币。2014 年 8 月 28 日，乌鲁木齐航空获得中国民用航空新疆管理局颁发的运行合格证；8 月 29 日，首飞伊宁标志着乌鲁木齐航空正式运营。乌鲁木齐航空是新疆目前唯一一家本土航空公司。

截至 2021 年，乌鲁木齐航空共运营 15 架 B737-800 型客机、1 架 E190 型客机，累计通航逾 30 座城市。2015~2017 年，乌鲁木齐航空连续三年航班正常率位列新疆地区主要航空公司第一名；2018 年，乌鲁木齐航空航班正常率为 85.45%，在全国 40 家航空企业中排名第二，基本形成了以乌鲁木齐地窝堡国际机场为中心、辐射国内主要城市的航线网络架构。

未来，乌鲁木齐航空将积极响应国家"一带一路"倡议，加快飞机引进速度，加大在新疆区域的运力投放，逐步开通飞往中亚、西亚、南亚和欧洲的国际航线，形成"疆内成网、东西成扇、干支结合、连通欧亚"的航线网络布局，促进边疆发展。打造丝绸之路经济带上独具特色的航空综合服务运营商，搭建亚欧人民经济文化交流的空中桥梁。

六、旅游景点

新疆是歌舞之乡、瓜果之乡、黄金玉石之邦。新疆的旅游资源类型多样，数量众多，全疆共有景点 1 100 余处，居全国首位。这里有海拔 8 600 米的世界第二高峰，也有低于海平面 154 米的中国最低洼地。

新疆自然景观神奇独特，著名的景区有高山湖泊——天山天池、人间仙境——喀纳斯、绿色长廊——吐鲁番葡萄沟、空中草原——那拉提、地质奇观——可可托海等。

天山天池风景区（见图 4-146）位于昌吉回族自治州阜康市境内博格达峰下的半山腰，为国家 5A 级旅游景区。它以天池为中心，北起石门、南到雪线、西达马牙山、东至大东沟，有完整的 4

个垂直自然景观带。2013 年被联合国教科文组织列入《世界遗产名录》。2015 年天山天池的西王母神话列入中国第四批国家级非物质文化遗产代表性项目。天池古称瑶池，唐太宗时曾在博格达峰下设立过"瑶池都护府"。"天池"大约出现在不到 200 年前，取天镜、神池两词各一字合成的，曾名海子、龙潭、瑶池、神池等；清乾隆四十八年，新疆都统明亮曾到博格达山、天池勘察地形，开石引水。主要景点有小天池、灯杆山、天池北坡游览区、醴泉洞等。

那拉提草原（见图 4-147）又名（西）巩乃斯草原，瓦剌蒙古语意为"绿色谷地"，哈萨克语意为"白阳坡"，在伊犁州新源县那拉提镇东部，位于那拉提山北坡，为国家 5A 级旅游景区。传说成吉思汗西征时，有一支蒙古军队由天山深处向伊犁进发，时值春日，山中却是风雪弥漫，饥饿和寒冷使这支军队疲乏不堪，不想翻过山岭，眼前却是一片繁花织锦的莽莽草原，泉眼密布，流水淙淙，犹如进入另一个世界，这时云开日出，夕阳如血，人们不由地大叫"那拉提（有太阳），于是留下了"那拉提"这个地名。那拉提草原是发育在第三纪古洪积层上的中山地草原，是世界四大草原之一的亚高山草甸植物区，自古以来就是著名的牧场。优美的草原风光与当地哈萨克民俗风情结合在一起，成为新疆著名的旅游观光度假区。

图 4-146　天山天池风景区

图 4-147　那拉提草原

西游记中有关于"火焰山"的描述，传说牛魔王和铁扇公主居住于此，葡萄沟（见图 4-148）是火焰山山谷最大的一个沟谷，主要水源为高山融雪，因盛产葡萄而得名。葡萄沟像一条绿色的丝带，飘逸在盆地中央。葡萄园连成一片，到处郁郁葱葱，犹如绿色的海洋。在这绿色的海洋中，点缀着桃、杏、梨、桑、苹果、石榴、无花果等各种果树，一幢幢粉墙朗窗的农舍掩映在浓郁的林荫之中，一座座晾制葡萄干的"荫房"排列在山坡下、农家庭院上，别具特色。夏天，沟里风景优美，凉风习习，是火洲避暑的天堂。2018 年，吐鲁番葡萄沟风景区入围"神奇西北 100 景"，为国家 5A 级旅游景区。

"喀纳斯"是蒙古语，意为"美丽而神秘的湖"，喀纳斯湖（见图 4-149）是中国最深的冰碛堰塞湖，一个坐落在阿尔泰深山密林中的高山湖泊、内陆淡水湖，为国家 5A 级旅游景区。湖水来自奎屯、友谊峰等山的冰川融水和当地降水，是全国低碳旅游实验区、中国最美湖泊。喀纳斯湖雪峰耸峙，绿坡墨林，湖光山色美不胜收，被誉为"人间仙境、神的花园"。喀纳斯湖景区由高山、河流、森林、湖泊、草原等奇异的自然景观、成吉思汗西征军点将台、古代岩画等历史文化遗迹与蒙古族图瓦人独特的民俗风情于一体，有驼颈湾、变色湖、卧龙湾、观鱼台等主要景点，具有极高的旅游观光、自然保护、科学考察和历史文化价值。喀纳斯湖有几大奇观，一是千米枯木长堤，因喀纳斯湖中的浮木被强劲谷风吹着逆水上漂,在湖上游堆聚而成;二是湖中巨型"水怪",常常将在湖边饮水的马匹拖入水中,给喀纳斯平添了几分神秘色彩,也有人认为是当地特产的一种大红鱼(哲罗鲑)在作怪;三是雨过天晴时才有的奇景——喀纳斯云海佛光。

图 4-148　吐鲁番葡萄沟

图 4-149　喀纳斯湖

第八节　港澳台地区航空运输地理

一、香港特别行政区

(一)基本概况

香港(三字代码为 HKG)特别行政区简称"港",全称中华人民共和国香港特别行政区,位于中国南部,陆地总面积为 1 106.66 平方千米,海域面积为 1 648.69 平方千米。截至 2020 年末,总人口为 747.42 万人,绝大多数为中国国籍,大部分原籍广东,居港的外籍人士数目也相当多,是世界上人口密度最高的地区之一,人均寿命居全球第一,人类发展指数居全球第四。

香港自古以来就是中国的领土,1840 年鸦片战争以后英国强占香港岛,后经《南京条约》(1842 年)、《北京条约》(1860 年)、《展拓香港界址专条》(1898 年)3 个不平等条约,香港岛、九龙和新界先后被"割让"或"租借"予英国。1997 年 7 月 1 日,中国政府对香港恢复行使主权,香港特别行政区成立,中华人民共和国中央人民政府对香港拥有全面管治权,香港保持原有的资本主义制度长期不变,并享受外交及国防以外所有事务的高度自治权,以"中国香港"的名义参加众多国际组织和国际会议。

香港是一座高度繁荣的自由港和国际大都市,是重要的国际金融、贸易、航运中心和国际创新科技中心,也是全球最自由经济体和最具竞争力城市之一,在世界享有极高声誉,被 GaWC 评为世界一线城市第三位。

香港下设 18 个行政区划,方便香港特别行政区政府协调及管理地区层面的服务及设施,鼓励香港市民参与地区事务。

香港岛:中西区、湾仔区、东区、南区。

九龙半岛:油尖旺区、深水埗区、九龙城区、黄大仙区、观塘区。

新界:北区、大埔区、沙田区、西贡区、荃湾区、屯门区、元朗区、葵青区、离岛区。

(二) 自然地理

香港地处中国华南,在珠江口以东,濒临南海。西与澳门隔海相望,北与深圳相邻,南临珠海万山群岛,区域范围包括香港岛、九龙、新界和周围的 262 个岛屿。

香港地形主要为丘陵,最高点为海拔 958 米的大帽山。香港的平地较少,约有两成土地属于低地,主要集中在新界北部,分别为元朗平原和粉岭低地,都是由河流自然形成的冲积平原;其次是位于九龙半岛及香港岛北部,从原来狭窄的平地向外扩张的填海土地。虽然"香港"一名取自香港岛,但香港最大的岛屿却是面积比香港岛大 2 倍多的大屿山。九龙及香港岛之间的维多利亚港因港阔水深、四面抱拥,有利于船只航行,被誉为世界三大天然良港之一。香港最初就是从维多利亚港两岸的平地开始发展,至今该区仍然是香港都市的命脉所在。

香港属海洋性副热带季风气候,全年气温较高,但四季分明。年平均温度为 22.8 ℃。每年 3~5 月为春季,气候温和潮湿,多云有雾,能见度低;6~8 月为夏季,炎热且潮湿,降雨量多;9~11 月为秋季,大致凉爽,阳光充沛;12 月~翌年 2 月则是冬季,清凉干燥,高地偶有霜降,但不会降雪。夏秋两季亦是台风季节,经常受到热带气旋的吹袭,有时会引发水浸及山泥倾泻。

(三) 经济地理

在香港经济发展的历史中,经历了两次经济转型。1950 年以前,香港经济主要以转口贸易为主。从 20 世纪 50 年代起香港开始工业化,到 1970 年,工业出口占总出口的 81%,标志着香港已从单纯的转口港转变为工业化城市,实现了香港经济的第一次转型。

20 世纪 70 年代初,香港推行经济多元化方针,香港金融、房地产、贸易、旅游业迅速发展,特别是从 80 年代始,中国内地因素成为推动香港经济发展的最主要的外部因素,香港的制造业大部分转移到内地,各类服务业得到全面高速发展,实现了从制造业转向服务业的第二次经济转型。

香港是国际金融、航运和贸易中心,经济发达。2019 年 9 月发表的第 26 期全球金融中心指数中,香港位居第三名,仅次于纽约和伦敦。截至 2019 年,香港已连续 25 年获得评级为全球最自由经济体,经济自由度指数排名第一。

内地是香港最大的贸易伙伴,香港是内地最重要的贸易转口港,2019 年香港自内地进口 20 581 亿港元,向内地出口 22 109 亿港元。同时,香港和内地互为最大的外资来源地,2019 年内地对香港非金融类投资总额占 57.5%,吸引来自香港的投资占引外资总额的 69.7%。随着"沪港通""深港通""债券通"和基金互认等先行先试政策的不断推出,两地资本市场互联互通渠道逐步增多,机制不断完善。当前,以参与"一带一路"建设、粤港澳大湾区建设等国家重大战略为引领,香港同内地优势互补、协同发展的机制不断完善,香港将更好融入国家发展大局。

(四) 主要空港城市及机场

香港国际机场(Hong Kong International Airport;IATA 代码为 HKG,ICAO 代码为 VHHH,见图 4-150)俗称赤鱲角机场,是香港唯一的民航机场,位于新界大屿山赤鱲角,距香港市区 34 千米,为 4F 级国际民用国际机场,是世界上最繁忙的货运枢纽,也是全球最繁忙客运机场之一。全球超过 100 家航空公司在此运营,客运量位居全球第 5 位,货运量连续 18 年全球第 1 位。

香港国际机场拥有 2 条跑道、2 座航站楼、182 个停机位。截至 2019 年 6 月,香港国际机场拥有基地航空 4 家,分别为国泰航空有限公司(简称国泰航空)、香港华民航空有限公司(简称华民航空)、香港航空有限公司(简称香港航空)、香港快运航空有限公司(简称香港快运);其中国泰航空、华民航空、香港航空、香港快运在香港设立总公司(原来的国泰港龙航空有限公司已停运)。香港国际机场航线总数超过 220 条,通航城市超过 220 个。

图 4-150　香港国际机场

过去 20 年,香港国际机场对推动香港发展成为国际城市作出重大贡献,其广阔的航空网络连接全球,支持旅游、贸易,以及物流及专业服务等各行各业发展。

（五）主要航空企业

国泰航空有限公司(Cathay Pacific Airways Ltd,IATA 代码为 CX,ICAO 代码为 CPA,其标志见图 4-151)简称国泰航空,为寰宇一家联盟成员,于 1946 年 9 月 24 日创办,是香港第一所提供民航服务的航空公司。国泰航空以香港国际机场作为枢纽,旗下公司包括国泰港龙航空有限公司(现停止运营)、华民航空、香港快运。

国泰航空客货运服务通往全球 110 余个目的地,拥有 145 架宽体飞机。成立至今,国泰航空一直致力服务香港,以发展香港的航空业及提高香港作为区内航空枢纽的地位。国泰航空被 Skytrax 杂志评为五星级,是全世界 7 家五星级航空公司中的一员。

图 4-151　国泰航空有限公司的标志

（六）旅游景点

太平山顶(见图 4-152)又称维多利亚峰或扯旗山,位于香港岛西北部,是香港的标志,最高点海拔 554 米。游客可以从中区花园道乘山顶缆车登上山顶,在这里俯瞰维多利亚港的香港岛、九龙半岛两岸,日落后欣赏有"东方之珠"美誉的夜景。当夜幕降临之际,站在太平山上放眼四望,在万千灯火的映照下,香港岛和九龙宛如镶嵌在维多利亚港湾的两颗明珠,互相辉映。太平山顶以其得天独厚的地理环境和人文景观,吸引着成千上万的海内外游客,成为人们到香港的必游之地。

维多利亚港(见图 4-153)两岸的夜景是世界知名观光点之一,香港岛和九龙半岛高楼大厦满布,入夜后万家灯火,相互辉映。幻彩咏香江是香港著名的灯光音乐表演,由维多利亚港两岸共 44 座摩天大楼及地标合作举行,透过互动灯光及音乐效果,展示维多利亚港充满动感和多姿多彩的一面,引领观众体验香港这个活力充沛、朝气蓬勃的国际大都会魅力,是全球最大型灯光音乐表演。内容共有 5 个主题,分别为旭日初升、活力澎湃、继往开来、共创辉煌、普天同庆。

香港海洋公园(见图 4-154)是一座集海陆动物、机动游戏和大型表演于一身的世界级主题公园,为全球最受欢迎、入场人次最高的主题公园之一。它位于香港港岛南区黄竹坑,三面环海,东濒深水湾,南临东博寮海峡,西接大树湾。公园建筑分布于南朗山上和黄竹坑谷地,因此公园被分为三部分,分别为位于北面的山下花园、南面的南朗山南麓及大树湾,有 40 多个游乐设施。山下花园与南朗山以登山缆车和海洋列车连接;南朗山与大树湾之间则以登山电梯(全世界第二长的户外电动扶梯)连接。公园内现有 8 个区域,包括亚洲动物天地、梦幻水都、威威天地、热带雨林天地、海洋天地、山上机动城、急流天地及动感天地,主要部分有海洋馆、海涛馆、海洋剧场、百鸟居等。

香港迪士尼乐园位于新界大屿山,占地 126 公顷,是全球第五座、亚洲第二座迪士尼乐园。该乐园现时分为 7 个主题园区,分别是美国小镇大街、探险世界、幻想世界、明日世界、玩具总动员大本营、灰熊山谷及迷离庄园,其中,灰熊山谷和迷离庄园为全球独有。园区内设有主题游乐设施、娱乐表演、互动体验、餐饮服务、商品店铺及小食亭。此外,每天还呈献巡游表演节目及烟花表演。

图 4-152　太平山顶

图 4-153　维多利亚港幻彩咏香江

图 4-154　香港海洋公园

二、澳门特别行政区

(一)基本概况

澳门(三字代码为 MFM)简称“澳”,全称中华人民共和国澳门特别行政区,位于中国大陆东南沿海、南部珠江口西侧,是中国大陆与南中国海的水陆交汇处。澳门是国际自由港、世界旅游休闲中心,也是世界人口密度最高的地区之一,其著名的轻工业、旅游业、酒店业和娱乐场使澳门长盛不衰,成为全球发达、富裕的地区之一。

澳门古称濠镜澳,与广州香山县的历史关系极其密切。早在春秋战国时期,香山已属百越海屿之地。约公元前3世纪(即秦始皇一统中国之时),澳门被正式纳入中国版图,属南海郡番禺县地。420年(晋朝元熙二年),澳门属新会郡封乐县地。

1553年,葡萄牙人取得澳门的居住权,1887年,葡萄牙迫使清政府签订《中葡会议草约》和《北京条约》,塞进了葡萄牙"永驻管理澳门"的条款。1999年12月20日,中华人民共和国中央人民政府恢复对澳门行使主权。几百年东西方文化的碰撞,使得澳门成为一个风貌独特的城市,留下了大量的历史文化遗迹。澳门历史城区于2005年7月15日正式成为世界文化遗产。

澳门包括澳门半岛、氹仔和路环两个离岛,陆地面积32.9平方千米,截至2020年底,总人口为68.32万人。

(二)自然地理

澳门地处珠江三角洲西岸,北部与广东珠海拱北相连,西部隔西江支流、内港及夹马口水道与湾仔和横琴相望,东面隔伶仃洋即是香港大屿山,南面与万山群岛相望。

澳门过去是广东省中山市(古称香山县)南端的一个小岛,屹立海中,与当代的离岸岛屿无异,其后由于西江的泥沙冲积,在澳门与大陆之间由于海水对流关系冲积成一道沙堤(莲花茎,今关闸马路),才与大陆相连接,成为一个半岛。澳门地貌类型由低丘陵和平地组成,地势南高北低,澳门全区最低点为南海海平面,海拔0米,最高点为路环岛塔石塘山,海拔171米。

澳门位于亚热带地区,冬季主要受中、高纬度冷性大陆高压的影响,多吹北风,天气较冷且干燥,雨量较少;夏季主要受来自海洋的热带天气系统影响,以吹西南风为主,气温较高,湿度大,降雨量充沛。年平均气温为22.6 ℃,气温最低的1月份平均温度也有15.1 ℃,但有时也会出现最低温度在5 ℃以下的天气,月均温在22 ℃以上的月份则多达7个月。澳门每年5~10月常受台风吹袭,其中7~9月台风最多。

(三)经济地理

澳门主要以第二产业和第三产业为主。澳门经济规模不大,但外向度高,是中国两个国际贸易自由港之一,货物、资金、外汇、人员进出自由,亦是区内税率最低的地区之一,具有单独关税区地位,与国际经济联系密切,更与欧盟及葡萄牙语国家有着传统和特殊的关系。

在传统上,澳门的经济以出口为主,但在加工业转型以适应新时代的同时,服务出口在澳门整体经济上所占的比重越来越大。

旅游博彩业是澳门主要的经济动力之一,其中博彩业是最大的直接税收来源,酒店、饮食、零售等行业对推动澳门经济的发展也相当重要。

迅速发展的旅游业及服务业是澳门最重要的外汇来源,自1992年起,旅游业收入已超过出口产值。特区政府成立后,旅游业发展步伐更为迅速。澳门未来的城市定位是世界旅游休闲中心,旅游业将继续朝多元化方向发展,要整合澳门独特的文化资源优势,加强区域合作,拓展连线旅游项目,加强构建澳门成为优质的文化旅游城市。另外,近年来澳门的重点经济发展策略之一是积极推动会展业的发展,推动经济适度多元化。政府协助和支持大型国际性会议及活动在澳门举办,大力支持和资助业界举办各类型商贸展览,开拓商务旅游市场,并通过在各地举行的重要商务旅游展,推广澳门的会展品牌形象和业务讯息。

（四）主要空港城市及机场

澳门国际机场（英语：Macao International Airport，IATA代码为MFM，ICAO代码为VMMC，见图4-155）位于澳门特别行政区氹仔岛，距离市中心约10千米，是全球第二个、中国第一个完全由填海造陆而建成的机场。拥有1座航站楼，1条跑道，停机位24个。

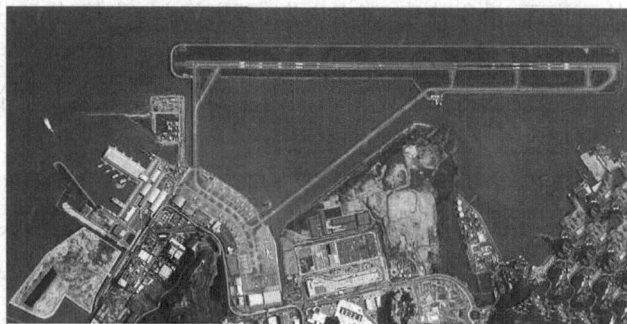

图4-155　澳门国际机场

自1995年正式投入运作以来，澳门国际机场迅速成为全球经济发展最快的珠江三角洲与世界各地往来的重要桥梁。澳门比邻生产厂房密集的中国珠海经济特区，临近海陆交通便利，得天独厚的地理位置使澳门国际机场成为亚太地区理想的货运及速递中心。

澳门国际机场是澳门航空股份有限公司（简称澳门航空）总部所在地，也是澳门航空的主基地。现有32家航空公司在运营，提供航线遍布中国内地、中国台湾、东南亚及北亚地区等58个航点，吸引了更多本地及国际旅客。

（五）主要航空企业

澳门航空（Air Macau，IATA代码为NX，ICAO代码为AMU，其标志见图4-156）是一家以澳门特别行政区为基地的航空公司，成立于1994年9月13日，于1995年11月9日开始正式作商业飞行，提供到中国台湾、中国大陆、欧洲、东南亚与东亚的航线。

澳门航空拥有22架全空客飞机，包括10架空客A321客机、9架空客A320客机、3架空客A319客机。截至2021年1月，澳门航空共运营国内外航线30条，航线覆盖中国大陆、中国台湾、东南亚和东北亚。

图4-156　澳门航空股份有限公司的标志

（六）旅游景点

大三巴牌坊（见图4-157）别名圣保禄大教堂遗址，位于中国澳门特别行政区花王堂区炮台山下。大三巴牌坊前身为保禄大教堂，始建于明万历三十年（1602年），于清道光十五年（1835年）被大火焚毁，仅余下大三巴牌坊。大三巴牌坊的雕刻和镶嵌较为精细，融合了欧洲文艺复兴时期与东方建筑风格，体现了东西艺术的交融。大三巴牌坊前临68级石阶，前壁遗址为23米宽、25.5米高，为巴洛克风格，以花岗岩建成，上下共分五层。2005年，大三巴牌坊与"澳门历史城区"的其他21栋建筑物文物成为联合国世界文化遗产。大三巴牌坊是澳门的标志之一，也是澳门八景之一的"三

图4-157　大三巴牌坊

巴圣迹"。

妈祖阁(见图 4-158),早期称娘妈庙、天妃庙或海觉寺,华人俗称为妈阁庙。位于在澳门半岛的西南面,沿岸修建,背山面海,石狮镇门,飞檐凌空,是澳门的三大禅院之一。妈祖阁为澳门最著名的名胜古迹之一,始建于明弘治元年(1488 年),已有 500 多年的历史。主要建筑有大殿、弘仁殿、观音阁等殿堂。妈祖阁内主要供奉道教女仙妈祖。2005 年包括妈祖阁前地在内的澳门历史城区被列入《世界遗产名录》。

渔人码头(见图 4-159)是澳门首个主题公园和仿欧美渔人码头的购物中心,2005 年 12 月 31 日揭幕及试营业,2006 年 12 月 23 日正式开业。渔人码头建于外港新填海区海岸,邻近港澳码头,占地超过 111 500 平方米,集娱乐、购物、饮食、酒店、赌场、游艇码头及会展设施于一体,结合不同建筑特色及中西文化,务求使游客突破地域界限,体验不同地区的感受。区内多元化的娱乐设施更使渔人码头成为举家同游的好去处。

图 4-158　妈祖阁

图 4-159　渔人码头

三、台湾省

(一)基本概况

中国台湾省简称"台",省会为台北市(三字代码为 TSA),位于中国东南沿海,由中国第一大岛台湾岛与兰屿、绿岛、钓鱼岛等附属岛屿和澎湖列岛组成。台湾岛面积 3.6 万平方千米,台湾岛海岸线长 1 600 多千米,是中国东南海上的屏障和重要门户。台湾省人口约 2 341 万,是中国人口密度最大的省份之一,超过 70% 的人口集中在西部五大都会区,其中台北都会区最大。

台湾自古就是中国不可分割的一部分,海峡两岸同胞同根同源、同文同种,中国历代政府均对台湾行使管辖权。南宋时澎湖属福建路,明代始称台湾,明末曾被荷兰、西班牙殖民者侵占,1661 年,民族英雄郑成功收复台湾并进行开发,清代于 1684 年置台湾府,属福建省,1885 年正式设立台湾省,1895 年被日本窃据,1945 年抗日战争胜利后重归中国版图,1949 年国民党当局溃逃台湾,最终造成了现在的台湾问题。海峡两岸虽然尚未统一,但中国的主权和领土完整从未分割,也不容分割。

(二)自然地理

台湾省西与西北临台湾海峡,距欧亚大陆海岸(主要距福建)平均距离约 200 千米,台湾海峡最窄处为台湾新竹县到中国大陆福建省平潭岛,直线距离约 130 千米;北边隔东海与朝鲜半岛相望;东北隔海与琉球群岛相望;西南边为南海,距广东省海岸距离约 300 千米;东边为太平洋,和日本冲绳县与那国岛相邻不到 110 千米;南边则隔巴士海峡与菲律宾群岛相邻。台湾是一个岛屿省份,岛屿众多,海岸线长。台湾本岛包括了东、北、西、南 4 个不同海岸。东部为典型断层海岸,陡直的岸壁紧贴太平洋海岸;北部海岸东临太平洋,北迎东海,西依台湾海峡,整段海岸凹凸曲折,岬湾相间,奇石怪岩,极具旅游观赏价值;西部海岸濒临台湾海峡,海岸单调平直,地势缓斜,沙滩绵长;南部海岸为典型的珊瑚礁海岸。

台湾本岛是一个多山的海岛,高山和丘陵面积占 2/3,平原不到 1/3。由于高山多集中在中部偏东地区,就形成了东部多山地、中部多丘陵、西部多平原的地形特征。山脉大多呈东北-西南走向,主要有纵贯南北的中央山脉,靠西侧的玉山山脉、阿里山山脉,北部的雪山山脉,以及紧邻东海岸山脉,合称为台湾山脉。最高峰玉山山脉的玉山主峰,海拔 3 952 米,是中国东部沿海地区的最高峰。丘陵地带则大多在北部与靠近山脉地区。平原和盆地数量不多,面积较小,主要有嘉南平原、屏东平原、宜兰平原与台东纵谷平原。盆地较平原面积更小,数量也更少,较大的盆地有台北盆地、台中盆地与埔里盆地群。

由于北回归线穿过台湾省中南部,将台湾南北划为 2 个气候区,北部属亚热带季风气候,南部则为热带季风气候。台湾四面环海,受海洋性季风调节,终年气候宜人,冬无严寒,夏无酷暑。夏季时间长达 8~9 个月,多潮湿闷热的天气;春秋季较短,温度有所下降,但湿度因海洋水气的调节作用而居高不下;无冬季。全年气温偏高,平均气温在 22 ℃左右,农作物南部一年三熟。但在合欢山、玉山、雪山等山区地带由于地势相当高,故冬季仍然有降雪的机会。台湾气候湿润、降水丰沛,是中国降雨量最丰沛的地区之一,平均年降雨量超过 2 000 毫米。随着季节、位置、海拔标高的不同,降雨量也随之变化。东部、北部降水量大且全年有雨,中南部降水则主要集中在夏季。台湾是中国受台风影响最多的省份,6~9 月为台风季,每年平均都有 3~4 个台风侵袭,易引发洪水与土石流等灾害。

(三) 经济地理

台湾省经济发达,以外向型经济为主。自 20 世纪 60 年代起,台湾省在经济与社会发展上有了突飞猛进,七八十年代是"亚洲四小龙"之一,但进入 21 世纪后经济增速逐渐放缓。

以电子工业为主导的高新技术产业和服务业是台湾省的支柱产业。

台湾省服务业发达,占国内生产总值的六成至七成,以批发、零售、餐饮等传统服务业为主,而通信、金融、商业服务等现代服务业的占比则低于"亚洲四小龙"的其他"三小龙"。

台湾省是全球电子、信息和通信等高新技术产品的研发、制造与营运的重镇,在全球半导体产业链中占据着极其重要的位置。台湾省的电子信息、精密机械和生物医学领先世界,形成了北台湾集成电路、中台湾纳米技术、南台湾光电技术的高新技术产业集群。台湾省的电子产业涉及手机、电脑、LED、电子组装等,整个产业链非常完善,相关公司众多,给半导体产业发展和崛起(特别是芯片制造业)提供了良好的土壤。涵盖集成电路制造、设计和包装的半导体产业是台湾省高新技术产业的重要组成部分。台湾省拥有台湾积体电路制造股份有限公司(简称台积电)、中国台湾联发科技股份有限公司(简称联发科)、日月光集团、联电集团等半导体产业巨头,其中台积电是全球最大的半导体晶圆代工厂,是台湾省半导体产业的核心企业。

台湾省的制造业种类较多,在亚洲地区位居前列,主要有化纤、制糖、电子、塑胶、电力、水泥、钢铁、造船、炼油、拆船、食品及半成品的加工等工业部门。

（四）主要空港城市及机场

台湾省虽然面积还不到4万平方千米，却拥有17个机场，其中台湾桃园国际机场吞吐量最多。台湾省民用机场分成国际机场和省内机场两种机场运营模式。台湾省的4座国际机场中，台湾桃园国际机场、高雄国际机场是主要国际机场，台北松山机场、台中清泉岗机场是次要国际机场。台湾省内多数大城市与外岛亦设有机场，省内机场总共有13座，但少数省内机场也有国际定期航班。台湾省各大都市间及各外岛之间皆有常态班机往来，形成了便利的航空网。

台北，台湾省省会，地处台湾岛北部的台北盆地，被新北市环绕，西界淡水河及其支流新店溪，东至南港附近，南至木栅以南丘陵区，北包大屯山东南麓。台北是台湾省的政治、经济、文化、旅游、工业、商业与传播中心。

台北历史悠久，历史遗迹众多，于旧石器时代晚期即有人类居住，1875年（清朝光绪元年）钦差大臣沈葆桢在此建立台北府，意为台湾之北，从此有"台北"之名，统管台湾军民政务，从此逐渐成为台湾省的政治中心。日据时期，台北于1920年设立"市役所"主管市政，被视为正式建市之始。

台北是台湾省最国际化、最具国际知名度的都市，作为台湾省的核心城市，在台湾经济体系中扮演着金融、媒体、电信营运中心的关键性角色。产业方面，随着经济快速发展、高所得而来的高消费能力及产业结构变迁，统称为服务业的第三产业占整体产业比重近达九成。当中包含批发、零售、贸易、餐饮、金融服务、运输仓储、通信、工商服务等。全岛规模最大的公司、企业、银行、商店均将总部设在这里。

台北也是台湾省北部的游览中心，除阳明山、北投风景区外，还有省内最大、建成最早，占地8.9万平方米的台北公园和规模最大的木栅动物园，私人经营的荣星花园规模也相当可观。剑潭、北安、福寿、双溪等公园也都是游览的好地方。台北市名胜古迹颇多，有台北城门、龙山寺、保安宫、孔庙、指南宫、圆山文化遗址等。循着淡水河、基隆河迤逦蜿蜒，北边囊括大屯山系、七星山系而形成的阳明山公园，不但是自然保育的生态教室，更是大台北的后花园，四季各有不同的风情韵致。坐落在台北市中心的二二八和平公园、植物园、大安森林公园，则为典型的城市绿洲，加上周遭人文、艺术活动频繁，是都市人纾解身心的好去处。南区的木栅山区，除登山健行外，还可享受茶香四溢的品茗闲情。

台湾桃园国际机场（Taiwan Taoyuan International Airport，IATA代码为TPE，ICAO代码为RCTP，见图4-160），简称桃园机场，位于中国台湾省桃园市大园区，距离台北市中心约40千米，为4F级民用国际机场。台湾桃园国际机场于1979年2月通航，是台湾境内最大、最繁忙的机场。拥有2座航站楼，共有2条跑道，服务航空公司91家，共开通中国国内外通航城市167个。

截至2019年，台湾桃园国际机场拥有基地航空3家，分别为中华航空股份有限公司（简称中华航空）、长荣航空股份有限公司（简称长荣航空）、华信航空股份有限公司（简称华信航空）。

高雄国际机场（Kaohsiung International Airport，IATA代码为KHH，ICAO代码为RCKH，见图4-161）又称高雄小港机场，位于中国台湾省高雄市小港区中山四路，西北距高雄市中心6千米，为4E级国际机场、台湾省第二大国际机场，在旅客吞吐量方面，该机场是台湾省第三位最繁忙的机场，仅次于台湾桃园国际机场和台北松山机场。

图 4-160 台湾桃园国际机场

图 4-161 高雄国际机场

高雄国际机场拥有 1 条跑道、2 座航站楼,是一座中型商用机场,为台湾省南部唯一的联外国际机场及主要的国际货运、旅客出入吞吐地之一,并做台湾桃园国际机场、香港国际机场和澳门国际机场的备用降落场。

高雄国际机场是中华航空、长荣航空、立荣航空、华信航空、台湾虎航和远东航空的基地机场。截至 2020 年 5 月,高雄国际机场共有 17 家航空公司在此开通 38 条台湾省境内外航线,共通航 23 座城市。

(五) 主要航空企业

1. 中华航空股份有限公司

中华航空股份有限公司(China Airlines,IATA 代码为 CI,ICAO 代码为 CAL,其标志见图 4-162)简称为"中华航空""华航",成立于 1959 年 12 月 16 日,主运营中心为台湾桃园国际机场。

中华航空是首家加入国际航空联盟的台湾省航空公司,于 2011 年 9 月 28 日加入天合联盟。中华航空也是获准经营两岸航线的航空公司之一。中华航空与新加坡欣丰虎航公司合资成立廉价航空公司台湾虎航,于 2014 年 9 月开始营运。

截至 2021 年 9 月 30 日,中华空航通往国内外共 159 个目的地,遍及 29 个国家和地区。机队规模达 83 架,其中,客机 62 架,货机 21 架。

2. 长荣航空股份有限公司

长荣航空股份有限公司(EVA AIR,IATA 代码为 BR,ICAO 代码为 EVA,其标志见图 4-163)简称长荣航空,总部位于中国台湾省桃园市芦竹乡南崁,主基地为台湾桃园国际机场和高雄国际机场,与主要以中国台湾岛内航线为主的立荣航空同属长荣集团。

图 4-162 中华航空股份有限公司的标志

图 4-163 长荣航空股份有限公司的标志

　　长荣航空于 2013 年 6 月 18 日正式加入星空联盟,机队已达 84 架,包括波音 777-300ER、747-400、MD-11 及空客 330-300、330-200 与 321-200 等机型。通过星空联盟会员公司绵密的全球服务网,为旅客提供遍及全球 195 国的将近 1 400 个航点,服务航点除非洲外遍及欧洲、美洲、亚洲、大洋洲的 68 个城市。

(六) 旅游景点

　　台湾省四周沧海环绕,境内山川秀丽,到处是绿色的森林和田野,加上日照充足,四季如春,所以自古以来就有"美丽宝岛"的美誉,可供旅游观光的自然景观众多。在清代时就有"八景十二胜"之说,如双潭秋月、玉山积雪、安平夕照、阿里山云海、清水断崖、澎湖渔火等。随着现代观光旅游业的发展,新的风景区又在不断被发现和开辟。台湾省现有 9 个为保护台湾地区特有自然风景、野生动物和历史遗迹而设的公园和 13 处台湾地区风景特定区。

　　阿里山国家森林游乐区(见图 4-164)位于台湾省嘉义市,共由 18 座高山组成,属于玉山山脉的支脉,隔陈有兰溪与玉山主峰相望,海拔 2 216 米。阿里山群峰环绕、山峦叠翠、巨木参天,非常雄伟壮观。平均气温为 10.6 ℃,夏季平均气温为 14.3 ℃,冬季平均气温为 6.4 ℃,是全台湾省最理想的避暑胜地。景区内群峰参峙,溪壑纵横,既有悬崖峭壁之奇险,又有幽谷飞瀑之秀丽。日出、云海、晚霞、森林与高山铁路合称"阿里山五奇"。阿里山铁路有 70 多年的历史,是世界上仅存的 3 条高山铁路之一,途经热、暖、温、寒四带,景致迥异,搭乘火车如置身自然博物馆。尤其三次螺旋环绕及第一分道的 Z 字形爬升,更是让人难忘。祝山是观赏日出的最佳地点。

　　日月潭(见图 4-165)位于中国台湾省阿里山以北、能高山之南的南投县鱼池乡水社村,旧称水沙连、龙湖、水社大湖、珠潭、双潭,亦名水里社,是中国台湾省风景优美的"天池"。日月潭中有一小岛远望好像浮在水面上的一颗珠子,名拉鲁岛,以此岛为界,北半湖形状如圆日,南半湖形状如弯月,日月潭因此而得名。日月潭湖面海拔 748 米,常态面积为 7.93 平方千米(满水位时 10 平方千米),最大水深 27 米,湖周长约 37 千米,是中国台湾省外来种生物最多的淡水湖泊之一。

图 4-164　阿里山国家森林游乐区

图 4-165　日月潭

　　台北故宫博物院(见图 4-166)于 1965 年开馆,并进行多次扩建修缮。博物院的主体建筑分为四层,正院呈梅花形,第一层是办公室、图书馆、演讲厅;第二层展览书画、铜器、瓷器、侯家庄墓园模型及墓中出土文物;第三层陈列书画、玉器、法器、雕刻及图书、文献、碑帖、织绣等,二、三层为"器字形"平面格局的展厅;第四层为各种专题特展。在第三层后面建有一座 26 米长的走廊直通山腹的山洞,山洞离地面50米,内有拱形洞三座,每座长180米,高、宽均为3.6米,分隔成许多小库房,中间为通道,分类收藏着各种文物。台北故宫博物院内收藏有来自紫禁城、沈阳故宫、避暑山庄、颐和园和国子监等多处皇家旧藏之精华(见图4-167),还有来自海内外各界人士捐赠的文物精品,共约70万余件。有"北京故宫看建筑,台北故宫看文物"这一说法。台北故宫博物院为中国三大博物馆之一。

图4-166　台北故宫博物院

图4-167　藏于台北故宫博物院的
《富春山居图·无用师卷》(局部)

复习与思考

1. 华北区,华东区,中南区,西北区,西南区,东北区,新疆区,港、澳、台区的主要机场、主要航空公司有哪些?

2. 华北区,华东区,中南区,西北区,西南区,东北区,新疆维吾尔自治区,港澳台地区著名的旅游景点有哪些?

附录

附录1 国际时差换算表

附录1 国际时差换算表

附录2 世界主要的国家、城市及机场代码

附录2 世界主要的国家、城市及机场代码

附录3 世界主要的航空公司及其代码

附录3 世界主要的航空公司及其代码

附录4 中国主要的航空公司

附录4 中国主要的航空公司

参考文献

[1] 郝玉萍.民航地理[M].上海:上海交通大学出版社,2015.

[2] 石丽娜,周慧艳.航空运输地理[M].北京:国防工业出版社,2012.

[3] 唐小卫,李杰,张敏.航空运输地理[M].北京:科学出版社,2012.

[4] 洪德慧,江群.航空运输地理[M].北京:国防工业出版社,2009.

[5] 宁红,李超.航空运输地理[M].北京:国防工业出版社,2013.

[6] 黄仪方.航空气象[M].2版.四川:西南交通大学出版社,2011.

[7] 章澄昌.飞行气象学[M].2版.北京:气象出版社,2008.

[8] 王婷.蛛网式航线网络优化设计研究[D].南京航空航天大学,2012.

[9] 葛伟.蛛网式航线网络结构研究[D].南京航空航天大学,2008.

[10] 全国民用机场布局规划[R].中国民用航空局,2017.

[11] 中国民航四型机场建设行动纲要(2020—2035)[R].中国民用航空局,2020.

[12] 2020年中国民航统计公报[R].中国民用航空局,2021.

郑重声明

读者意见反馈

为收集对教材的意见建议,进一步完善教材编写并做好服务工作,读者可将对本教材的意见建议通过如下渠道反馈至我社。

咨询电话　400-810-0598

反馈邮箱　gjdzfwb@ pub.hep.cn

通信地址　北京市朝阳区惠新东街 4 号富盛大厦 1 座

　　　　　高等教育出版社总编辑办公室

邮政编码　　100029

责任编辑:张卫

高等教育出版社　高等职业教育出版事业部　综合分社

地　　址:北京市朝阳区惠新东街 4 号富盛大厦 1 座 19 层

邮　　编:100029

联系电话:(010)58582742

E-mail:zhangwei6@ hep.com.cn

QQ:285674764

(申请配套教学资源请联系责任编辑)